Líneas rojas

Líneas rojas

Fernando Rueda

Rocaeditorial

Penguin Random House Grupo Editorial

Primera edición: octubre de 2024

Travessera de Gràcia, 47-49. 08021 Barcelona

Printed in Spain – Impreso en España

ISBN: 978-84-19449-01-6
Depósito legal: B-11408-2024

Compuesto en Grafime, S.L.

Impreso en Unigraf
Móstoles (Madrid)

RE 49016

Como siempre, por siempre, para Alicia, Elena y Sandra.
Lo mejor de mi vida.
Para los espías que se juegan la vida a diario
y nadie se lo agradece.

Esta historia está inspirada en hechos reales.

Los espías son seres humanos que sufren como cualquiera. Los mejores, los que más se han arriesgado en trabajos al límite, los que han cosechado los mayores éxitos soportan heridas en su estabilidad mental y arañazos en su alma que les complican el día a día durante el resto de su vida. Seis de ellos aparecen en este libro. Los héroes también lloran. Excepto a Mikel Lejarza, El Lobo, a los demás les he cambiado nombres, apariencias y comportamientos.

Índice

Tercera parte. Hay que hacer lo que hay que hacer, aunque no te guste

Cuarta parte. La confusión lleva a la traición

Quinta parte. Renacer de las cenizas: astucia y manipulación

Preámbulo
Una voz del pasado

1 de marzo de 2002, en un lugar desconocido

—¡Despierta, vamos, chico, deja de dormir! Corres peligro en esta habitación, en esta casa. No es un sueño, está pasando de verdad. Han salido hacia aquí, vienen a por ti. ¡Vamos!, espabila. Se te acaba el tiempo. Te van a pillar los israelíes. Los has jodido, desean hacértelo pagar. Deprisa, quieren matarte, huye. ¿Es que no me oyes? ¡Migueeeeeel!

Mikel Lejarza, alterado, abre los ojos con el pánico metido en el cuerpo. Está sudando, sujeta el embozo de la sábana a la altura de la boca. Busca moviendo los ojos a la mujer que ha hablado. Respira aceleradamente, escucha las pulsaciones de su corazón sobresaltado, no comprende nada. Se incorpora en la cama. Mira su reloj de muñeca, las 3.53 de la madrugada. Hora capicúa, buena suerte. Aparta la ropa, lanza los pies al suelo y permanece sentado unos segundos mientras intenta asimilar la situación. ¿Dónde estoy? ¿Qué hice ayer? ¿Por qué puedo estar en peligro? Lleva treinta años durmiendo mal, necesita tiempo para despejarse, pero hoy no puede permitírselo. Con una celeridad nada habitual, se mete el polo por la cabeza, se enfunda los vaqueros, se calza los mocasines, se pone la cazadora y sale apresuradamente. En el recibidor agarra con urgencia el pomo de la puerta que da a la calle y antes de presionarlo hacia abajo se frena. Piensa en avisar a los dueños de la casa: «Me voy, vienen a matarme, quizá sea una falsa alarma». Desecha la idea. No se despide, mejor no asustarlos.

Saca la pistola Sig Sauer P226 de la mochila, la carga intentando minimizar el ruido, ojea por la mirilla de la puerta, todo está oscuro, si hubiera alguien acechando la luz se habría encendido automáticamente. Abre despacio, busca señales del enemigo como si fuera un indio apache, baja los tres pisos por la escalera, sale a la calle y se mete en su Chrysler Voyager aparcada muy cerca. Se alegra de no haberla estacionado en el primer hueco que encontró. Deposita el arma en el asiento del copiloto, la mochila en el suelo, enciende el motor y sale disparado. No ha recorrido trescientos metros cuando se le despeja la cabeza. Le vienen imágenes sueltas de espías del Mossad, de una conspiración internacional, de asesinatos, de miembros de su equipo en peligro. Cambia de opinión y de sentido de marcha. Encuentra una esquina discreta desde donde tiene una visión alejada y clara del portal de la casa en la que estaba durmiendo.

No han pasado cinco minutos cuando el silencio de la noche es interrumpido por la aproximación de dos coches por vías distintas. Un todoterreno aparca en el mismo sitio donde un rato antes estaba su Chrysler. Bajan tres hombres musculosos con chalecos caquis, gorras y gafas de visión nocturna, armados con metralletas, mientras el conductor permanece en su sitio con el motor encendido. Del otro vehículo, fuera de su campo de visión, no tarda en aparecer un hombre con sombrero, al que escolta una mujer, también con aspecto paramilitar, que se dirige al portal, maniobra sin hacer ruido, lo abre y se hace a un lado para que los otros tres avancen en formación antiterrorista. Lejarza sigue con la mirada al del sombrero y a la chica hasta que desaparecen por el mismo lado izquierdo desde donde han entrado en escena. Las unidades del Kidon, el escuadrón de la muerte de Israel, el que aplica el ojo por ojo, se mueven en territorio hostil en pequeños grupos, en los que los ejecutores de asesinatos y secuestros van acompañados por expertos en técnicas especiales como la cerrajería. El grupo recibe órdenes firmadas por el primer ministro de Israel para acabar con enemigos del Estado en cuya identificación y seguimiento no han participado.

Dos golpes, una llamada de atención en el cristal de su coche, le hielan la sangre. No aparta la vista del portal, aunque en su campo de visión aparece una metralleta y un dedo en el gatillo con la uña pintada de rojo escarlata. De reojo mide la distancia que hay entre su pistola ya cargada, lista para ser disparada, y su mano derecha. Antes de que la alcance, esa *killer* le habrá volado la cabeza.

PRIMERA PARTE

Formar una unidad secreta de acción con agentes desarraigados

1
Algo carece de sentido

(45 días antes) 15 de enero, Malta

Dos auxiliares del Aeropuerto Internacional de Malta, visibles a distancia gracias a sus chalecos reflectantes azafranados, esperan a que un Boeing 737 procedente de Madrid se estacione en la plataforma para organizar el vaciado de su bodega. A uno de ellos, Olivier, le tembleque todo el cuerpo, como si estuviera poseído por un frío polar imposible a esas horas de la madrugada en ese país. Está concentrado en la maniobra final del avión, pero la imagen que perciben sus retinas pierde fuerza al llegar al cerebro ante un recuerdo más intenso, contemplado varias veces en las últimas semanas: féretros de madera de varios modelos, unos de chopo, otros de cedro, algunos de contrachapado, todos con el brillo de lo recién terminado. Una imagen tenebrosa que le produce grima y ha excitado sus ansias de fisgonear.

Sabe que la isla está sumida en una contradicción existencial: es una roca y de sus tripas no sale nada productivo. Todo lo que consume su medio millón de habitantes les llega desde muchos lugares del mundo, especialmente de Sicilia, en barco o avión. Para él carece de sentido que en las dos últimas semanas hayan aterrizado cinco aviones con centenares de ataúdes procedentes de Francia y España. ¿Por qué la funeraria maltesa no se los encarga al mismo proveedor? Si no hay urgencia y el traslado es más barato en barco, ¿por qué se empeñan en mandarlos vía aérea? Y ¿por qué han acelerado los envíos?: cuarenta y ocho horas antes aterrizó otro vuelo procedente de París. Ese día confirmó sus sospechas y encontró la prueba que le daba la razón mientras ayudaba a cargar las cajas: pesaban más de la cuenta, no llegaban vacías.

A un mozo de carga le había chocado tanto como a él: «Deben

enviarlos con muerto dentro». Quizá era droga, pero resultaba difícil de confirmar porque el envío sospechosamente no pasaba por la aduana. Los bajaban del avión, los cargaban en camiones y los trasladaban hasta una nave. Lo sabía porque les habían pedido el favor a él y a su compañero Paul de que participaran en el desplazamiento a cambio de una remuneración extra.

Paul pasaba de conspiraciones. «No me vengas con ese rollo», le contestó la última vez, harto de escuchar sus peroratas sobre lo que podían esconder. Para él Malta es una isla para pasárselo bien, a nadie le importa si te llevas un porcentaje por cada permiso de obra que concedes o si trabajas en un banco blanqueando dinero de procedencia turbia.

Olivier toma con frecuencia copas con este inglés rubio de piel transparente que llegó a la isla huyendo del control paterno, que bebe tanto como él, pero con una novia que le encanta, tan loca como los dos. Espera que algún día rompan para tirarle los tejos. Paul no es tonto: sabe que su amigo dispone de más pasta de lo habitual, desconoce en qué negocio está metido, pero no le interesa descubrir su procedencia. Si necesita dinero, su *brother* siempre se lo va a prestar. Olivier le habría contado el origen de sus ingresos extras si se lo hubiera preguntado.

De padre francés y madre maltesa, dejó los estudios por culpa de la vagancia y las drogas. ¿Para qué estudiar si podía vivir mucho mejor que sus compañeros de colegio ganando un sueldazo como camarero? Con el transcurrir de los años terminó hartándose del maltrato de algunos encargados y de ver cómo sus amigos acababan la carrera, subían en la escala social y él seguía ingresando el mismo número de billetes, que empezó a parecerle un sueldecito. Su padre era muy amigo del director del aeropuerto y le encontró un hueco como auxiliar de plataforma.

Después le cayó del cielo la oferta de aquel francés, Simon Morel, al que conoció por casualidad en un bar de Paceville, la zona de fiesta a la que acuden los que buscan diversión nocturna gracias a una oferta inigualable de discotecas, bares y clubes de striptease. A la cuarta copa —ese tío aguantaba la bebida tanto como él—, se dio cuenta de que ya conocía su ascendencia gala y otros detalles de su vida. Nada le pareció casual: Morel había buscado acercarse a ese chico que hablaba francés, de pelo moreno muy corto, barbilampiño, camiseta y vaqueros. Al despertarse al día siguiente, Olivier tomó conciencia de que lo único que sabía de aquel tipo es que era comercial en una empresa francesa con intereses en Malta y que viajaba allí al menos una vez al mes.

Dos visitas más tarde habían alcanzado un cierto grado de afabilidad y Morel se lo soltó: necesitaba contar con alguien de confianza en el aeropuerto para indagar sobre productos que llegaban a la isla y pudieran ser competencia de su negocio. A Olivier no le violentó el ofrecimiento, aunque quebraba la lealtad debida a su empresa. No le importaba el aeropuerto, no haría nada en contra del director porque era amigo de su padre, pero si podía lucrarse no pensaba dejar pasar la oportunidad.

Durante cinco meses estuvo sacando información sobre llegadas de vuelos, horas, procedencias, cargas y otros datos singulares, como si la policía revisaba o no el contenido de algunos envíos. Cuando su amigo francés visitaba Malta, se iban de copas a Paceville y recibía un sobre abultado lleno de billetes, muchos más de lo que podía imaginar.

Nunca le pidió detalles del uso que iba a dar a sus descubrimientos, ni mostró extrañeza cuando la documentación que le solicitaba sobrepasaba ampliamente los intereses de cualquier multinacional. Obtenía las respuestas y al llegar a su casa, compartida con Paul y su novia, entraba en una página web de sexo, buscaba siempre a la misma chica que hacía un striptease y escribía en el chat el resultado de sus indagaciones.

Al sexto mes todo cambió. El tipo aumentó el grosor del sobre y destapó sus cartas: era un policía francés encargado de investigar delitos cometidos por mafias internacionales. Malta era el país más corrupto del planeta, la mayor parte de sus políticos estaban comprados por las grandes corporaciones, y las operaciones bancarias con dinero negro amparaban a delincuentes franceses y de todo el mundo.

—Ya será menos —le contestó Olivier sin dejarse impresionar—. Me da igual lo que te mueva a pagarme, el trapicheo de drogas, el espionaje entre empresas o el blanqueo de pasta sucia. Has acabado con mis problemas económicos, paso de lo demás. He podido salir de casa de mis viejos y vivo con un colega. Voy a pagarme un curso por internet para aprender a invertir en bolsa y en el futuro quiero ser bróker. Entonces ya no te necesitaré.

Ha pasado casi un año y nada ha cambiado. Algo sí, Morel le ha dado manga ancha y confía en él para que tome la iniciativa, husmee durante su turno de noche y le informe de todo aquello que le resulte sospechoso. La carga de ese avión procedente de Madrid lo es.

Paul y él dirigen con soltura la maniobra de descarga del material. Intenta concentrarse y arrancar de su cabeza la obsesión por descubrir el contenido, seguro ilegal, de los ataúdes. El equipo de ganapanes atiende sus instrucciones y con modales toscos llevan a cabo el traslado a los camiones. Aunque no sea su labor, Olivier les echa una mano en un par de momentos para comprobar el peso, distinto al que deberían tener si estuvieran vacíos.

Como en anteriores ocasiones, los camioneros, unos cachas de gimnasio, vigilan la operación más como fuerza de protección que como profesionales de la carretera. Casi todos llevan una pistola metida en una cartuchera colocada cerca del sobaco, Olivier las divisa cuando el viento agita sus ligeras chupas.

Paul se sube a la cabina del conductor de un camión y él a otra, mientras los peones lo hacen en los remolques, junto a los féretros. La caravana de diez vehículos se dirige al almacén, no está lejos. Pertenece a la empresa funeraria Árbol de la Vida, un nombre que le parece de guasa. Sus piernas vuelven a temblar, el chófer lo mira de reojo: «Me he quedado frío».

Es Tabone, el mismo treintañero corpulento con quien ha viajado en ocasiones anteriores, uno de los pocos que no va armado y siempre le ha mostrado simpatía. Tras el segundo transporte, se lo encontró una noche mientras tomaba copas y estuvieron charlando un rato largo. El conductor le contó que se estaba volviendo loco por vivir en una isla, necesitaba largarse urgentemente, romper el perímetro que lo oprimía.

Olivier sintió que Tabone empatizaba con él, como casi todos los chicos y chicas con los que se relacionaba. Escuchaba con atención sus penas entre cerveza y cerveza, los aconsejaba poniéndose en su lugar y él también compartía sus inquietudes. Era un gran conversador, el conductor quedó encantado y nunca volvieron a encontrarse fuera del trabajo.

En el siguiente transporte, Tabone lo sorprendió mientras intentaba abrir con las manos una de las cajas. Le preguntó qué hacía con la misma incredulidad de quien pilla a su mejor amigo intentando ligar con su novia. Olivier titubeó y, al no encontrar una respuesta convincente, terminó aduciendo que nunca había visto un ataúd por dentro. Los dos rieron y ahí quedó la cosa. En el siguiente viaje, Olivier se separó del grupo para entrar en el despacho de la nave cuya puerta habían dejado entreabierta. Apenas llevaba unos segundos revolviendo los papeles de encima de la mesa para buscar datos sobre la empresa en la que estaban, de la remitente o de cualquier otra, cuando casi le da un soponcio al oír unos toques en la cristalera y ver a Tabone sonriéndole desde el otro lado. No supo cómo salir del entuerto y optó por decirle la verdad, al menos una parte: «Me ha podido la curiosidad, no sé qué mierda hay dentro de los féretros que los hace pesar tanto. ¿Tú lo sabes?». El camionero sustituyó su cara de «¿Qué haces, macho?» por otra de «Ni puñetera idea».

La pierna de Olivier se relaja cuando piensa en el buen rollo que tiene con el conductor. Si en lugar de pillarlo él lo hubiera hecho uno de los pistoleros, especialmente Adam, no sabe lo que podría haber pasado. Es un tipo mal encarado que lo vigila continuamente, el típico matón acosador que no se fía de nadie y está buscando bronca.

Veinte minutos después de haber salido del aeropuerto, llegan a las proximidades de una nave en mitad del campo, dentro de un terreno cercado. Los camiones se colocan mirando al edificio rectangular con las luces largas encendidas para iluminar la operación de descarga. El encargado los recibe y toma el mando. La mano de obra se concentra en descargar el primer camión mientras los conductores no les quitan ojo y se sitúan como si una amenaza procedente de la oscuridad de la noche pudiera aparecer en cualquier momento.

El primer día que fueron a la nave, dispusieron los féretros pegados a la pared del fondo, formando varias hileras en dirección a la puerta de entrada, uno al lado del otro, con un pasillo poco holgado entre medias, dibujando una postal de espanto, de esas que hielan la sangre tras un accidente aéreo o un atentado salvaje lleno de víctimas. En los siguientes envíos acomodaron las cajas encima de las anteriores y prolongaron, como ese día, la línea de la muerte.

Olivier ve desplazarse a los hombres en una larga y disciplinada comitiva. En el campo cargan los féretros a hombros, sin recurrir a la ayuda de máquinas, y cuando todos están sujetando alguno, caminan en procesión hacia el interior siguiendo las instrucciones del encargado que los conduce hasta el lugar de la nave donde deben depositarlos. Esperan a que todos estén libres de carga y solo entonces salen a por más material. Varios de los camioneros los acompañan y vigilan mientras el resto permanece fuera, cerca de los camiones. Es como si en lugar de féretros transportaran lingotes de oro.

Nota la mirada escrutadora y altanera de Adam, por suerte tiene mucha gente a la que vigilar. Cuando está lejos de su alcance, hace un gesto al encargado y se dirige al cuarto de baño, en el centro del almacén, junto a la pequeña oficina, esa con pocos muebles y varios archivadores en la que lo sorprendieron olisqueando lo que no debía. Entra y echa un vistazo a su espalda antes de que se cierre la puerta: los ve a todos dirigirse afuera.

Sale con premura, dispone de poco tiempo, se ubica detrás de una torre de féretros, en un punto desde donde no pueden divisarlo desde la entrada. Cerca de su escondite elige uno al azar de los de esa noche. La plancha superior está dividida en dos partes, decide atacar la que se abre para ver al difunto. Saca un destornillador escondido dentro del chaleco de trabajo. Lo mete en la hendidura que une la tapa con la base de la caja y trata de separarlas. Frena en cuanto oye que regresa la comitiva. Se guarece un poco más al fondo, perdido en una explanada con más de trescientos féretros. Oye murmullos y órdenes, pero no los ve; perfecto, así tampoco lo verán a él. Huele intensamente a madera y barniz. Le asalta el recuerdo de cuando de pequeño se colocaba con pegamento, ¡qué barbaridad!, qué mal se lo hizo pasar a sus padres.

Transcurren los minutos, los operarios se alejan charlando, el encargado les exige premura, el ruido de las voces regresa al campo. Espera hasta confirmar la ausencia de gente en el interior. Vuelve a hacer palanca con el destornillador, esta vez con más fuerza. La puñetera caja no se abre. Regresan los ruidos, se precipita a su escondite. Si pudiera, se bebería una cerveza bien fresca y fumaría un pitillo para apaciguar los nervios, que empiezan a desbordarlo. Su ausencia prolongada va a llamar la atención, tiene que resolverlo en la próxima oportunidad o dejarlo para otra ocasión. Empieza a sudar por las axilas. Aguanta la respiración para captar cuanto antes el momento en el que abandonan la nave, no les debe quedar mucho para concluir. Regresa a la faena. Descarga toda la energía que le queda, reprime un grito para impulsarse mejor y, finalmente, lo consigue. Siente el placer de haber abierto el cofre, aunque desconoce si contendrá el tesoro buscado.

Sube la tapa y contempla su interior: «¡Madre mía!». Sorprendido por lo que tiene delante, expulsa por la boca todo el aire. No puede retirar la mirada, jamás podría habérselo imaginado. Embelesado, con la guardia baja, oye unos pasos suaves, discretos, como los de una bailarina, que se acercan por detrás sin tiempo para escabullirse.

Gira el cuello con violencia, con pavor, sin soltar la tapa sujeta con la mano izquierda. Percibe un golpe en la cabeza, se le nubla la vista y pierde la conciencia. Cae junto al féretro. Sus últimos pensamientos son para sus padres, a los que no volverá a ver; para Morel, con el que nunca debió trabajar, y para la novia de Paul, a la que ya nunca podrá besar.

2

Los putos féretros

17 de enero, Malta

El capitán Simon Morel se sintió culpable tras conocer la noticia de la muerte de Olivier. Pidió viajar a Malta, y el comandante Duval, su jefe, le hizo ver lo obvio: carecía de competencias para investigar, no pintaba nada en la isla. Solo pudo convencerlo cuando le enseñó la pista, un mensaje que podría llegar a ser incriminatorio contra un sospechoso. Le prometió ser discreto, no meterse en líos y, a regañadientes, terminó aceptando que lo acompañara la teniente Stella Breton, a la que no soportaba y media oficina le ponía ojitos cuando la veían pasar con su melena rubia ceniza recogida en una coleta tirante y sus jerséis de lana muy amplios escondiendo las sensuales curvas de su cuerpo. Obligarlo a ir acompañado pretendía ser una garantía para evitar que se descontrolara durante la investigación.

Morel y Breton llegan al aeropuerto en un día con el cielo plomizo, acompañante perfecto de sus sentimientos. Alquilan un Renault francés, guardan el equipaje en el maletero y, sin pasar por el hotel, se desplazan a casa de los padres de Olivier. Conduce Morel, conoce la isla al detalle.

Tres años antes lo enviaron para investigar a un banco que supuestamente blanqueaba dinero de una banda mafiosa de Córcega. Comenzó su despliegue arropado únicamente por una tarjeta de visita en la que aparecía su nombre auténtico acompañado de un cargo inventado en unos conocidos grandes almacenes parisinos. Si alguien sospechaba, el número de teléfono que figuraba sería contestado por su secretaria, en realidad una funcionaria de policía. En unos meses localizó, investigó, abordó y convenció a un empleado de la sección de mantenimiento informático del banco para que sustrajera información reservada. Siempre se refería a él como «un ayudante voluntario», mejor que describirlo como un yonqui con problemas para distinguir la noche del día, al que obligó a comprender el infierno en que podía convertirse su vida si no arrimaba el hombro.

Tras ese primer éxito, le encargaron la creación de una red de informadores para investigar las tramas ilegales montadas en Malta con ramificaciones en Francia. Ahí apareció Olivier, un colaborador inmejorable, hábil y despierto, entregado a la causa desde el primer momento, sin escrúpulos estúpidos y con iniciativa para detectar cambalaches camuflados. Sus luces de alarma las encendieron unas cajas mortuorias que pesaban más de la cuenta, nadie las revisaba y procedían de dos países. Parecía un tema menor. Morel erró al pensar que Olivier no se arriesgaría hasta el extremo de ponerse en peligro. Estaba seguro: lo habían matado. Las pruebas le explicarían quién y cómo.

Breton va en el asiento del acompañante. Nota al capitán abstraído desde que salieron del aeropuerto de Orly, no le ha prestado a la teniente la mínima atención. La barba sin rasurar, el cansancio de no haber dormido marcado en sus ojos y la extraña mezcla de un jersey azul marino con un pantalón negro, rarezas en un hombre clásico, siempre pulcro y conjuntado, delatan lo desnortado que está por la pérdida del colaborador. No le dirige la palabra, lo imagina centrado en sus disquisiciones intentando digerir uno de los peores tragos para un policía: ¿podía haber evitado su muerte? Ella solo lleva un año compartiendo destino con él, un obseso del trabajo, pero sabe que la pérdida de Olivier es como si le hubieran arrancado un brazo y no permitirá que quede impune.

Los padres viven en una urbanización cerrada en Sliema, a poco más de media hora paseando por la costa desde La Valeta, la capital. Es un complejo de reciente construcción de varios edificios de cuatro plantas, con un diseño moderno para gente pudiente. El color pardusco intenta adaptarse al clima invernal cálido, pero lluvioso y ventoso, que disfrutan en la isla y que en ese momento, con 13 grados, alcanza la temperatura más fría del año. La verja del jardín comunitario está abierta y también el portal. No obstante, utilizan el portero automático para avisar de su llegada, aunque da igual, les franquean la entrada sin identificarlos. Suben hasta el primer piso, aprietan el timbre y les abre un señor maduro con aspecto desangelado, bolsas debajo de los ojos y pelo alborotado. Los mira sin sorpresa.

—¿Son amigos de Olivier? —pregunta en maltés.

—Lo era —responde Morel en francés—. ¿Usted era su padre?

—Vincent Leblanc. —Los invita a entrar cambiando al idioma de su infancia.

El mármol del suelo del recibidor, de color marfil, añade frialdad al momento. Es la antecámara de un salón de sesenta metros cuadrados, con grandes muebles de anticuario y estanterías de madera tallada atestadas de libros. El espacio gira alrededor de un sofá enorme con chaise longue pegado a la pared que está frente a la puerta, en el que hay dos parejas sentadas. Morel coge por el brazo al señor Leblanc y le susurra al oído:

—Somos de la Police Nationale, no se altere, me gustaría hablar a solas con usted.

—¿La policía francesa? —contesta sorprendido y añade disgustado—: Me acaba de decir que es amigo de mi hijo.

—Las dos cosas son ciertas.

—¿Qué tiene que ver mi hijo con la policía francesa?

Leblanc no ha subido la voz, las últimas cuarenta y ocho horas le han consumido el vigor y no lo ha podido recuperar ni con la ayuda de los continuos cafés dobles bien cargados. Los amigos y familiares sentados los contemplan, más tensos desde que han oído pronunciar la palabra «policía». La esposa entra en el salón y se acerca a su marido, lo rodea por la cintura con su brazo izquierdo y apoya la cabeza en su pecho. No dice nada, aunque se queda mirando fijamente a Morel.

—Teresa, este es el inspector...

—Capitán Morel y esta es la teniente Breton, pertenecemos a la Police Nationale.

La mujer, apocada, les extiende la mano blanda sin apartarse de su marido, ya nada le importa.

—Voy a ir a hablar con el capitán a nuestra habitación —le dice Vincent a su mujer mientras la acompaña a un sillón que forma un ángulo de noventa grados con el sofá en el que está sentada la familia.

El hombre más cercano le coge una mano y se la besa. Breton acerca una silla de las que rodean la mesa de comedor y se coloca junto a la madre. Le hubiera gustado asistir a la reunión, pero Morel la ha dejado al margen.

El dormitorio está igual de recargado de muebles que el salón. Una cama muy amplia, una cómoda antigua a los pies, un armario hasta cerca del techo en el tabique de la puerta y al fondo una mesita baja con dos pequeños butacones, de esos de adorno que nunca se usan. Morel se sienta en uno y Leblanc lo hace en la cama.

—Tenemos otra habitación más espaciosa, donde mi mujer hace punto, y el dormitorio de Olivier, pero no me apetece entrar.

—Lo entiendo perfectamente, aquí está bien.

—Soy francés, bueno, eso ya lo sabe, imagino. Mi hijo es maltés, como su madre, está encantado de serlo. Es un chico estupendo, mal estudiante, odia los libros, pero cuando se pone a trabajar en algo no lo supera nadie. Le dije: «Ve al aeropuerto y pregunta por el director, le cuentas que eres mi hijo». No quiso, «Que no, papá, paso de recomendaciones». Tuve que ir yo y le conseguí el trabajo. Al principio remoloneaba, luego quedó encantado. Le iba tan bien que se independizó hace unos meses y se fue a vivir a casa de su compañero de trabajo. De repente empezó a tener ingresos extras, me preocupé, ¿no habrá vuelto otra vez a trapichear con drogas? Su madre también sospechaba, nunca me lo comentó, como si pensara que no me daría cuenta.

Relata la historia triste y apático, mirando a Morel a la cara. La angustia le aflora, le cuesta respirar para sacar algo que le acongoja.

—¿En qué está metido mi hijo para que lo maten?

Morel nota su rigidez, no quiere aceptar que su hijo ha muerto y le cuesta verbalizarlo.

—En nada malo y no había vuelto a consumir drogas.

—¿Por qué lo perseguía usted?

—No lo hice nunca, todo lo contrario.

Compartir los interrogantes que lo torturan libera a Leblanc de una pesada carga.

—¿De dónde procedía el dinero extra que le permitió salir de esta casa?

—Colaboraba conmigo en trabajos puntuales.

No le convence la respuesta, siente desasosiego por los errores que su hijo ha podido cometer y que él debería haber evitado.

—¿Convirtió a mi hijo en un soplón? ¿Lo obligó a traicionar la confianza que en el aeropuerto habían depositado en él?

—No hizo nada ilegal, si es eso lo que le preocupa.

—¿Se lo ha contado a la policía maltesa?

—No puedo. Mi trabajo de varios años se iría al traste. Me he enterado de lo de Olivier de una manera indirecta y he venido lo más rápido posible.

—¿Su trabajo al traste? ¿Y mi hijo qué? —La intranquilidad está convirtiéndose en congoja. Quiere controlarse, pero el dolor está saliendo a borbotones de lo más profundo de su corazón—. Lo han matado por su culpa, y que se joda él y nos jodamos nosotros.

—Su hijo llevaba dos meses, casi tres, sin hacer ningún trabajo para mí —miente para reconducir la situación a su favor—. No he venido porque sospeche que lo han matado, solo quiero darles mi pésame y acompañarlos. Llegamos a ser amigos, me hablaba de lo que les hizo sufrir desde aquel día en que usted le estaba tomando la lección para ayudarlo a estudiar y él no aguantaba más, odiaba quedarse solo delante del libro y se escapó corriendo de casa. Estuvo veinticuatro horas desaparecido, hasta que la madre de un compañero del cole delató su paradero. Me contaba que nunca le había dicho a usted ni a su madre que lo sentía, que comprendía que lo hacían por su bien. Me explicó que algún día, cuando tuviera un hijo, esperaba ser tan buen padre como ustedes lo habían sido con él.

—Le agradezco sus palabras. Me duele tanto su pérdida que temo hundirme en la desesperación si lo pienso y no poder cuidar de Teresa. —Por primera vez retira la mirada del capitán, la dirige a un punto indeterminado de la pared y se emociona—. Nunca volverá a ser la misma.

Guarda un momento de silencio que el capitán no se atreve a romper.

—Solo me han contado que se cayó borracho por un precipicio. No me lo han dicho así, pero casi. Mi hijo bebía mucho, lo sé; hacía muchas tonterías, lo sé; si le tocaban mucho las narices terminaba peleándose, lo sé. Pero no me creo lo que me han contado, mi hijo es un buen chico.

—Pienso como usted. Aún más, le propongo una idea: si usted quiere, intento que la Pulizija me cuente los detalles del caso, Malta no es mi jurisdicción, pero puedo pedirle ayuda a mi jefe en París para intervenir.

—Se lo agradecería.

—Me vendría bien poder decir que usted como francés nos ha solicitado que nos interesemos por el caso.

—Adelante. Pero antes le quiero preguntar algo: ¿me da su palabra de honor de que a mi hijo no lo ha matado ninguno de los miles de delincuentes que hay en Malta mientras hacía algún trabajo para usted?

—Se lo aseguro, y le prometo que le mantendré al tanto de los datos que vayamos conociendo. Eso sí, le pido que no desvele a nadie que Olivier colaboraba con nosotros.

Vincent Leblanc se queda un momento callado, una idea se le pasa por la cabeza y cambia el gesto.

—Guardaré silencio y le tomo la palabra. Le autoricen o no a participar en las indagaciones, me contará lo que sepa y me cogerá el teléfono siempre para responder a mis preguntas. —Se levanta y le tiende la mano para sellar el acuerdo.

Cinco minutos después Morel y Breton salen del hogar hecho añicos. Leblanc pide disculpas a su mujer y al resto de las visitas y se va al cuarto de baño. Cierra la puerta, saca el móvil y marca un número de teléfono de España.

—Frédéric, soy tu primo Vincent, escúchame bien. Acabo de descubrir que la muerte de Olivier no tuvo nada que ver con un accidente, ni con drogas, gracias a Dios. ¡Lo han matado!

—¿Qué estás diciendo, hombre?

—Acaba de venir un policía francés que tenía contratado a Olivier como informante. Se ha pensado que soy gilipollas y me ha contado una sarta de mentiras que ni te imaginas. Sé que estás jubilado, que ya no eres espía, pero hace un año estuviste en Dubái ayudando a ese agente tuyo tan complicado al que tanto quieres, ese al que llamas El Lobo. Así que no me alegues ni vejez ni lumbago crónico, tienes que descubrir quién ha matado a mi Olivier. Sabes lo que hice en mi juventud, para quién trabajé, y no me temblará el pulso para encargar su muerte. Tengo un montón de dinero guardado de mi época mafiosa que iba a ser para Olivier, y ahora lo será para el que reviente a tiros a ese hijo de puta.

3
No me fío de nadie

(Cuatro días después) 21 de enero, Bilbao

La Biblioteca Central de Bidebarrieta, ubicada en el animado Casco Viejo, es el último lugar donde alguien podría imaginar la presencia de Mikel Lejarza, el más famoso infiltrado en la historia de la banda terrorista ETA, de la que salió veintisiete años atrás. Un antiguo miembro de la organización ha escrito un libro sobre la historia de Euskadi y lo presenta en sociedad con la sala llena de viejos camaradas de armas y miembros de la izquierda política *abertzale*.

El Lobo se acomoda en la penúltima fila, en la butaca junto al pasillo, la más adecuada para salir con celeridad y discreción sin obligar a otros a levantarse. Posa su mirada vigilante sobre ella, tres filas por delante, en el otro lado, la mujer que le ha incitado a arrinconar por un día la sagrada norma de seguridad de no pisar el territorio de Euskadi que lo vio nacer y, especialmente, la de no relacionarse con el mundo de la banda a la que engañó y persiguió.

Acababa de empezar a buscarla cuando se enteró de que iba a acudir a este acto y decidió abordarla a la salida. Tras pegarse una espesa barba postiza para falsear su rostro, se había acercado a las proximidades de la biblioteca municipal. En la calle vio a los líderes de Batasuna que con frecuencia aparecen en los informativos de televisión y a un par de exmiembros de ETA, entrados en años, a los que había conocido durante su infiltración. Con uno de ellos no pudo evitar la maniobra disuasoria de dirigirse hacia él como un coche de carreras que pretende chocar de frente con otro. En el último momento dio un volantazo imaginario para evitar el contacto. Por un segundo, quizá menos, el etarra clavó su mirada en el semblante del viejo camarada que lo llevó a la cárcel, pero no halló nada familiar en él. Lejarza sintió el efecto del chute de adrenalina, de nuevo era un lobo estepario capaz de sobrevivir entre sus cazadores. No lo pensó dos veces, ni siquiera una, cambió de sentido y se dirigió al salón de actos. Ella ya estaba sentada y él escogió un cómodo lugar para observarla. Ninguno de los dos debía estar allí, ella todavía menos que él.

Contempla desde atrás su pelo moreno cayendo por los hombros, recogido en parte por una pinza blanca. Tiene el bolso de piel en el regazo, con las manos envolviéndolo, seguramente para sentir el tacto de una pistola. Gira la cabeza para observar al resto de los asistentes simulando hacer tiempo hasta que comience el acto. Parece distinta a la de las fotos de su juventud que le han enseñado, ha cambiado con acierto su apariencia para evitar la venganza de aquellos a los que embaucó. ¿Habrá pasado, como él, por las manos de un cirujano plástico? ¿Cambiará frecuentemente el peinado y el color de pelo, como él? ¿Elegirá cuidadosamente el vestuario según el papel que piensa representar, como él? Está seguro de que sí.

Durante la hora siguiente, Lejarza se despreocupa de los problemas que podría generar que alguien lo identificara como el infiltrado que llevó a la cárcel a más de doscientos miembros de la organización, y no para de observar a su objetivo. Solo la ve volverse dos veces para inspeccionar detrás de ella, momentos en los que él sube la barbilla para mostrar un interés desmedido por lo que pasa en el escenario.

De repente se percata de que al lado de la chica está sentado un viejo camarada de armas suyo que ignora su auténtica identidad y de vez en cuando le hace comentarios, ante los que ella sonríe amablemente sin rehusar el contacto. Le parece detectar una intención seductora en su sonrisa, pero deben ser imaginaciones suyas. Si él conoce el historial sangriento de ese etarra, ella no puede ser ajena. Seguro que ese encuentro ha sido una maldita casualidad. O quizá no.

Momentos antes de acabar la presentación, la chica abandona la sala con la celeridad de quien quiere evitar los apretujones de salida, en los que la proximidad puede conducir a que algún enemigo la reconozca. Mikel la contempla por primera vez de frente. Sabe por su ficha que tiene treinta años y comprueba que el cirujano no ha usado el bisturí en su cara, los cambios proceden de una acertada mezcla de maquillaje y pequeños arreglos. Las reducidas líneas de arrugas junto a los ojos son el pago por los momentos aterradores padecidos.

Espera en su sitio, se cerciora de que nadie va tras ella y la sigue. Son las ocho y media, las calles están oscuras, le da igual, conoce a la perfección el Casco Viejo, sus intríngulis, sus atajos. Muchos años de ir de copas con la cuadrilla y otros tantos de perseguir etarras en sus escondrijos para identificárselos a la Guardia Civil. Cambian los bares y las apariencias de algunos edificios, pero tiene en la cabeza el esqueleto del mapa de las vías. Quiere evitar perderla, aunque tampoco le conviene asustarla y que desaparezca. Su objetivo no tarda en pulsar el teclado de un portero automático, abren el portal y entra. ¿Lo habrá descubierto y se esconde en el edificio para ganar tiempo o, simplemente, ha ido a casa de un amigo? Decide averiguarlo. Llama a varios pisos, se cruzan dos voces, «¿Quién es?», una de ellas le allana el camino. El portal está oscuro, lo intuye pequeño. No oye que se abra ninguna puerta, quien le ha permitido entrar no tiene intención de identificarlo. Busca a tientas el interruptor de la luz, lo presiona y se queda petrificado. La chica está sentada en la desgastada escalera de madera, frente a él, apuntándole con una pistola. Tiene esa expresión de agotadora alerta de quien una vez jugó un papel dramáticamente crudo en el mundo de las alcantarillas del espionaje y no ha vuelto a ser el mismo. Lejarza percibe su mirada amenazante y por instinto de supervivencia separa los brazos como si fueran alas y muestra las palmas de las manos desnudas.

—No voy a hacerte nada.

—¿Por qué coño me sigues?

—Quiero hablar contigo.

—Yo prefiero descerrajarte un tiro en la frente y largarme a tomar zuritos con mis amigos.

—¿A una *herriko taberna* de esas que frecuentabas hace cuatro años con tus colegas de entonces? Quizá todavía esté colgada tu foto con el «Se busca» debajo.

—Por tu edad solo puedes ser un *pirao* con ansia de tomarse la justicia por su mano.

—No has matado, ni metido en la cárcel, a alguien que yo apreciara.

—¡Cabrón! —grita la chica—, dime quién mierda eres o te dejo seco.

—Cálmate —responde bajando y subiendo las palmas en dirección al suelo—, me llamo Mikel Lejarza, estuve infiltrado antes que tú, Lorna Aranda. O si lo prefieres Izaskun Etxeberri, como te llamaban los de ETA.

—¿Cómo sé que eres El Lobo?

—No puedes saberlo, en tu DNI figura tu nombre real pero en el mío pone Miguel Bueno, ninguna referencia a los apellidos de mis padres.

—¿Quién te manda?

—Complicado. ¿Quieres la verdad?

Ahora es Lorna la que mueve la pistola de arriba abajo.

—Nadie, soy yo el que quiere hablar contigo.

—¿Cómo me has encontrado?

—Tengo amigos en la policía. Me contaron que de vez en cuando te saltas la orden tajante de no pisar el País Vasco.

—Has hablado con el comisario… —Deja la frase sin acabar con la intención de que rellene el vacío.

—Ventura. Le prometí que no le mencionaría.

—Entiendo que puedas conocer al tipo que más sabe de antiterrorismo en la policía, pero eso no explica por qué has venido a buscarme a Bilbao, a una gala *abertzale,* cuando con una simple llamada podíamos haber quedado en Madrid.

Oyen el ruido de una puerta abriéndose y unos besos sonoros, de esos que reparten los abuelos a los nietos que intentan escapar de sus muestras de cariño.

—Vamos a tomar algo a mi hotel —sugiere Mikel—, te lo contaré despacio.

Lorna baja la pistola, la mete en el bolso y sale a la calle traspasando la puerta que El Lobo ha abierto, mientras este contempla las curvas de su cuerpo. Capta su fortaleza, su aspecto sano, le parece muy atractiva. En la calle, la luz de una farola ilumina su cara, se queda fascinado con sus tremendos ojos verdes y nota que la piel lechosa le iría más a juego con el pelo rubio original, aunque el color moreno contribuye acertadamente al cambio de apariencia.

Pasean durante veinte minutos, Lejarza siempre por delante. No hablan, excepto cuando él hace un comentario con humor negro que arranca una sonrisa cómplice de Aranda.

—Si supieran en la organización que nos pueden encontrar juntos, ordenarían a sus comandos que lo dejaran todo y vinieran a pegarnos dos tiros.

En una esquina del amplio vestíbulo del hotel, bastante vacío a la hora de la cena, comparten un espacioso e incómodo sofá para gozar de cierta intimidad. Giran sus respectivos cuerpos hacia el otro, ninguno rehúye la proximidad ni piensa en cambiarse al sillón cercano para disfrutar de más amplitud. Podrían ser una pareja bien avenida o dos enemigos desafiándose.

—No sé qué haces aquí —toma ella la iniciativa, marca territorio—, trabajo para la policía, siempre he trabajado para la policía y en mi cabeza no existe la posibilidad de hacerlo para tu servicio.

—Hiciste un gran trabajo durante la infiltración. Me apetecía mucho conocerte. —Frena un momento para remarcar su siguiente frase—: Jamás se me ocurriría ofrecerle nada a alguien que esté feliz en su trabajo.

—No te desvelo nada si te recuerdo que no fui una infiltrada por libre, era una agente encubierta, mis compañeros me protegieron siempre y el juez amparó mi actuación, todo salió a la perfección.

—Te descubrieron y todo cambió.

—Nadie me descubrió, mis compañeros procedieron a las detenciones. Era más que evidente que habían tenido un topo y antes o después me identificarían. Mi manipulador esperó todo lo que pudo y procedió a mi extracción. Deberías saber cómo funciona.

—Sin duda —confirma El Lobo sin interés por hablar de su propia experiencia—. Estuviste en un comando de los más sanguinarios, ¿te dejó secuelas la relación con los etarras?

El viaje a Bilbao ha avivado en Lorna las pesadillas que llevan años atormentándola. Izaskun, una identidad falsa perfecta y legal que adoptó para ser miembro de ETA, nunca se ha ido. En su cabeza es una persona real, de carne y hueso, una joven congelada en los veintimuchos años, con desparpajo, temperamento, metiéndose en charcos que debía evitar, antisistema, soñadora y buscadora de causas motivadoras para construir un mundo mejor. Alguien que si hubiera nacido en Irlanda habría formado parte del IRA, pero como lo ha hecho en Euskadi ansía ayudar a su pueblo a recuperar sus derechos legítimos.

Cuando unos años atrás empezó a relacionarse con la izquierda nacionalista, hablaba mal el euskera, pero estaba haciendo un curso por internet, lástima que sus padres no se lo hubieran enseñado desde niña. Tardó menos tiempo de lo esperado en ganarse la confianza del entorno de la banda, pronto se dio cuenta de que ser mujer le ofrecía ventajas, y más siendo bonita. Cuando dejó de llamar la atención, cuando ya nadie la presentaba porque todos la conocían, era cuestión de tiempo que los pistoleros llegaran hasta ella. Tesón y paciencia, sobre todo mucha paciencia.

Ese día de viaje relámpago a Bilbao afloran en su memoria abundantes recuerdos procedentes de esa mitad del cerebro que le enseñaron a reservar para su vida como miembro de ETA. Imágenes del pasado, como cuando los dos etarras de su comando, con abundante sangre de inocentes en las manos, se pelearon violentamente por ella, como si tuvieran el poder de decidir quién se quedaba con su compañera, el miembro legal que les daba cobijo en su casa. Una Izaskun que sin querer había infectado con el olor del cuerpo de los dos etarras el lado del cerebro que pertenecía exclusivamente a las vivencias de Lorna, la policía.

—Ninguna secuela. Lo sabrás por experiencia.

Mikel cambia de tema:

—¿Qué tal te ha ido desde que saliste? Te destinaron a una embajada.

—Afirmativo. Pasé unos años estupendos en Lima como jefa de seguridad de la delegación, ganando una pasta y acostándome pronto.

—Hace seis meses volviste.

—Fin de etapa, regreso a casa. Padres, hermanos, compañeros. Ya sabes.

—No lo sé, yo me infiltré con mi propia identidad y no he podido volver a relacionarme con ellos. En España, ¿qué tal?

—Vida normal. Levantarte pronto, trabajar ocho horas con intensidad, comer de táper, llegar reventada a casa, juergas de fin de semana. Una vida como la del 99 por ciento de los españoles. Imagino que parecida a la tuya.

—La mía no tiene nada que ver.

Mikel clava una mirada invasiva en sus ojos. Desde fuera puede parecer un enamorado, pero es un inquisidor, transmite incertidumbre. Lorna no se inmuta, nada la impulsa a intervenir. El momento de tensión lo rompe él:

—No te conozco, solo sé las cosas que me han contado. Si tu vida es tan idílica, me he equivocado al venir a buscarte.

Lorna calla, ha hablado demasiado. Ese hombre no es nadie, le habría encantado haber conocido a un mito de las infiltraciones antes de entrar en ETA, ahora le da igual. Es, simplemente, un espía del que alguna gente habla mal, metido en muchos fangos. Dios sabrá con qué estará lidiando ahora.

—Te voy a dejar en paz, discúlpame por el asalto. Solo me gustaría que me ilustraras sobre un detalle que no termino de comprender. ¿Por qué has venido hoy a Bilbao? ¿Te parece estimulante asistir a la presentación de un libro de un exetarra, con una sala llena de amigos de terroristas que podrían reconocer a la mujer que los engañó y llevó a la cárcel a unos cuantos de ellos?

Lorna acepta el desafío. Por muy complicadas e intimidantes que sean las preguntas, ha adquirido una solidez y aplomo a prueba de bombas.

—Dímelo tú, has venido hasta aquí cuando tenías la posibilidad de abordarme en cualquier otro sitio sin asumir ningún riesgo. ¿Me podían haber reconocido?, lo dudo, siempre existe esa posibilidad, pero también a ti.

—Yo me he metido intencionadamente en este tipo de peligros —reconoce El Lobo—. La primera vez, lo recuerdo bien, me fui al bar Hendayais en el sur de Francia, sin permiso de mis jefes, para estar rodeado de etarras y descubrir si mi cambio de apariencia funcionaba. También, ahora lo sé, necesitaba moverme entre enemigos, sentir el riesgo de que me pudieran descubrir.

—Jugar con la posibilidad de que te mataran —añade Lorna.

—¿Es lo que tú has hecho hoy? ¿Querías revivir algo? Esa chica que fuiste, Izaskun, o la que eres ahora, Lorna, se fue a una embajada lejana para olvidarse de una infiltración en la que vivió espantada pensando si sus compañeros aparecerían a tiempo cuando los de ETA descubrieran que era una puta traidora. Quizá Izaskun estuvo piel con piel con un etarra que le producía náuseas o, quizá, le encantaba cómo la besaba, cómo la manoseaba, cómo la poseía. No distinguía en ese momento, y no lo supo tras el fin de la misión, si eran náuseas, placer o las dos cosas. Si a Izaskun le gustaba y Lorna lo rechazaba, o si hubo un momento en que era incapaz de separar las dos vidas y les encantaba a las dos. A lo mejor, no lo sé, esta situación le pasó con más de un terrorista que presumía de sus crímenes y los narraba con petulancia y detalles macabros. Ella ponía cara de felicidad, de orgullo, había conseguido ser más etarra que los propios etarras. Si ese mal nacido hubiera descubierto que en realidad era una policía mentirosa, le habría sacado los ojos con un destornillador. En esa embajada tan aburrida, Lorna intentó tirar a la basura a Izaskun y años después volvió a España como si nada hubiera ocurrido. Aceptó encantada un trabajo burocrático coñazo en la Comisaría General de Información, alejado del terrorismo y de cualquier contacto con la calle. Una labor que podría hacer perfectamente una funcionaria de bajo nivel. Convenció a casi todos de que había pasado página, estaba bien. Alguno no la creyó.

—¿Qué quieres de mí, Lejarza? —le corta la mujer desazonada.

—Necesito a alguien con tu experiencia, estoy montando un equipo operativo.

—Soy policía.

—Lo sé.

—¿Por qué iba a querer currar contigo?

—Dímelo tú.

—¿Para quién trabajas?

—¿Para quién crees?

—Para La Casa.

Lejarza guarda silencio, ella lo interpreta como una confirmación de que, a través de él, el servicio secreto quiere contar con ella.

—Ni quiero dejar la policía ni currar para los tuyos.

—Si aceptas, trabajarás directamente conmigo y en la policía no dirás nada. El comisario Ventura cree que te debe algo y me ha asegurado que te cubrirá.

—Estoy feliz y calentita detrás de una mesa.

—No te lo crees ni tú. Te encantaría que te dieran por muerta para empezar una nueva vida volviendo a hacer lo que tanto te gusta, pero sin preocuparte de si alguien del pasado te persigue. Vives con la necesidad de experimentar subidones de adrenalina, poner en riesgo tu vida. Como hoy.

—¿Te fías de mí?

—Lorna, yo no me fío de nadie.

4

La Pulizija tiene el control

(4 días antes) 17 de enero, Malta

Morel sale de la casa, galopando más que caminando, con Breton a dos pasos intentando no quedarse rezagada y preguntándole con inquietud cómo ha ido la conversación con el padre de Olivier. Su respuesta, casi inaudible, es demasiado concisa, excesivamente genérica, nada de compartir información con ella. Es un solitario empedernido, confía en pocos compañeros. Telefonea a la Unidad Antimafia de París y habla con el comandante Duval:

—Acabo de estar con el padre, desconoce lo que hacía el chico. Le he enseñado la patita para que entrara al juego y me ha autorizado a usar su nombre. —Duval le dice algo, guarda silencio y se dirige hacia la calle donde tienen aparcado el coche, cambia de dirección y se encamina a un restaurante junto a la playa, sin prestar atención a la teniente que lo sigue—. Perfecto. Espero que le telefonees y en cuanto me digas voy para allá. ¿Qué? —Nuevo momento de silencio—. Ah, por supuesto, vamos para allá.

Entran en un restaurante con terraza sobre el mar y Morel elige una mesa en el interior, lejos del viento racheado. A Breton le encantaría comer fuera, pero nadie le pide su opinión.

—¿Qué dice el gran jefe? —pregunta alegre en cuanto el camarero les ha tomado nota. Una hamburguesa para el capitán y, ante tanta indiferencia y ahorro, otra para ella.

—Va a telefonear al comisario de la Pulizija para anunciarle nuestra llegada y allanarnos el camino. Ya le vale, hace menos de un año le entregamos un cargamento de cocaína cuyo éxito se apuntó por su cara bonita.

—¿Por qué pasas de mí? —Breton cambia de tema por sorpresa.

—¿Qué dices?

—Es más que evidente.

—Este trabajo lo he llevado sobre el terreno yo solo durante años, tú te has ocupado de las labores burocráticas desde París y ahora me han obligado a traerte. Conoces sobradamente lo que pasa por los papeles que he escrito y has leído, por la transcripción de las grabaciones que has escuchado y por las operaciones ejecutadas gracias a esos datos.

—Por eso mismo, podría hacer algo más que ir detrás de ti con la lengua fuera. Este último año he trabajado como tu ayudante bastante bien, mis informes en destinos anteriores son muy positivos, he demostrado que sé investigar. Duval me colocó contigo para que hiciera parte del curro al que tú no llegabas. —Morel ha dejado de cotillear el móvil y la mira con atención y desgana—. Pasas tanto de mí que a mis veintiocho años, rubia, tipazo, no me has mirado ni una sola vez.

—No tengo tiempo para ocuparme de ti, me han matado a un colaborador, ¿es que no lo ves? Yo lo había captado, ilusionado, me había contado sus intimidades mientras yo me inventaba una vida que no era la mía. Lo han asesinado por mi culpa y no me quedaré tranquilo hasta que descubra quién lo hizo y por qué. Ojalá pudiera pasarme el tiempo tonteando con alguna chica como tú, persiguiéndola durante el trabajo, mirándola sin que se entere, sorprendiéndola con frases originales, invirtiendo tiempo en buscar mesa en el restaurante de moda y conseguir dormir con ella eternamente. Esas cosas llenan la vida de mucha gente, pero no encajan con un agente como yo, que vive entre los malos y quiere acabar con ellos.

Se calla mientras el camarero les sirve la comida y, cuando se aleja, grita irritado:

—Si quieres follarte a un jefe, ahí tienes a Duval. En estos momentos lo único que necesito es que me abra la puerta de la comisaría de la Pulizija. El tema está caliente, ahora es cuando tengo que encontrar esa pista de la que tirar para resolver el caso. Necesito presentarme delante de los padres de Olivier con una detención.

Breton ha dejado de mirarlo al sentir la violencia de sus palabras. Su papel no variaría, dos pasos por detrás de él y a callar. Lo mismo le habría dado que le hubieran impuesto la compañía de un perro policía.

Comen sin pronunciar una sola palabra más y cuando todavía no han acabado suena el móvil de Morel. El comandante le informa del éxito de su misión: el comisario Stivala los espera tras el almuerzo en su despacho del cuartel general de la Pulizija. El capitán pide la cuenta, se levanta y sale sin mirar ni una sola vez hacia el mar. La teniente lo sigue, dos pasos por detrás.

Hay algo de tráfico, pero las distancias en la isla no son grandes. Aparcan el coche en la plaza San Kalcidonju, cerca del edificio policial de dos plantas, la de abajo blanca y la de arriba color ladrillo. De lejos llama la atención su mal estado de conservación, presidido por la bandera de Malta enarbolada en un mástil en el tejado. Al traspasar la verja, el panorama cambia un poco gracias a la cuidada parcela con césped alrededor de la enseña de la policía izada cerca de la entrada.

Hasta ese momento, Morel solo ha acudido a La Valeta como un alto cargo de su empresa y ha evitado relacionarse con la Pulizija. En el control los invitan a subir a la primera planta. El comisario los recibe en su despacho, grande y con muebles funcionales cargados de años, sin moverse de detrás de la mesa y alargando el brazo para ofrecerles su pequeña mano sudorosa. Delante de él está su gorra de plato, de un azul mucho más intenso que su camisa de faena; parece que se hubiera puesto el uniforme para ganarse el respeto de sus visitantes. La pequeña barriga contribuye a transmitir una imagen de militar en decadencia.

—Ustedes dirán en qué podemos ayudarles —dice el comisario en maltés y luego lo repite en inglés.

Morel va a intervenir, pero Stivala sigue hablando con gesto medidamente amable y dirigiendo su mirada alternativamente a los dos:

—Es el accidente de un ciudadano maltés que ha tenido lugar en Malta. Estamos siguiendo los trámites habituales. Mis hombres no han encontrado nada sospechoso. Se lo digo porque me ha telefoneado su jefe para pedirme que les recibiera con urgencia, lo que estoy haciendo con mucho gusto. Sin embargo, no entiendo el motivo de su interés, más allá de la petición del padre del chico.

Acerca la cabeza a la mesa, aparta la gorra y en el expediente que aparece debajo busca un dato guiándose con el dedo índice.

—Vincent Leblanc, francés, casado con una maltesa.

Morel espera hasta confirmar que ha terminado.

—Su hijo ha muerto y nos ha pedido que lo ayudemos.

—Cada vez que muere el hijo de un ciudadano francés en el extranjero, ¿hacen una investigación en el país de destino?

—El padre está preocupado, como es lógico, y tiene buenos contactos en París. No vamos a quitarles mucho tiempo, ustedes son los responsables de la investigación. Para intentar tranquilizar al padre, nos gustaría conocer los datos de la autopsia y, si se da el caso, que nos permitan preguntar por ahí a la gente que haya podido tener alguna conexión con Olivier.

El capitán no quiere un conflicto con el comisario. Desea ver el semáforo en verde y salir de allí con celeridad.

—¿Qué información tienen ustedes sobre el accidente?, ¿algo que les pueda servir a mis hombres?

—Nada —interviene Breton—. Pero no dude de que si nos enteramos de algo se lo contaremos a la persona que lleva el caso y al que podamos pedirle algunos informes, siempre intentando estorbar lo menos posible.

El comisario ve expedito el camino para quitárselos de encima. Tampoco desea ponerles muchas trabas, quizá más adelante se enteren de algún otro negocio sucio, se lo pasen y pueda apuntarse el tanto. Les pide que vayan a la planta baja y pregunten por el inspector Bonello, ya le ha advertido de su visita.

Morel está a punto de echarle una bronca a Breton por intervenir en la conversación, pero desiste, está demasiado cercana la última discusión. Bonello les hace pasar a una pequeña sala de reuniones con los muebles indispensables: una mesa, seis sillas y en la pared principal un tablero de corcho con chinchetas de colores.

No es uno más de los dos mil integrantes de la Pulizija. Siempre le caen los casos más complicados, aquellos cuya resolución parece más improbable.

—¿Hablamos en inglés? Habitualmente usamos el maltés o el inglés. —Los dos franceses asienten—. Aquí tenéis la autopsia. —Parece ansioso por ayudar y comentar el tema con ellos—. Cuenta que presenta heridas compatibles con una caída por un terraplén. Los análisis delatan un alto índice de alcoholemia, lo que permite suponer que no tenía mucho autocontrol en el momento de despeñarse. No han encontrado nada más llamativo. Si le hubieran pegado un navajazo, debería haber aparecido en la autopsia.

—¿Qué crees que pasó? —pregunta Breton, a la que Morel mira con disgusto.

—Se fue al campo en el coche de segunda mano que le regaló su padre. Quiso dar una vuelta, era noche cerrada, iba bebido, se tropezó y adiós muy buenas. Buscamos rastros de otros coches sin resultado. Si alguien viajó con él en su vehículo hasta allí, lo empujó y se fue, no tenemos medios de demostrarlo, el coche es una enorme plantación de huellas. Olivier debía ser muy popular.

Es la primera vez que Morel se encuentra con un colega tan predispuesto a ayudar y a plantear el caso a la búsqueda de un posible asesino sin enrocarse en la versión fácil del accidente. Su aspecto tampoco es el de un inspector al uso: cerca de dos metros de altura, exageradamente delgado y con el pelo escaso y mal distribuido por la cabeza, una alopecia poco frecuente a los cuarenta años.

—¿Sabemos lo que hizo en las horas anteriores?

—Tenía el turno de noche en el aeropuerto, le gustaba trabajar cuando todos dormimos. Si disponía de tiempo libre, frecuentaba los bares. Esa noche —mira con detenimiento los ojos azules de Breton— estuvo trabajando, ayudó en la maniobra de descarga del último avión y acompañó a los camioneros hasta la nave donde debían entregar el material. ¡No os podéis imaginar lo que transportaban!

Morel pone su mejor cara de sorpresa: el vuelo originario de Madrid traía lo mismo que el de dos días antes de París y los tres anteriores procedentes de las mismas ciudades. Bonello descifra el supuesto enigma:

—Féretros. Quizá el pobre Olivier utilice uno de ellos. —Recapacita un momento y le cambia la cara—. No ha sido un comentario apropiado, os pido disculpas.

—No te preocupes —Breton le resta importancia—, sigue contándonos lo que hizo esa noche.

—Necesitaba volver al aparcamiento del aeropuerto, cerca de Luqa, donde tenía su coche. Alguien se ofreció a llevarlo, seguramente un camionero, y ahí le perdemos la pista. Hemos preguntado en sus bares de copas habituales, no recuerdan haberlo visto.

—¿Un camionero?

—Estamos tratando de identificarlo.

—¿Alguna cámara grabó a Olivier en el aparcamiento?

—No hay en la zona, es más un descampado que otra cosa. —Se dirige a la policía—. Mira, Breton..., ¿tu nombre es?

—Stella.

—Mira, Stella, nos gusta presumir de país seguro, la delincuencia es escasa. Tenemos muchas cámaras en la calle, pero sin obsesionarnos.

—¿Has hablado con la empresa a la que ayudó con los féretros? —pregunta Morel mientras el maltés mantiene la mirada en la teniente.

—Se llama Árbol de la Vida, pero no he visto la necesidad de ponerme en contacto con ellos. He hablado por teléfono con el compañero del aeropuerto de Olivier, con el que además compartía piso. Lo he citado aquí para tomarle declaración.

—¿Te importa si vamos a hablar con el propietario de los féretros?

—No sé si será posible, la empresa pertenece a un ministro. Tendré que hablar primero con el comisario y si me autoriza me pondré en contacto con él. De entrada, lo veo complicado.

—Inténtalo, por favor —dice Morel sorprendido—. También nos gustaría ver las fotos del cadáver cuando lo encontrasteis y las pertenencias que llevaba encima.

Bonello busca en el expediente y le entrega una hoja con el listado de objetos de Olivier. El capitán la lee, no es muy larga.

—¿Llevaba encima un destornillador?

—Debía utilizarlo en su trabajo —afirma sin mostrar extrañeza— y se le olvidaría devolverlo, o pensó que lo podría utilizar para algo relacionado con el transporte.

—Posiblemente —dice tras percatarse de su utilidad para intentar descubrir lo que contenían los ataúdes. Debía haberle prestado más atención, haberle puesto límites, no dejar que se sintiera James Bond. Sigue leyendo en alto la lista—. ¿Tenía medio millón de pesetas?

—En billetes de 5.000. Serían para cambiar, España pertenece a la Unión Europea y ahora están adoptando el euro. —Reflexiona un momento—. Bueno, como en vuestro país. ¿Crees que alguien le hizo un pago?

—Quizá.

—En Malta hay muchas actividades legales e ilegales, incluso alegales, en las que se puede ganar mucho dinero y en las que la gente da salida a monedas de otros países. Hasta ahora no tenemos pistas de que Olivier participara en ninguna de ellas. ¿Vosotros no conoceréis algún detalle que me ayude en la investigación?

—Si me entero de algo te lo diré. ¿Me podrías dejar ver físicamente lo que llevaba encima?

—Las pertenencias están guardadas en el Departamento de Pruebas; si no me dejan sacarlas, al menos te haré unas fotos. —Abre una carpeta, saca un juego de imágenes en papel y las reparte entre los dos, son muy similares—. Estas fotos son del cadáver de Olivier cuando lo encontramos.

Morel y Breton las miran detenidamente. Está tirado en el campo boca arriba, con la cara y las manos hinchadas, llenas de golpes y magulladuras. Va con una cazadora gruesa y unos chinos, ambos muy sucios por culpa del barro.

—¿Había llovido aquella noche? —pregunta el capitán.

—Aquí puede llover media hora, pero lo hace tan copiosamente que se inundan las calles. Es el caos, hasta aparecen peces en la carretera.

—A lo mejor pudo influir —dice Breton.

—De hecho —dice Bonello—, mi hipótesis es que Olivier se encontraba en el campo cuando le pilló la lluvia, y como estaba bebido perdió el control, resbaló y se cayó por el precipicio.

Se van, quedan a la espera de las noticias de Bonello. Ya en la calle, Morel va a ordenarle a Breton que no vuelva a preguntar nada a nadie cuando el sonido del móvil, una llamada desde el extranjero, lo obliga a retrasarlo.

—Soy Frédéric Leblanc, primo del padre de Olivier. Espero haberlo dicho bien, porque con la edad parece que los parentescos cambian.

—Buenas tardes, ¿en qué puedo ayudarle?

—Verá, mi primo sobreestima mis cualidades. En otros tiempos, hace ya unos años, cuando todavía no me molestaba tanto el lumbago, hacía trabajos de investigación, nada policial la verdad, pero para mi primo todos somos lo mismo, unos policías, como usted, y otros espías, como yo. Vamos, que mi primo me ha pedido que hable con usted.

—¿No me llama desde Francia?

—No no, soy español, mi padre era francés, como el de mi primo, el abuelo de Olivier. Ahora mismo estoy yendo al aeropuerto para tomar un avión a Malta, me disculpará usted pero se ha empeñado mi primo. Hace mucho que no lo veo, pero si se es primo de niños, se es toda la vida. Me gustaría poder hablar con usted para que Vincent se quede más tranquilo.

—Lo entiendo, ahora estoy muy ocupado, tengo muchas reuniones, no sé cuándo podré sacar un hueco.

—Mi pobre primo ha perdido a su hijo, una desgracia, los padres nunca tendríamos que ver morir a nuestros niños, son ellos los que tienen que enterrarnos. Me ha contado que usted puede investigar gracias a que él le ha autorizado, no quisiera yo que se echara atrás y llamara al comisario de la Pulizija. Sería una pesadez.

—Llámeme cuando llegue a Malta.

5

El ángel de la guarda

(Seis días después) 23 de enero, Valencia

Mikel Lejarza aparca su Chrysler Voyager en una calle aledaña a la estación del Norte. En el maletero guarda una pequeña bolsa de viaje utilizada la noche anterior para pernoctar en un hotel de la ciudad. En el bolso de mano, colocado en el asiento del copiloto, está una de sus dos compañeras fieles, la más pequeña, una Walther PPK del 9 corto, la que en el cine usa James Bond.

A poco más de cinco minutos paseando está su objetivo, una tienda de informática. El edificio tiene más años que Matusalén y contrasta su fachada sucia y desconchada por humedades con un pequeño negocio reciente y acristalado cuya iluminación invade la calle. Es difícil pasar por delante y no echar una mirada a la exposición de ordenadores y teléfonos. Y también a los dos dependientes altos, fuertes y guapos que parecen sacados de un desfile de modelos de ropa de baño.

Entra sin demorarse en observaciones ya cumplimentadas la tarde anterior: sabe que detrás del escenario a la vista del público hay un pequeño almacén. Ahí es donde quiere ir, a la zona privada que en cualquier teatro ocuparían los camerinos.

Es media mañana de miércoles, no llueve, pero el cielo tiene aspecto grisáceo, un día poco apetecible. Un vendedor atiende al único cliente y el que está libre se le acerca con una sonrisa que muestra su dentadura blanqueada. Le pide hablar con Verónica y obtiene un practicado ademán de ignorancia.

—Soy un cliente personal, me dijo que si pasaba lo que me ha pasado no dudara en venir. Dile que soy Reja.

El vendedor deja de disimular, se dirige hacia el fondo a una puerta camuflada con idéntico color avellana que el de la pared, la abre y desaparece. Lejarza espera unos segundos y lo sigue con decisión. Cuando el otro empleado intenta interceptarlo, ya está inmerso en un pequeño y vacío cuarto oscuro con una luz roja al fondo ubicada en lo alto del marco de otra puerta. La traspasa y se encuentra un ambiente refulgente y despejado, con muebles de diseño esquelético, una especie de oficina de excéntricos *yuppies*. Una mujer vestida con elegancia clásica y un hombre con tatuajes y aspecto descuidado están sentados delante de grandes pantallas de ordenador. El dependiente al que ha seguido está hablando con Verónica Abenia, cerca de cuarenta años, melenita pelirroja y cara invadida por pecas.

Ven acercarse a El Lobo y el vendedor se dirige a él, está mazado e intenta intimidar, pero es inseguro, no provoca el mínimo sobresalto.

—No soy una amenaza —dice dirigiéndose a la mujer—, vengo a hablar y te conviene escucharme antes de que sea tarde.

Verónica no se inmuta, el visitante de vaqueros y jersey, con una cazadora de cuero negra, barba recortada y aspecto tranquilo, tiene buena pinta. Con un gesto de la mano le señala la silla que tiene al otro lado de su mesa de trabajo, un cristal grueso amplio sujeto por unas patas de hierro.

—Prefiero que nos quedemos solos, luego les podrás contar lo que quieras.

La mujer asiente. Si el hombre quisiera matarla, no habría montado ese numerito para entrar y tampoco habría permitido que su cara quedara grabada en las diversas cámaras diseminadas por los dos locales.

—¿Qué desea?

—Proponerte un trabajo.

—Estoy desbordada, pida hora para otro día.

—¿Quieres vacilarme o intentas subir tu tarifa?

—Me molesta cómo ha entrado. No me da miedo, tengo muchos clientes y amigos más mafiosos y poderosos que usted.

—Bien, por un momento había creído que no te corría sangre por las venas.

—¡Lárguese! —le dice y al mismo tiempo le señala la puerta.

—No te crezcas, ese numerito lo tenías que haber montado con tus chicos aquí. Vengo a proponerte algo, pero antes te voy a ayudar gratis, porque viendo tu expediente me has caído bien, tienes potencial.

—Si alguien le ha hablado de mí, sabrá que mi empresa va viento en popa, tengo clientes —hace una pequeña pausa para remarcar las dos siguientes palabras— muy importantes, más de los que puedo atender, y gano bastante más dinero del que puedo gastar.

«Tipa lista —piensa Mikel—, tiene mucho que aprender en el mundo del espionaje, pero me será útil».

—¿Usted quién es?

—Me bautizaron como Miguel, aunque todos me llaman Mikel, nací en el País Vasco y hasta los veintiséis años me apellidé Lejarza. Me infiltré en una organización terrorista y después cambié bastantes veces de identidad. Me conocen como El Lobo.

—He oído la leyenda, cuentan que vive escondido en el quinto pimiento y rodeado por fuertes medidas de seguridad. Cualquiera podría hacerse pasar por él. Espera que me crea que ha venido a verme en persona, solo, sin una mísera pistola al cinto. Si eso fuera así, un suponer, mis amigos me habrían dado el cante de su visita, a los que El Lobo habría utilizado para llegar hasta mí de una forma más civilizada.

—No te engañes, no tienes amigos en el servicio secreto. Trabajas para ellos, antes mucho, ahora menos, porque eres la mejor informática forense de España. Hace años descubrieron tu capacidad de desguazar un ordenador y encontrar en sus tripas datos que todos creían desaparecidos. Te pagaron muy bien para que les diseñaras softwares especiales y para que formaras a sus agentes, pero cuando te hayan exprimido o te conviertas en una carga te dejarán tirada. Por cierto —se detiene para abrir su bolso de mano y enseñarle algo de su contenido—, sí que llevo pistola.

—¿Le mandan ellos? —pregunta alterada.

—¿Tú qué crees?

—Si quisieran algo de mí, me habrían llamado directamente.

Mikel guarda silencio, recorre la estancia con la mirada.

—Quieren encargarme algo pero no aparecer oficialmente.

—No he dicho eso.

—Los encargos de La Casa son prioritarios, los suyos no.

—En el espionaje las cosas no son lo que parecen y cambian con rapidez.

—Ellos nunca me han jodido. Me contrataron hace años porque no tenían ni idea del campo en el que soy la mejor. Y también sé que habrá un día en el que no me necesitarán. Es obvio, no me cuenta nada que no sepa.

—Ese día va a llegar mucho antes de lo que imaginas.

—Me da igual, tengo muchos otros clientes, no vivo de La Casa. ¿Quiere que le dé el nombre de grandes bancos, empresas eléctricas, fabricantes de coches o dueños de supermercados que me pagan cifras astronómicas que usted no ha visto en su vida?

—Los conozco a todos. Escúchame bien porque hoy soy tu ángel de la guarda: esos clientes también se van a alejar de ti.

—Claro, y yo la diñaré algún día.

—Sin duda...

—Me cansa esta conversación. Dígame de una vez lo que quiere.

—Estoy formando un equipo para una misión, si sale bien quizá en el futuro podamos trabajar juntos de una manera estable.

—No quiero trabajar para usted y abandonar mi propia empresa.

—No te queda otra.

—¿Me va a decir cuáles son mis alternativas? —Reflexiona un momento y la irritación le endurece el gesto—. ¿Me está amenazando?

Lejarza no presta atención a sus últimas palabras.

—Escúchame bien. Hoy o mañana, a lo más tardar el viernes, va a irrumpir la policía en esta tienda. Entrarán a saco y detendrán a tu socio, o debería decir a tu marido, a tus dos empleados y a ti. Durante horas revisarán cada papel, violarán tu caja fuerte, requisarán tus discos duros y no pararán hasta que hayan levantado cada mota de polvo para ver lo que escondes.

Verónica no pestañea, por su boca entreabierta entra y sale aire aceleradamente. El Lobo sigue:

—Tu nombre es muy famoso en los bajos fondos del tráfico de datos. Has trabajado para muchos detectives, buenos y malos, que querían conseguir información reservada sobre los enemigos de sus clientes. Ellos y tú habéis violado la ley un número incontable de veces.

—También he investigado asuntos conflictivos para la mitad de las empresas del Ibex, las más poderosas de España. Y para varios gobiernos de países latinoamericanos. —Levanta la voz cada vez un poco más—. Y para el servicio de inteligencia, con el que no sé si usted tiene relación o no.

—Los polis te han pillado por tus trabajos para los detectives y se lo han contado a un juez. Disponen de lo que llamamos una pistola humeante, pruebas concluyentes capaces de encerrarte por veinte o treinta años. Todavía estás a tiempo de sembrar la duda sobre que esa pistola sea tuya y haya sido usada.

—¿Me ha denunciado un detective? —suelta la experta informática mostrando por primera vez preocupación.

—Pincharon tus teléfonos hace más de seis meses, conocen muchos de tus trabajos y tienen identificados a la mayor parte de tus clientes.

—Abandonaré el país.

—Te detendrían en cuanto pisaras el aeropuerto, llevas al menos tres semanas con policías vigilando tus movimientos y los de tu marido.

—¿Está intentando asustarme?

Lejarza tarda en responder para que Verónica note que sus palabras son duras, pero sinceras:

—Nadie te va a librar de la detención, hazte a la idea.

—Le manda el servicio secreto para que no cuente nada de los trabajos que les he hecho.

—Te equivocas.

—¿Saben ellos que me va a detener la policía?

—Creo que sí, pero no estoy seguro. Los maderos conocen tu trabajo para La Casa porque han escuchado tus conversaciones.

—No podrán demostrarlo, tengo escondidas las pruebas.

—En el servicio esperan que niegues la relación y no digas nada a cambio de que ellos, más adelante, muevan sus influencias para liberarte.

—Lo harán, seguro, en caso contrario lo contaré todo.

—Después de que entres en la cárcel, si no lo están haciendo ya, borrarán el rastro de vuestra relación, te prometerán y prometerán, pero al final se olvidarán de ti. Un juguete roto más. Hay muchos, los conozco.

La puerta se abre y el socio de Verónica entra. Ha estado viendo y escuchando la conversación gracias a los equipos audiovisuales montados en la sala. Arrastra su silla con ruedas y se coloca a un lado de su jefa y esposa. Un joven de poco más de treinta años, pelo muy corto, barba de varios días y un lunar cerca de la nariz, habla a Lejarza con seriedad:

—¿Qué es lo que nos propone?

—Gracias por escucharme, Pablo —se dirige a él por su nombre sin que nadie se lo haya presentado—. Tendréis que borrar las grabaciones en las que aparezco. Nadie deberá descubrir que os he alertado. En cuanto me vaya, no haréis desaparecer ninguno de los trabajos de investigación sobre vidas privadas que habéis elaborado para detectives de Valencia, Barcelona, Madrid y otras ciudades. Solo camuflaréis las acciones más graves.

—Son pruebas en nuestra contra.

—La policía conoce la mayor parte, y si hay alguna que ha quedado fuera de su radar, apoyará la veracidad de lo que vais a declarar: no hemos hecho nada malo. Esa será vuestra línea de defensa. No os librará de pasar unos días en la cárcel, pero vuestros abogados carísimos seguro que encontrarán vías para que solo os caigan condenas pequeñas y no debáis regresar a prisión.

—Con el servicio secreto, ¿qué hacemos? —pregunta.

—No os van a decir nada antes de la detención, luego os mandarán mensajes por personas interpuestas: estamos moviendo cables para ayudaros, pero guardad silencio sobre nosotros, en caso contrario no podremos intervenir. Cuando estéis en libertad os llamarán y, dependiendo de lo que hayáis declarado, buscarán vías para alejarse.

—Estamos jodidos.

—Para que os ayuden y vuestros abogados encuentren argumentos para libraros, lo importante es que en el servicio tengan problemas a los que enfrentarse. La policía debe encontrar pruebas de eso que sospechan, de vuestros trabajos para el CNI. Pruebas contundentes que el juez entienda.

—Yo no voy a reconocer esa relación —interviene tajante Verónica—, me lo han dejado claro muchas veces.

—Si no lo haces, los dos os pasaréis una larga temporada en la cárcel, tú en la de mujeres y Pablo en la de hombres.

—Si hago eso, no volverán a encargarme trabajos ni a relacionarse conmigo.

—Es posible.

—Hablarán con las grandes empresas para que rompan sus contratos.

—Romperán en cuanto os detengan. Quizá algunas volverán en el futuro, pero de momento se alejarán de ti, de vosotros.

La ansiedad de los informáticos contrasta con la tranquilidad de Lejarza. Su corazón en estado normal bombea a sesenta pulsaciones por minuto. Sigue hablando:

—Tenéis que montar un follón de narices, asustar a mucha gente. Será un gran escándalo nacional, aunque la validez de las pruebas dependerá de vuestro testimonio final. Grandes empresas del país os necesitarán en ese momento para salir indemnes. Y el servicio de inteligencia precisará de vuestra falta de memoria sobre operaciones secretas en las que habéis participado.

Lejarza les sonríe, se levanta, se quita la cazadora y vuelve a sentarse. Nota sus miradas expectantes.

—Llevo muchos años en este mundo, sé que no habéis sido muy leales con algunos de vuestros clientes extranjeros, como el Gobierno de Venezuela, y con unos cuantos de los nacionales. Todos ellos se van a espantar cuando descubran que trabajabais para el CNI. Pensarán, como yo, que han puesto su intimidad en manos equivocadas.

—Te equivocas —interviene Verónica.

—Seguro que sí —dice cínicamente El Lobo—. He sido casi toda mi vida agente negro, he ido por libre, me he montado mis propias empresas y desde ellas he hecho trabajos para el servicio. Cuando me han pillado, he pagado los platos rotos, en el último momento he librado al servicio y he vuelto a hacer lo que me gusta. Sé de lo que os hablo. Solo os digo que debéis jugar adecuadamente vuestras cartas, y los trabajos secretos que habéis hecho para ellos son la principal.

—Nadie volverá a hacernos un encargo, vamos a ser unos apestados —lanza Pablo con pesimismo.

—Yo os contrataré en cuanto salgáis de prisión. El trabajo os servirá para rellenar las horas, aunque no la cuenta corriente. El tiempo pasará y todo se terminará olvidando.

—No me parece bien presionar al servicio para obligarlos a ayudarnos —repite Verónica—, eso es un vil chantaje. Somos su gente, nos ayudarán a salir de esta.

—Si no los agarráis por las pelotas, se alejarán. Si no les demostráis que lo contaréis todo ante una amenaza de cárcel, se alejarán. Si piensan que no van a aparecer en el tema gracias a vuestro silencio, se alejarán.

—No estoy de acuerdo —insiste Verónica.

—La decisión es vuestra. Yo os marco el camino para libraros, si no os parece bien, haced lo que queráis, allá vosotros.

Los dos socios se miran, Verónica toma la palabra:

—En cuanto se vaya, borraremos las pruebas de su presencia.

—Os lo agradezco —continúa Lejarza—. Si finalmente seguís mi consejo, después meteréis en la caja fuerte sobres con dinero en efectivo que se corresponda con pagos de La Casa, indicando a boli las fechas correspondientes.

—De hecho, tenemos guardados algunos —lo interrumpe Pablo.

—Mejor que mejor. También colocaréis discos duros o pendrives con información de trabajos para ellos y para algunos grandes y pequeños clientes. Trabajos que sean legales y os sirvan para armar vuestra defensa. De esta forma, quedará clara vuestra relación con La Casa y sabrán que la información comprometedora no la difundiréis si se portan bien.

6

Disculpa si te parece una tontería

(Cinco días antes) 18 de enero, Malta

Morel está ansioso por hablar con el ministro dueño de la funeraria que ha prometido dedicarle unos minutos, y quiere escuchar de primera mano el testimonio de Paul, el compañero de Olivier. También desea presionar a Bonello para que encuentre a la última persona que vio al joven, la que lo acercó hasta su coche. Sin embargo, ha tenido que organizar sus planes del día dando prioridad a la visita inesperada del primo de Vincent Leblanc. Le incomoda que una supuesta vieja gloria del espionaje intente enmendarle la plana. ¿Qué sabrán los espías de investigar un asesinato? Se creen los más listos y compiten con prepotencia con los policías en un terreno ajeno.

Ha intentado convencer a Breton de que no lo acompañara, pero Duval le ha ordenado a la teniente que no se separe de él bajo ningún pretexto. Con Breton dos pasos por detrás, llegan a las nueve de la mañana al Mason´s Cafe, pegado al mar, ese día notablemente revuelto, y no muy lejos de la casa de los padres de Olivier en Sliema. Un hombre de bigote denso encanecido, vestido con traje gris marengo muy usado y corbata azul corriente, les hace señas con los brazos de forma aparatosa desde una mesa ubicada al fondo. Estrecha la mano al capitán y le da dos besos a la teniente.

—Gracias por venir —dice Frédéric Leblanc—, han sido muy amables al aceptar hablar conmigo.

—Tenemos una reunión a las 10.30 y no querríamos retrasarnos, es importante para el caso —advierte Morel.

—Seguro que sí. He pedido un café con leche y una tostada, acompáñenme, por favor.

—Ya he desayunado.

—Yo soy la teniente Breton y tomaré lo mismo que usted.

—Gracias, hija —dice Leblanc—, tienes una sonrisa encantadora, si en lugar de sesenta y tres años y estar jubilado tuviera treinta y tres, esta tarde te estaría pidiendo que te casaras conmigo.

La policía suelta una carcajada y Morel hace un ademán de impaciencia.

—¿Cuál es tu nombre de pila?

—Stella.

—No podía ser más bonito, tu madre debe ser un bellezón.

—Lo era.

—¡Cuánto lo siento!

Morel lo interrumpe:

—Entienda, señor Leblanc, que estamos trabajando y tenemos mucho que hacer el resto del día.

—Lo siento, Stella, ya me darás tu teléfono y hablaremos tranquilamente. —Le guiña un ojo y vuelve a provocar una sonrisa en la teniente—. Pues nada, capitán, póngame al día.

—Ayer estuvimos en el cuartel general de la Pulizija, nos reunimos con el inspector que lleva el caso.

—¿No hablaron antes con el comisario jefe?

—¿Con Stivala? Sí. Intentó sacarnos información y cuando preguntamos nosotros nos pasó a su subordinado. Por eso no lo he mencionado.

—Le agradecería que me facilite todos sus pasos, aunque le parezcan irrelevantes. Soy un poco despistado, me cuesta retener la información, pero si me la da ordenada, cuando se vaya tomaré notas para no olvidarme de nada al transmitírselo a mi primo. Es más pequeño que yo —hace una pausa—, lo ha sido siempre. Claro, eso ustedes lo imaginarían. Vaya, Stella, espero no haberte decepcionado con esa tontería de abuelo.

—El inspector nos estuvo contando los datos que tenía —sigue el capitán—, más bien escasos.

—Perdone, no he memorizado el nombre de ese inspector.

—No se lo he dicho: Bonello. A ver si avanzamos un poco —dice con desazón—. El forense ha hecho un informe…

—Conozco esos detalles.

—Lo nuevo que nos aportó fue que Olivier colaboró en el transporte de un envío de féretros hasta la nave de una empresa.

—Espere un momento, voy a sacar un boli y un papel para apuntar los nombres que ya han salido y el que me va a dar de la empresa esa.

—Árbol de la Vida.

—Gracias y perdone las molestias.

—Cuando acabaron el trabajo, posiblemente uno de los camioneros lo acercó hasta el aeropuerto, donde tenía aparcado el coche.

—¿El nombre del camionero es...?

—Todavía no lo sabemos. —El viejo le parece muy pesado—. Lo siguiente que se sabe de su coche es que estaba junto a un barranco, y Olivier, muerto en el fondo del mismo.

—Esa parte me la ha contado mi primo, gracias.

—Eso es lo poco que sabemos, hasta ahora.

—Si no es demasiada indiscreción y teniendo en cuenta que soy un mero observador que no va a intervenir, me podría decir cuáles son esos pasos que va a dar para investigar la muerte de mi sobrino, aunque técnicamente no lo sea, pero no voy a estar diciendo siempre el hijo de mi primo.

—Los habituales de una investigación policial, teniendo en cuenta que oficialmente no puedo hacer nada: hablar con los testigos. El desconocido que lo acercó hasta donde estaba aparcado su vehículo, el amigo inglés con el que vivía y el dueño de la empresa funeraria, con el que hemos quedado dentro de un rato.

Leblanc se vuelve a la teniente y muda el gesto serio por una sonrisa coqueta, con su dosis de misterio y enigma.

—Stella, quería formularte una pregunta. —El gesto de desaprobación de Morel no pasa desapercibido para el antiguo espía—. Discúlpame si te parece una tontería, seguro que lo es, pero a veces me cuesta entender a la gente joven. ¿Por qué vais a hablar con el dueño de la funeraria cuando hasta ahora lo que sabéis es que Olivier salió de su empresa y lo dejaron en el aeropuerto? A mi corto entender, la funeraria no pinta nada en esta historia, al menos con los datos que tenéis, suponiendo que me los hayáis dado todos. ¿No sería más lógico dar prioridad al camionero ese?

Stella se queda de piedra por su lógica aplastante. Ella también desconoce la razón por la que Morel ha puesto el foco sobre la funeraria y su dueño de una manera prioritaria. El capitán interviene para sofocar el fuego sin dejar contestar a Breton:

—Hemos fijado el orden en virtud de su disponibilidad. El ministro dijo que le venía bien a primera hora.

—¿Ministro?

—Es una coincidencia. Se llama Curmi.

Leblanc apunta el nombre.

—Capitán, usted captó a Olivier. De investigaciones de asesinatos sé poco, la verdad, pero de captaciones bastante; bueno, sabía bastante, porque desde que dejé el servicio se me está olvidando todo, estoy casi oxidado. Si no fuera por mi nieto, ya ni pensaría. En otro momento les contaré las cosas buenas que tienen los niños pequeños, aunque también dan problemas, no crean. Mi pregunta es: ¿consiguió que trabajara para usted a cambio de dinero?

—Olivier quería ayudar...

—No soy su padre, no me brinde palabras amables. Le pagaba buenas sumas de dinero, ¿sí o no?

—Se lo ganaba con su trabajo.

—De eso no me cabe duda. En mis tiempos, no había un caso en el que pagáramos de más a un confidente o colaborador. ¿Qué tipo de trabajos hacía para usted?

—Los relacionados con la llegada de material al aeropuerto. —Morel no le soporta, le está intentando manipular para llevarlo a algún huerto.

—Me cuenta mi primo que en los últimos dos meses no le hizo encargos. —Lo mira a la cara a la espera de respuesta.

—Eso es lo que le dije.

Leblanc suaviza de nuevo el semblante para dirigirse a la teniente:

—Discúlpame, Stella, ayúdame, que soy un poco torpe. Muere Olivier en Malta y aparece su controlador de la policía francesa con cierta rapidez para investigar el caso y resulta que llevaban dos meses sin una misión juntos. ¿Tú qué crees?: ¿que Olivier y el capitán no tenían nada entre manos, por lo que habéis venido simplemente a rendirle un homenaje?, ¿o, quizá, Olivier estaba trabajando en algo que tu jefe no quiere contarme y piensa que lo mataron por eso? Ah, y te pido de nuevo perdón por la tontería que te voy a decir: ¿tiene algo que ver la funeraria con esa misión que el capitán no quiere reconocer?

—¡Basta ya! —grita Morel—. Se lo está inventando todo, no me mangonee.

Leblanc lo mira con incredulidad y Breton siente la tirantez de la situación.

—No tengo más datos de los que le acabo de pasar. Ha mezclado cosas aisladas para intentar llamarme mentiroso. Acabamos de empezar y ni la Pulizija ni nosotros tenemos todas las piezas. He quedado con usted como un gesto hacia el padre de Olivier, pero nos vamos a ir ya. Cuando tenga algo consistente que contarle, yo le llamaré. —Se levanta—. Hasta entonces, tenga un buen día.

Los dos policías se van al coche y emprenden camino hacia el almacén de Árbol de la Vida. Morel siente un fuego que lo quema por dentro.

—¿Qué no has entendido de no meterte en mi investigación? —Habla con el gesto tenso sin retirar la vista de la carretera.

—No me he metido en tu investigación, mi capitán —responde Breton molesta por sus voces.

—Has seguido el juego a ese viejo cuando ha intentado tenderme todo tipo de trampas.

—No le he seguido el juego...

—Sí lo has hecho —la corrige malhumorado—. Se supone que no debes aliarte con el enemigo, ¿qué narices te enseñaron en la academia?

—A tener respeto por los compañeros y por personas que han demostrado saber lo que se traen entre manos. El espía tiene razón cuando te acusa de esconderle información, también lo haces conmigo.

—No escondo información —grita al mismo tiempo que toca el claxon al coche de delante, que circula más despacio de lo que él piensa que debería hacerlo—, y si quisiera lo haría, este es mi puto caso.

—Lo sé perfectamente, ni siquiera me has contado a mí, y dudo que se lo hayas dicho al comandante Duval, la razón por la que es tan importante para ti la empresa funeraria. ¿Tiene que ver con la pista secreta que le contaste al comandante?

Morel no responde, pasa de ella. Se centra en no perderse y encontrar la desviación hacia la carretera adecuada para llegar puntual y poder hablar con el ministro. La verja está abierta, conduce unos metros por el camino de piedras y estaciona junto a la nave. Solo entonces se dirige autoritario a la teniente:

—Haz lo que te dé la gana, pero no quiero verte dentro. Estás fuera del caso, luego se lo comunicaré a Duval.

—Es injusto.

—Te falta la lealtad de una compañera.

7
Saben lo que busco

Morel sale del coche aparcado delante del almacén de Árbol de la Vida sin darse por aludido del golpe de impotencia que Breton lanza contra el salpicadero. El inspector Bonello espera en la puerta, los mira extrañado y envía un saludo con la mano a la teniente. El capitán llega hasta él y entran. La nave le produce escalofríos, un espacio inmenso lleno de féretros amontonados. Cerca de la pequeña oficina los aguardan dos hombres charlando, uno de ellos con chaqueta y corbata. Se anticipa el inspector de la Pulizija.

—Ministro Curmi, le presento a mi colega de la Police Nationale, el capitán Morel.

Es un hombre rechoncho, peinado con una especie de visera que le sobresale de la cabeza, modales rudos y sonrisa costosa. Muestra apremio. Morel se da cuenta de que ahora ha llegado su turno de aguantar a un tipo que no quiere hablar.

—¿Le importa que nos quedemos aquí? —le pregunta Curmi a Bonello.

—Por supuesto, ministro, no creo que mi colega quiera hacerle sus preguntas en una sala de interrogatorios. —Se ríe de su propia gracia ante el silencio de los demás, incluido el tipo que parece ser el encargado del recinto y a quien nadie ha presentado.

—Señor Curmi —empieza Morel—, el otro día perdió la vida un joven que estuvo ayudando en el transporte de una partida de féretros.

—He visto la noticia en el periódico y el inspector me ha ratificado ese detalle.

—¿Sus hombres le contaron algo?

—No llevo el día a día del negocio, tengo otras ocupaciones más importantes.

—¿La muerte de un chico no le parece importante?

—No sé qué tengo que ver con eso.

—Está trabajando aquí y poco después lo matan. ¿No le parece extraño?

—No sé a dónde va, capitán —Curmi mira a Bonello disgustado por las preguntas—, pero no me gusta su tono.

—Esa partida de féretros, ¿de dónde venía?

—¿Esa pregunta es pertinente? —inquiere el ministro a Bonello—, no sé qué tiene que ver mi humilde negocio con eso.

—Quiero saber el motivo de la presencia del chico.

—Mire, si quiere preguntarme algo a mí, adelante. Si quiere cargarme la muerte, adelante. Le he hecho un hueco en mi agenda porque me gusta colaborar con la Pulizija, pero ya basta. Si quiere conocer el negocio, aquí está Joseph, es el encargado.

—Capitán, ¿alguna pregunta más para el ministro? —interviene Bonello.

—Por ahora nada —cede incapaz de encontrar argumentos que sustenten no sus sospechas, sino las que Olivier le había manifestado. Se ha precipitado, ahora se da cuenta.

Curmi se despide con frialdad, sale de la nave y al cabo de medio minuto se oye el ruido del motor de su coche.

—Los últimos nos los enviaron desde España —interviene el encargado intentando mostrarse amable—. La gente habla indistintamente de féretros y ataúdes, pero no son lo mismo, no para nosotros. Los ataúdes tienen forma hexagonal, más anchos por la cabeza y más estrechos por los pies, mientras los féretros son rectangulares. Aquí tenemos de los dos tipos.

—¿La apertura es igual?

—Los ataúdes normalmente tienen una tapa entera que permanece separada de la caja cuando la ocupa una persona fallecida. En el féretro, en la mayor parte de los casos, se abre en dos partes, la superior para permitir que los familiares lo vean y la otra para poderlo meter en la caja.

—Acumulan un buen cargamento.

—Presumimos de disponer de los mejores de Europa, se los encargamos a los fabricantes más prestigiosos. ¿Quiere que se los enseñe?

—Se lo agradecería.

Se acercan a los más próximos, los que llegaron dos días antes. Joseph diserta con pasión de experto sobre los materiales de fabricación, el acabado cuidado y el contenido impresionantemente cómodo. Tras este último comentario, mira a los policías y sonríe.

—Puede parecerles una bobada, pero no saben la de familiares que quieren ver el interior para cerciorarse de que su padre, hermano o abuela se sienta bien.

A Bonello le desagrada el tema, pero Morel aprovecha el envite.

—Me encantaría ver cómo son los interiores, nunca había reparado en lo que nos cuenta.

Joseph abre las dos tapas del que tienen más cerca. Es terciopelo acolchado de un color blanco marfil reconfortante y muy elegante. Morel se aproxima, pasa la mano con suavidad por la superficie y presiona hacia abajo.

—Fantástico, así da gusto morirse —dice con sarcasmo, provocando la sonrisa de Joseph.

—Ya se lo decía.

—¿Puedo ver otros modelos? Me ha picado la curiosidad. En otros países que no sean España, ¿se fabrican igual?

—Cada uno con sus matices —responde Joseph con entusiasmo—. ¿Cuál quiere ver?

Morel camina hacia el fondo de la nave, se acerca a una pila de ataúdes distante del anterior y señala el que está más alto.

—¡Vaya! —dice el encargado—, sí que está interesado. Tenemos una plataforma móvil, voy a por ella.

Mientras se aleja, el policía maltés habla en voz baja a su colega francés:

—Tu pasión por los féretros o ataúdes ¿es algo sobrevenido o tiene que ver con el caso?

—Me ha parecido un tema curioso. Si tienes que irte...

—No no, me parece bien.

La plataforma entra justa por los pasillos formados entre las cajas. Bonello carece de interés por subir y lo hacen Morel y Joseph. Este maneja un mando para ascender. Explica que el ataúd viene de Francia, abre el lado superior y le muestra el interior, igual de acolchado y de un color morado. A pesar de presentar escasas diferencias, el capitán vuelve a pasar la mano y a apretar hacia el fondo. Bajan. Bonello está empezando a hartarse.

—Bueno, Morel, creo que debemos dejar trabajar a Joseph. Si te atraen los temas funerarios, imagino que te podrá mandar folletos a casa.

Los policías abandonan el almacén. En la puerta el capitán informa a Bonello de que va a hablar con Paul, el compañero de trabajo de Olivier, y le pregunta si ha identificado ya a la persona que lo trasladó hasta el aeropuerto. El maltés contesta que sigue en ello, se acuerda de algo, le pide que espere, se acerca al coche y saca un sobre.

—Se me olvidaba, estas son las fotos de lo que llevaba encima el cadáver.

El francés lo coge, le da las gracias y sube al vehículo en el que lo espera Breton.

—¡Estos cabrones, hijos de puta! —bisbisea.

—¿Qué ha pasado? —pregunta su compañera.

—Hace unos días no había forma de abrir los féretros y ahora me han enseñado el interior a propósito. Saben lo que busco y, lo que es peor, lo que buscaba Olivier.

—No te entiendo.

—Nada, olvídalo. Estoy seguro de que lo han matado.

Arranca el coche con rabia, ni puede ni quiere ocultar su enojo. Breton le transmite novedades:

—El comandante Duval quiere que lo llames con urgencia.

Marca el teléfono y una voz, sin siquiera saludar, le ordena:

—Regresad de inmediato a París.

—¿Qué dices?

—Os hemos reservado dos billetes en un avión que sale dentro de tres horas, tomadlo.

—No lo entiendo, ¿qué ha pasado?

—Te lo contaré cuando estés sentado en mi despacho.

—Tengo una cita importante con el compañero de piso...

—No discutas, volved ya.

—Pero, comandante...

Ha cortado la llamada. Morel golpea una y otra vez el volante, Breton observa su impotencia con distancia.

—Esto es culpa tuya —le grita a la teniente—, no sé qué le has contado.

—Te estás poniendo paranoico, lo he llamado, sí, pero ya había decidido que volviéramos. Lo que haya pasado ha sido antes de nuestra conversación.

No entiende el comportamiento de Duval, es el único al que informó de que Olivier se había mosqueado con el trajín de féretros. Tras su muerte, le enseñó el último mensaje que el joven escribió en la página porno: los féretros pesaban más de la cuenta y no había podido abrir uno porque estaba cerrado. Lo peor fue que lo pillaron durante el intento. «Por suerte —había escrito— era Tabone, el único normal de entre los conductores de camiones». Tabone debía ser el camionero que lo había llevado la noche de su muerte a recoger el coche y después lo había matado. Y si no había sido él, seguro que conocía al autor. Si le dieran unos días, podría probarlo. Necesitaba enmendar su tremendo error, la operación no era un simple trapicheo y nunca debió permitirle que llevara a cabo unas pesquisas para las que no estaba preparado.

No entiende que Duval, conociendo esos detalles, lo aleje de ese escenario, como si la investigación hubiera cesado, cuando no ha hecho más que empezar y está a unos pasos de solucionarla. «Piensa, Morel, piensa qué está pasando —se dice mientras conduce—. ¿Quién o quiénes te están boicoteando?».

—Atiende, Breton, voy a parar en la puerta del hotel. Pide las llaves de nuestras habitaciones y baja las maletas. La mía está casi sin deshacer, mete en mi *trolley* todo lo que veas.

La teniente acepta sin rechistar. Cuando ha salido, Morel telefonea a Frédéric Leblanc.

—El capitán me llama, muchísimas gracias —dice sorprendido el antiguo espía.

—Présteme atención, tengo poco tiempo y usted tiende a dispersarse. De todas las personas con las que he estado, usted es el más cabrón, pero también el único que no gana nada con mi marcha. Olivier trabajaba para mí y por propia iniciativa había empezado a investigar unos envíos de féretros que le parecieron extraños.

—¿La policía francesa dirigía la operación?

—No exactamente, propuso echar un ojo y yo lo autoricé. Duval, mi jefe, no sabía nada, hasta que me enteré de su muerte y se lo conté. Hace unos momentos me ha ordenado que lo deje todo y regrese de inmediato a París, alguien lo ha presionado para sacarme de aquí.

—Cree que a mi sobrino, vamos, al hijo de mi primo, lo han matado los de Árbol de la Vida.

—Vuelve mi compañera, no quiero que nadie sepa que he hablado con usted. Le llamaré desde París cuando esté solo. Quiero que sepa que no me voy por voluntad propia y se lo diga a Vincent. Sospecho que alguien sabe que tengo información comprometedora y me están intentando quitar de en medio. Volveré y aclararé el caso, se lo juro.

8

Antes era un activo, ahora un estorbo

(8 días después) 26 de enero, Madrid

Lejarza renuncia, por una vez, al factor sorpresa. Alejandro Prieto lleva bastantes años enclaustrado en su propia vida, sin contacto con nadie ajeno a su familia y a un número muy reducido de amigos. Es desaconsejable pillarlo desprevenido con la intención de mantener una conversación privada. Utiliza a un contacto de la Guardia Civil para hacerle llegar un mensaje: «Tengo un encargo, soy El Lobo». Está seguro de que lo entenderá: tras finalizar en 1985 una infiltración en un grupo golpista, muchos lo consideraron El Lobo de la extrema derecha.

Lejarza sabe que vive en un edificio antiguo sin ascensor cerca de Goya, un barrio pudiente de Madrid, invadido de tiendas de lujo y grandes almacenes. Los alrededores de los semáforos son lugares tan concurridos en días festivos que te puedes encontrar con cualquier vieja amistad a un metro y salir arrastrado por la multitud sin haber cruzado una sola palabra. La gran densidad de tráfico y la gente empeñada en pararse en los escaparates le convence de que Prieto ha elegido cuidadosamente el día, sábado, la hora, las 12.00 de la mañana, y el lugar del encuentro, la centenaria chocolatería Valor de la calle Conde de Peñalver.

Infiltrarse en ETA y en la extrema derecha militar nunca será lo mismo a los ojos de los profanos. Para los profesionales de la seguridad, meterte donde nadie quiere estar, engañar para que te acepten, manipular para evitar sospechas y simular ser una persona antagonista de quien eres en realidad es siempre igual: una faena en la que te juegas la vida y de la que sales tocado psicológicamente.

Lejarza ha estudiado a Prieto. Los dos se parecen. Los dos se metieron en cuevas de Alí Babá con sus nombres auténticos. Los dos se ganaron con su traición el odio eterno de los extremistas. Nadie los ayudó a readaptarse a la vida diaria. En el servicio quisieron librarse de ellos en cuanto pudieron, ya me pongo yo las medallas, si te he visto no me acuerdo. A diferencia de su caso, sí consiguieron deshacerse de Prieto, lo tiraron al lodazal sin compasión, sin remordimiento, incumpliendo las promesas vertidas, la vida es así, no podemos hacernos cargo de todos los colaboradores que han trabajado para nosotros.

El Lobo se baja de un taxi media hora antes de la hora fijada, se entretiene en un quiosco de prensa, simula cotillear entre las numerosas revistas expuestas y se decanta por una. No tiene prisa, Prieto actuará igual que él: acudirá con tiempo y tratará de identificarlo. Nunca han estado juntos.

Cambia de acera, escudriña a la gente, nadie despierta su atención. Cambia de táctica, entra en la chocolatería y toma asiento en una mesa alejada de la puerta, pegada a la pared lateral, cerca de la barra. La fachada de cristal le permite una visión parcial de lo que pasa en la calle.

—Buenos días, soy Alejandro.

El hombre que aparece por sorpresa es menudo y lleva una gorra roja de béisbol bien calada. Quizá ha podido salir del baño, próximo al fondo del establecimiento.

—Mikel —responde estrechándole la mano—. Todavía no he pedido, ¿qué quieres?

—¿Tú qué vas a tomar?

—No sé, un café con leche y unos churros, por ejemplo.

—Yo lo mismo.

—Gracias por venir, es difícil contactarte.

—Más difícil sería quedar contigo.

—También tienes razón.

El Lobo busca puntos de conexión. Habla de asuntos banales, como el barrio y el tiempo, y le enseña la portada de la revista que acaba de comprar: hablan de la soledad en la que viven muchas personas, incluso bastantes que están acompañadas.

—La he sentido con frecuencia, nos acompaña a los que hemos

trabajado dentro de cierto tipo de organizaciones —dice tras esperar a que el camarero se aleje después de servirles el desayuno.

—Lo peor es cuando te juegas la vida y aquellos que prometieron ocuparse de ti te abandonan. De eso tú sabes menos —añade Alejandro mientras muerde un churro.

—Cuando salí de la organización, me mandaron a Valencia de inspector médico a un hospital...

Prieto lo interrumpe:

—A mí ni siquiera eso.

Mikel lo mira sin intención de discutir.

—Tienes razón, lo tuyo fue peor. Yo siempre me quejo de que intentaran alejarme, pero al menos me dieron algo que hacer y un sueldo.

—Mientras impedí atentados contra políticos, periodistas, la familia real y el Gobierno, me pagaron un sueldo decente. En cuanto desmantelamos la organización, me felicitaron en secreto efusivamente y no tardaron en recortarme la asignación hasta darme una patada en el culo. Les importó tres pimientos que tuviera mujer e hijos, la situación fue horrible. Antes de infiltrarme me prometieron el oro y el moro. Tranquilo, me dijeron, te encontraremos un trabajo. ¡Una mierda me encontraron!

Mikel reacciona con rapidez ante su irritación.

—Fue un desastre, Alejandro, te entiendo perfectamente, yo también les guardo rencor, incluso más que tú.

—No me digas —dice escéptico—. Y llámame Álex.

Al antiguo guardia civil se le ve agotado de luchar contra la adversidad. Cada día contempla cómo su mujer madruga para irse a trabajar, mientras él se encarga de cuidar de la casa y de los chicos. Se siente mal al verla machacarse para ganar un dinero que, unido a su pequeña pensión, les dé para seguir adelante. Se siente abandonado por los que debían haberlo protegido, es un consumado escéptico.

Mikel lo observa, pero no consigue ver más allá de sus labios por culpa de la visera de la gorra que esconde el resto del rostro. No sabe si la utiliza por si él ha ido acompañado de un equipo operativo dispuesto a fotografiarlo, si se siente más seguro cuando nadie lo reconoce o simplemente porque se ha quedado calvo y no quiere tomar el sol.

—No es solo que hayan intentado matarme en varias ocasiones, sí, matarme —le cuenta El Lobo, que ese día se ha encanecido y recortado la poblada barba—, es que hace unos años estuve en la cárcel en Barcelona por culpa de unas escuchas que llevé a cabo por encargo del servicio. Me comí todo el marrón, y lo peor es que si no me hubiera buscado la vida, todavía seguiría en la cárcel. —Para un momento y reflexiona—. Eso tú ya lo sabías.

—Lo que sé es que si dieran conmigo algunos a los que mentí durante mi infiltración mi vida correría peligro.

—No me cabe duda.

—¿Qué es lo que quieres de mí? ¿Tienes un trabajo que ofrecerme o te han mandado los del servicio para informar de mis miserias?

Mikel siente pena por ese hombre, un poco mayor que él. También es más bajo, frágil en lo físico y en lo anímico, tiene los ojos tristes, no se siente alguien especial. Es un ser humano con los sentimientos heridos tras jugarse la vida por su país y ser tratado después como una piltrafa. No le extraña que todos le creyeran durante su infiltración, tiene pinta de no haber roto un plato en su vida.

En 1985 El Lobo se enteró de que el servicio había desmantelado una organización golpista que preparaba un atentado salvaje con bombas en A Coruña, pero nadie mencionó a Álex, como si no hubiera existido. Santiago Bastos, el jefe de antigolpismo, se llevó todas las felicitaciones. Muchos años después leyó las declaraciones de un importante político que destacaba el increíble trabajo de infiltración de un guardia civil en la extrema derecha y la ingente cantidad de vidas que había salvado. Tardó aún más en descubrir que el servicio lo había tratado igual que a él: antes era un activo vital, ahora un inmenso estorbo.

—¿Crees que ellos me mandarían para convencerte de que me ayudes en una operación?

—He visto de todo, quizá quieran tenderme una trampa porque hace años escribí un libro contando que se habían portado mal conmigo y poseía grabaciones que mostraban sus engaños.

—Es iniciativa mía. Si fuera una trampa del servicio, nunca habría venido a verte. Un amigo me ha pedido que lo ayude en un caso bastante complicado y estoy montando un pequeño equipo con gente de confianza.

—Nos hemos conocido hoy.

—Al resto tampoco los había visto nunca, pero estoy convencido de que me voy a sentir a gusto trabajando con ellos.

—¿Por qué estás tan seguro?

—Porque habéis sufrido como yo y habéis demostrado ser capaces de salir airosos en las peores condiciones.

—Llevo muchos años alejado del espionaje y de la Guardia Civil.

—No se trata de tener lubricados los muelles. Lo que quiero de ti es lo que demostraste cuando te metiste en una organización y fuiste capaz de desmontarla.

—Ya no me acuerdo.

Se miran y no lo pueden evitar: empiezan a reír sonoramente consiguiendo que la gente sentada a su alrededor deje de tomarse el chocolate y se fije en esos dos discretos señores. Hasta ese momento no les habían prestado atención, dos tipos mayores, como tantos otros, invisibles. A algunos podría parecerles un insulto, para ellos es un piropo.

9

Mirar las fotos

(8 días antes) 18 de enero, París

Morel y Breton toman un taxi en el aeropuerto de Orly y se dirigen directamente a la sede de la Unidad Antimafia. La teniente renunció hace horas, cuando todavía estaban en Malta, a intercambiar palabras con aquel hombre con el gesto descompuesto que mira con odio incluso a las amables azafatas del avión.

Desde que entran en dependencias policiales y hasta llegar al despacho del comandante Duval, se cruzan con varios compañeros a los que el capitán ni mira. Dos pasos detrás de él, Breton les regala una sonrisa tímida. Morel se mete en el despacho y cierra la puerta.

—¿Dónde han quedado tus modales conmigo y con tu compañera? —le recrimina medio en broma Duval sentado tras su mesa.

—¿Por qué estoy aquí? ¡Han matado a uno de los nuestros, joder!

—Siéntate —le exige con cordialidad, y al ver que no le hace caso, cambia de registro—, es una orden. Y cállate.

Su subalterno mantiene el semblante irritado. Se acomoda en una silla del pequeño despacho con muebles faltos de lustro, con las paredes llenas de placas de reconocimiento de méritos y cursos aprobados.

—Debemos abandonar el caso, me han llamado desde el Ministerio del Interior.

—No me lo puedo creer —exclama desconcertado Morel.

—Alegan que todo apunta a un accidente desgraciado, la jurisdicción es de Malta y la Pulizija está investigando el caso. Si tenemos alguna pista, que se la enviemos y después nos echemos a un lado. —Hace una breve pausa—. Tienen razón, el muerto es maltés, lo han asesinado en Malta y no necesitan nuestra ayuda, ni nos la han pedido.

—El padre de Olivier...

—Eso no va a ninguna parte y lo sabes. Estamos fuera del caso, ya está.

—¿Vas a ceder?

—Claro que no, pero debemos cambiar de estrategia. Sigue con los otros asuntos malteses y de momento no vuelvas por allí. Investiga con la mano derecha sin que se entere la izquierda.

—¿No te parece extraño que los malteses nos hayan sacado con tanta facilidad? Alguien tiene una influencia de la leche en la gran Francia.

—Estoy alucinando y no lo entiendo, por eso me voy a tomar un tiempo para descubrir qué narices pasa. Mientras tanto, sé discreto.

—¿Puedo llamar a mis contactos en Malta?

—Con la Pulizija, nada de nada. Con los demás utiliza a Breton de parapeto. Ahora vete a casa, dile a tu querida compañera que se vaya también, volvéis mañana y otra vez al ataque.

—No me fío de ella.

—No digas gilipolleces. Aquí se rumorea que se derrite por ti y no le haces ni caso.

Se levanta sin contestar, sale, hace un gesto a la teniente para que lo acompañe.

—Vámonos a casa.

—¿A la tuya o a la mía? —pregunta ella sin atreverse a sonreír.

—Sigo cabreado contigo, pero el comandante no quiere vernos aquí y espera que mañana sigamos con este y otros temas.

La teniente pregunta aprovechando que ha bajado la guardia:

—Por cierto, ¿qué había en las fotos que te entregó Bonello sobre los objetos que Olivier llevaba encima?

—Con tanta prisa, me olvidé de mirarlas.

—¿Me esperas abajo en la calle, cogemos un taxi y camino de tu casa me dejas en la mía?

Morel se sienta en un banco de la acera junto a la puerta principal de las dependencias policiales. Las palabras de Duval han desinflado sus expectativas y le han rociado con la sensación de derrota. Una mano misteriosa no quiere que descubra quién está detrás del asesinato, una mano poderosa con vínculos en un desconocido negocio mafioso vinculado a los féretros. Acepta la orden de alejarse momentáneamente de la partida, aunque nadie le va a impedir desmontar la operación y meter en la cárcel a los facinerosos. Utilizará a Breton para seguir investigando en Malta, su única alternativa, y en cuanto pueda prescindirá de ella, que trepe en otro lado.

Abre el sobre que le entregó Bonello, olvidado hasta ese momento por la pesadumbre de verse obligado a regresar a París. Mira las fotos, son dos, tamaño folio, en color. Aparecen agrupados los objetos que Olivier llevaba encima cuando lo tiraron por el terraplén. No son muchos, una suerte para su trabajo que los jóvenes lleven vaqueros apretados y cazadoras ajustadas, no les cabe nada en los bolsillos. Encuentra algo chocante, no encaja. Intenta verlo con detalle, pero su vista no alcanza a leer unas letras tan pequeñas.

Breton no ha bajado todavía, se habrá entretenido de charla con algún pretendiente. Devuelve las fotos al sobre y decide regresar a la oficina a buscar la lupa que guarda en un cajón de su mesa. En el momento en que comienza a incorporarse, alguien en quien no repara pasa por detrás del banco, lleva las manos enguantadas y en una sujeta un revólver con silenciador. Se lo acerca a la cabeza hasta casi tocarle el pelo y aprieta el gatillo. La salpicadura de sangre le mancha la cazadora mientras se aleja de allí a buen ritmo. Se sube a un vehículo negro con los cristales tintados que lo espera unos metros más adelante y emprende la huida.

Breton aparece unos cuantos segundos después, cuando un chico joven que ha presenciado la escena grita histérico sin poder contenerse. La teniente se aproxima a su compañero, tirado inerte en el banco. Busca inútilmente su latido cardiaco, ha muerto instantáneamente. Se aleja unos pasos, se da la vuelta y, sin poder evitarlo, vomita. Lo han asesinado delante de un edificio lleno de policías que salen a contemplar la escena y corren en todas las direcciones. Ya es inútil.

10
No va a funcionar

(9 días después) 27 de enero, Madrid

—Ayer cerré las contrataciones.

Están sentados en la esquina más alejada de la puerta de cristal de entrada al Vips, en la planta de arriba del centro comercial Sexta Avenida, lindante con el inicio de la carretera de Madrid-A Coruña, cerca de la sede central del servicio secreto. A un lado de la mesa, sentado en uno de los duros e incómodos sillones del amplio restaurante, está Frédéric Leblanc: en el de enfrente, Mikel Lejarza. Son poco más de las diez de la mañana, acaban de abrir, apenas han entrado clientes. Esta escena, con los mismos protagonistas, se ha repetido cientos de veces, en lugares distintos, a lo largo de los últimos treinta años. El oficial de caso y su agente se conocen mejor que a sus propias familias.

Son dos hombres maduros con apariencia bastante corriente. Están comiendo porras que embadurnan en un plato de azúcar y después se chupan los dedos. Nadie repara en ellos, a pesar de lo cual conversan en un tono de voz monocorde, sin inflexiones, aburrido. Como medida de seguridad habitual, sustituyen las palabras comprometedoras por otras equivalentes carentes de significado relevante. El Lobo ha convocado el encuentro nada más acabar con la misión acordada por los dos ocho días antes.

—Espero que todo haya ido bien —contesta Leblanc.

—Tus contactos me han abierto puertas, en especial para encontrar a Lorna. Ventura, su comisario, quiere ayudarla. Me mandó a Bilbao para que la abordara mientras estaba en su salsa.

—¿Qué hacía allí?

—Meterse en vena un chute de adrenalina. De vez en cuando se rodea de gente ansiosa por matarla. Su jefe lo sabe y calla. Querría que visitara al psiquiatra, pero no se atreve a presionarla.

—¿Qué impresión te dio?

—Debe ser buena, mentalmente está tocada. Volverá a la acción con nosotros y comprobaremos si la ayuda a conseguir el equilibrio, como pensáis su jefe y tú, o si se vuelve completamente majara, como pienso yo.

—Sabrás dirigirla.

—Siempre y cuando consideres que —baja aún más la voz— después de estar metido en dos organizaciones terroristas, mafias de blanqueo y demás, mi personalidad es estable. Y siempre que te creas que mi insomnio, dolor de estómago y problemas de corazón están relacionados con mi herencia genética y no con lo que he padecido en mi vida operativa.

—Un poco pirado siempre has estado —dice Leblanc burlándose—. Mírate, una semana después de vernos, la raya del pelo ha pasado del lado izquierdo al centro de la cabeza. Pues claro que esas experiencias marcan, nadie sale indemne. Tendrás que estar atento a sus problemas de confianza.

—Habrá somatizado como yo. Si lo reconociera, le quitarían la placa o su comisario lo utilizaría como pretexto para mandarla al loquero. Un día le dará una crisis de pánico en mitad de una misión, se jugará la vida, que es su problema, pero también pondrá en riesgo la de sus compañeros.

—Tardará en fiarse de ti, pero conseguirás que se sincere.

—Ella cree en Ventura y yo en ti. Los dos nos cuidasteis mientras estábamos en la organización —dice sin mencionar la palabra ETA—. Lo que necesita es volver a ser una persona anónima, lo único que nunca conseguirá.

—Lorna tiene treinta años y una experiencia traumática reciente. Tú has superado los cincuenta ampliamente y han pasado más de veinticinco desde la infiltración. Estás preparado para ser su jefe.

Lejarza le cuenta que estuvo en Valencia captando a Verónica y a su marido.

—Habrás visto las noticias en televisión de la que se ha montado. La policía los ha encerrado por robar a organismos del Estado información que vendían a detectives. Llevan tres días encerrados, seguro que son los peores de su vida. Tienes que darle las gracias a tu amigo Ventura: si no me filtra su inminente detención, me habría sido imposible sumarlos al grupo.

—En mis tiempos en La Casa colaboramos mucho. Al principio nos hicimos grandes putadas para apuntarnos los tantos de las operaciones antiterroristas. Tanto nos peleamos que terminamos siendo muy amigos, al igual que nuestras esposas. No lo dudes: nos cobrará el favor.

—Verónica y Pablo se nos unirán cuando queden libres. Ella es un crack como informática, pero muy cabezota: no quería hacerme caso cuando le expliqué cómo salir del follón judicial. Está obsesionada con ser leal al servicio, la muy inocente piensa que no la van a traicionar. Por suerte, su compañero es más frío y cuando me fui la terminó de convencer.

—El servicio está lleno de gente buena que no hace daño por deporte.

—Lo sé, y también que son una maquinaria fría sin sentimientos. Por eso espero que en La Casa no descubran nunca que fui yo quien les indicó lo que debían hacer. Con las pruebas incriminatorias que la policía ha encontrado en el registro de su oficina, no les queda otra que apoyarlos para que queden libres a cambio de evitar que arrastren su nombre por el fango.

—¿Tú se lo vas a contar al CNI?

—Por supuesto que no —responde Lejarza esbozando una leve sonrisa, poco habitual en él.

—Pues yo tampoco.

La camaradería entre los dos se cimenta en la confianza casi ciega, en la seguridad de que en los peores momentos de cualquier batalla tu compañero nunca te abandonará. Un año antes El Lobo estaba metido en Al Qaeda, y Leblanc intentó sacarlo como fuera, pero él se negó. A pesar de su desprecio, su oficial de caso y amigo nunca le dejó solo.

—Me sorprende que hayas conseguido que el servicio nos ceda un chalet —dice El Lobo—, pero si pillan a Verónica y a Pablo trabajando allí dentro te la vas a cargar.

—Han puesto a mi disposición la base para montar una unidad

secreta para misiones inconfesables. Soy un antiguo agente ya jubilado, sin vínculos legales con el servicio, y vosotros sois lo último que alguien creería que trabaja para ellos. Nada debe salpicarlos si algún día nos pillan en fuera de juego. Te aseguro que nadie en su nómina se acercará a menos de un kilómetro del chalet, o le cortarán el cuello.

—Siempre hay alguno olisqueando.

—Quizá más adelante, cuando nos encarguen misiones. De momento quieren que tejamos las bases para poder actuar. Identidades falsas, protocolos de actuación, compra de medios técnicos, cambiar el nombre del arrendador del chalet..., esas cosas. Todo con el escaso dinero que nos han soltado.

—Paso de esos trámites.

—Me encargaré yo con los informáticos, tenemos que dar sensación de actividad para que no se mosqueen.

—Aún tardarán en salir libres.

—Podemos esperar, lo que hay que activar es la investigación sobre el asesinato de mi sobrino y el policía con el que trabajaba. Álex jugará un papel importante.

—Quedé ayer mismo con él, un tipo difícil. Está muy jodido, odia al servicio, pero hará todo lo que esté en su mano para sacar adelante a su familia.

—¿Te dijo que sí?

—Le viene bien la pasta, como a todos, y también, como a todos, le gusta la acción. Le preocupa que lo localicen los de extrema derecha que se sintieron traicionados por él, y no quiere pensar que a través de mí vaya a trabajar para sus antiguos jefes.

—¿Qué le has dicho?

—Ni sí ni no, ni blanco ni negro, ni qué sé yo.

Leblanc ríe la ocurrencia de su chico, sigue siendo el mismo al que captó cuando el dictador Franco todavía estaba vivo. Pasan los años y al mirarlo ve a ese jovencito emprendedor y decidido, que no sabía nada de ETA, ni de política, ni de servicios secretos. Al que manipuló, aprovechándose de su fe en Dios y el amor a España, para convencerlo de que en sus manos estaba hacer un gran servicio metiendo en la cárcel a algunos terroristas. Como oficial de caso, se portó con Lejarza de la misma forma que ahora él lo va a tener que hacer con los integrantes de un equipo que en nada gozan de su inocencia cuando empezó. Ya han demostrado ser imaginativos, valientes, decididos, sin escrúpulos, pero se han convertido en unos rebeldes inadaptados, marginados por la sociedad. Vivieron una situación aterradora y cree que han quedado bajo el influjo del trastorno de estrés postraumático.

Suya es la idea de montar esa jaula de grillos, esa torre de Babel, esa banda de espías desplazados, desnortados, inquietos y desbordados por sus problemas personales, pero con el potencial más alto que podía reunirse para resolver conspiraciones y tramas delictivas. La clave reside en conseguir que se centren en su labor, cumplan a rajatabla las órdenes y dejen en casa, a buen recaudo, sus angustias.

—Mikel —le dice Leblanc para darle ánimo—, has hecho este tipo de operaciones muchas veces con gente más complicada.

—No va a funcionar, Fred.

—¿Qué dices, hombre?

—En los últimos años me ha afectado mucho el mal comportamiento del servicio conmigo, y ahora me rodeas de agentes con traumas y dilemas similares a los míos. Hemos sufrido intensamente conviviendo con enemigos que si nos hubieran descubierto nos habrían tenido colgados de un pincho durante horas para vernos sufrir lentamente antes de matarnos. Si a mí, después de tantos años desde mi primera experiencia, me cuesta estar con personas en las que percibes en sus ojos ese miedo que nunca se va, ellos no podrán soportar compartir trabajo con otros que huelen sus debilidades, a los que no podrán engañar sobre sus sentimientos. Para colmo, vamos a trabajar para un servicio que solo nos quiere cuando le interesa y a las primeras de cambio nos joderá y nos dejará tirados otra vez. Sí, Fred, no va a funcionar. Lo siento por la investigación del caso de tu sobrino, pero puede acabar como el rosario de la aurora.

Leblanc lo mira y vuelve a ver en él al infiltrado lleno de temores que un día cruzó en tren a Francia para convertirse en un lobo solitario al que nadie podía ayudar y todos querían cazar. Él contribuyó sin quererlo a esa sensación de abandono de la que nunca ha podido desprenderse.

—Desde que saliste de la banda quisiste armar tu propio equipo, y no tardaste en montarlo. De una forma u otra, has vivido rodeado por civiles y policías que te han ayudado en misiones complicadas. El servicio siempre ha preferido que no jugaras en primera división y te dedicaras a otra cosa, pero yo estaba ahí para respaldarte.

—En los años ochenta elegí al Calvo, a Edu o a Carlos. Eran mi equipo.

—A Lorna, Verónica, Pablo y Álex también los has captado tú.

—Desde que supe que a Álex lo comparaban conmigo y se portaron fatal con él, me apetecía conocerlo. Pero nunca pensé que trabajaríamos juntos, no encajamos, ha levantado un muro para que nadie se acerque; es casi imposible ganarse su confianza. A Lorna, Verónica y Pablo los he visto unas pocas horas. De los cuatro, uno vive aislado con el miedo a que lo encuentren, otra está como loca por volver a colocarse en una situación en la que pueda sentir el subidón de que intenten matarla y los dos últimos están encerrados en la cárcel, de donde saldrán con ganas de vengarse de todo. No dudo de que sean buenísimos, pero...

—Pero ¿qué, Mikel? ¿Quieres que te lo diga yo? El problema está dentro de ti. Has estado durante una semana empapándote de sus vidas, preparando las entrevistas, y al verlos has revivido tus momentos embarazosos. Eres un tipo duro y ellos también lo son, pero no pueden engañarte: estás seguro de que se despiertan por las noches gritando y sudando. No te cabe duda de que, también como tú, son capaces de ralentizar la velocidad de las pulsaciones del corazón cuando están en una misión arriesgada jugándose la vida, pero que el día de mayor tranquilidad los roza un niño sin querer y pueden pegarle dos tiros.

Lejarza intuye que cuando lleguen los momentos de acción necesitará estar rodeado de gente leal, capaz de olvidarse de su propio rompecabezas mental y darlo todo. Duda que el equipo se adapte a él y que él encaje con ellos. Va a investigar los asesinatos de Malta y Francia porque se lo debe a su amigo. Ya ha decidido el primer paso y lo va a ejecutar. Lorna, Alejandro y él van a seguir la única pista que tienen. Lo va a dar todo, pero nada de hacerse trampas en el solitario: no va a funcionar.

SEGUNDA PARTE

Espías inadaptados sin herramientas para las relaciones humanas

11
Un ataúd confortable

29 de enero, Malta

Lorna Aranda se para delante de la misma verja en mitad del campo que traspasó Olivier dos semanas antes subido a un camión lleno de féretros. El chico iba solo e incomunicado; sin embargo, ella lleva un auricular minúsculo escondido en la oreja derecha y un camafeo con una cámara conectada a un cable que recorre el interior de la cadena dorada cilíndrica hasta el cuello. Sale por la parte trasera del broche, recorre la espalda aprovechando la hendidura y llega hasta la cintura, en todo momento sujeta por esparadrapo color carne. Allí gira hasta llegar a la ingle, donde se acomoda el transmisor vía radio, la mitad del tamaño de un móvil y el doble de su grosor. Para camuflarlo, la policía tuvo que sustituir el ajustado pantalón vaquero que se iba a poner por una falda ancha.

A doscientos metros, en un utilitario gris de alquiler que ha detenido en mitad del campo, junto a una casa deshabitada de piedra, Alejandro Prieto va a ver y escuchar todo lo que pasa gracias a este dispositivo. Apoyado sobre el volante, tiene un pequeño iPad al que acaba de subir el volumen al máximo.

Lejarza ha formado este equipo con muchas dudas. Los dos han demostrado su valía, pero sus personalidades opuestas le hacen temer que tengan problemas para entenderse: ella es impetuosa y vehemente; él, frío y reflexivo. Como carecía de alternativas, los citó por separado el día anterior alegando la urgencia de activar una investigación. Lorna dedujo de la conversación, celebrada en un bar de Canillas cercano al complejo policial donde trabaja, que habían asesinado a un colaborador del servicio en misión secreta. Alejandro, que volvió a elegir la chocolatería, interpretó que el muerto era un daño colateral en una misión internacional en la que, por supuesto, nada tenía que ver el CNI. Lo único que entendieron de la misma forma es que era un encargo para ayudar a su puesta a punto y lo debían emprender junto a otro miembro desconocido del equipo. Era el pasajero que estaría sentado a su lado en la cabina del avión.

—Tarra —alerta Álex a su compañera utilizando el alias que le ha adjudicado suprimiendo la letra «e» de lo que fingió ser en el pasado—, haz el movimiento que te he enseñado con el camafeo.

—Mira, Pico —le responde usando el nombre en clave que le ha puesto como réplica, sacado de «picoleto», término habitual para referirse a los guardias civiles—, ya sé que tengo que moverlo para que veas lo que hay a los lados. No te creas Ethan Hunt en *Misión imposible.*

—Hasta ahora no lo has hecho ni una vez.

—No te pongas nervioso, te va a dar algo.

—Deja de comportarte como una mocosa malcriada y mira para adelante, que han salido a recibirte.

—¡Capullo oxidado!

Joseph, el encargado de Árbol de la Vida, se para delante de ella.

—¿Puedo ayudarla?

—Venía a elegir un ataúd para mi padre.

El hombre la observa sin interés.

—Esto es el almacén, tiene que ir al establecimiento de La Valeta.

—¿No podría enseñarme algún modelo? Se lo agradecería tanto...

—Lo siento, voy a buscarle una tarjeta con la dirección.

Se gira y Lorna va detrás de él mientras le insiste, le pide que haga una excepción. De la nave sale el dueño del negocio, Curmi: ella lo identifica gracias a una foto que Lejarza le enseñó.

—¿En qué podemos ayudarle? —se ofrece con una sonrisa amable mientras hace un gesto a su ayudante para que se retire.

Lorna siente una mirada de rey de la selva que recorre su cuerpo de forma libidinosa y lanza un suspiro de desesperación.

—Mi padre se va hoy, quizá mañana, no sabemos. Es inevitable que mis hermanos, que son de lo peor, metan sus manazas en la organización del entierro. —Mira desvalida a Curmi—. Siento el rollo, curro fuera y tengo que irme hoy mismo, necesito que me eche un cable.

El dueño de Árbol de la Vida la observa sorprendido por su ímpetu y su deje afectado al hablar en inglés. Una mujer con carácter, concluye, imposible no reparar en ella con el pelo retirado de la cara, unos aros dorados enormes colgando de las orejas, una falda plisada negra midi de talle alto, la camisa de seda granate con un botón suelto donde nace el escote y las manoletinas rojas, poco apropiadas para andar por el campo.

—Hazme un favor —continúa Lorna mientras lo agarra del brazo, cubierto por una camisa, aunque hasta un rato antes llevaba puesta la chaqueta del traje que ahora reposa sobre el respaldo de una butaca del despacho—. Si tienes aquí ataúdes, déjame echar un vistazo, te molesto poco, tomo nota del número de referencia, se lo entrego a mis hermanos y me piro.

Curmi duda, pero poco. No se cree su cara de desamparo y le hace gracia su soltura para pelear por lo que quiere, típica de la gente pudiente. Acaba de solucionar un asunto pendiente con el último envío de féretros y puede alargarse media hora más.

—Vamos, te enseño unos cuantos modelos y te lo dejo reservado.

—Muchísimas gracias. —Vuelve a rozarle el brazo, ahora con más rapidez—. Una suerte haberme topado contigo.

Caminan hasta el interior de la nave. Álex se ha quedado gratamente sorprendido por los matices de su actuación, aunque no se lo dirá, si ya va sobrada de autoestima podría llegar a ser insoportable convivir con ella. Le habla desde el coche mientras en el iPad contempla la puerta que da acceso al almacén:

—En cuanto estés dentro, muéstrame las paredes y el techo, lo más lento posible, sin llamar la atención del tipo.

—Ya lo sé —afirma Lorna harta de las instrucciones obvias del extraño personaje que Lejarza le ha colocado como compañero, lo que provoca la reacción de su acompañante.

—¿Decías algo?

—Nada, una voz de ultratumba me recuerda que no haga caso a mis hermanos y le compre a mi padre lo mejor de lo mejor, una caja donde vaya a poder descansar.

—No te preocupes, te mostraré los interiores y quedarás encantada.

Lorna acerca su mano derecha al camafeo dorado, lo toma con cariño como si fuera un recuerdo del pasado que le trajera suerte. Mientras el ministro se dirige a la oficina, se queda atrás y empieza a moverlo en dirección a las paredes al mismo tiempo que gira con el pretexto de mostrar su sorpresa por el tamaño enorme de la nave y por la gran cantidad de féretros.

—Así, así, mejor —dice Álex con entusiasmo.

Durante la siguiente media hora, analiza cinco ataúdes colocados en diversos lugares del almacén, incluso sube a la plataforma elevadora para comprobar de cerca un modelo que Curmi le asegura que ha sido fabricado en Francia. En dos momentos distintos, nota cómo la roza sin disimulo al final de la espalda. Acaban en la oficina, donde se esmera en dirigir el colgante a cada una de sus esquinas, las zonas más a la vista y las más recónditas.

Pregunta por el baño. «Nada más salir, la puerta de la derecha», le responde el ministro. Cuando regresa, él está sentado a la mesa rellenando un impreso, le pide sus datos, ella le contesta que no vive en Malta y prefiere que sean sus hermanos los que se encarguen de todo. Él escribe el número de referencia del féretro elegido, su nombre y su móvil, y se lo entrega. «Me llamas cuando quieras, y también tus hermanos». Después, en otra hoja, repite el número del ataúd y le pide que ponga sus datos personales. Ella escribe su número de teléfono y al lado su nombre y apellido. Deja el papel sobre la mesa antes de devolvérselo a Curmi, tiempo de sobra para que Álex lo vea y pregunte sorprendido:

—¿Quién es Izaskun Etxeberri?

12

Os necesito ya

Madrid

Imágenes y fotos de Verónica Abenia y Pablo Izquierdo han estado apareciendo en las cadenas de televisión durante los últimos días. Su detención, acusados de vender datos reservados a detectives privados, abrió los informativos. Poco a poco perdieron protagonismo ante otras noticias más candentes, como la guerra de Estados Unidos contra el grupo terrorista de Bin Laden, la recomendación de deshacerse lo antes posible de los billetes y monedas en pesetas para cambiarlos por euros, y los resultados de los partidos de la liga de fútbol. Los diarios de papel y los semanarios no han parado de publicar informaciones, más dados a investigar las tramas de corrupción a largo plazo y a sacar de caza a sus mejores periodistas. Han descubierto la vinculación de los expertos informáticos con el servicio de inteligencia y con grandes multinacionales.

Su salida de prisión concitó la presencia nutrida de fotógrafos y cámaras de televisión. Los dos aparecieron con casco de moto para evitar que sus rostros volvieran a mostrarse hasta la saciedad en los medios de comunicación. Los mismos cascos que no se han quitado tras aparcar sus motos en la puerta del chalet de Montecarmelo en el que Lejarza los ha convocado mediante una llamada críptica al marido de Verónica.

El Lobo les abre la puerta y los anima a pasar. En el amplio recibidor, los dos exponen sus rostros cansados, algo más delgados, cargados de energía negativa. Su nuevo jefe estrecha sus manos y les da un escueto abrazo. Un gesto para animarlos frente al decaimiento, similar al que él padeció cada una de las tres veces que salió de la cárcel tras estancias más prolongadas.

Les pide que lo sigan. Abre una puerta que da paso a una estancia sorprendentemente grande, más de cien metros cuadrados, casi toda la planta baja de la vivienda. Hay seis escritorios, solo dos de ellos juntos en el lateral izquierdo. Igual que los otros cuatro, están enfocados hacia una pantalla gigante colgada en la pared frente a la puerta. Las ventanas están tapadas por una cortina negra para bloquear la luz natural y los tabiques están insonorizados como los de un estudio de radio.

Verónica se acerca a una de las dos mesas juntas y cuelga su bolso en la silla. Pablo deja una carpeta en la de al lado. Una mueca de satisfacción se les escapa tras sentarse y comprobar que los ordenadores son idénticos a los que usaban en Valencia.

Lejarza permanece de pie frente a ellos, con las manos metidas en su cazadora negra. No han pasado veinticuatro horas desde que han abandonado la prisión y es la primera vez que se encuentran con una persona que no les habla apesadumbrado, no intenta darles ánimo y no les pide detalles de cómo lo han pasado encerrados entre cuatro paredes, rodeados de delincuentes peligrosos, sometidos a una disciplina penosa.

—No me voy a andar con rodeos: me urge que empecéis a trabajar ya. Han matado a dos hombres cercanos a nuestro grupo, más adelante os daré los detalles. Necesitamos saberlo todo de un ministro de Malta llamado Charles Curmi, dueño de la empresa Árbol de la Vida. Es prioritario obtener el listado de sus llamadas, hechas y recibidas, a partir del 1 de enero, desde todos sus teléfonos, fijos y móviles. Tenemos a dos compañeros trabajando sobre el terreno; si nos necesitan nos volcaremos en ayudarlos, sin importarnos día y hora.

Verónica junta las palmas de las manos cerca de los labios, como si fuera a rezar, mientras aleja la mirada de Lejarza y la posa en Pablo.

—No sé si podremos ponernos tan rápido —afirma con gesto afligido.

Mikel la mira, juraría que su cara ha perdido brillo y luce menos pecas. No ha asimilado lo que ha pasado, está tan débil que si paseara por la calle un viento intenso se la llevaría como si fuera una hoja recién caída del árbol. Por el contrario, sospecha que su compañero estuvo ayer varias horas metido en el baño intentando limpiar ese olor pegajoso que se te pega en la celda y después pasó por la peluquería a lavarse y cortarse el pelo y a rasurarse la barba. Unos días sin libertad y la vida te cambia para siempre. A cada uno de una forma distinta.

—En Malta está trabajando una chica de la edad de Pablo, es policía y estuvo varios años encerrada en el cuerpo de otra persona, una terrorista ansiosa por matar. También está un tipo sesentón, guardia civil; durante tres años se metió en el cuerpo de un golpista loco por asesinar a etarras y miembros de la familia real. Y yo he estado infiltrado varias veces, forzado a representar papeles de personas fuera de la ley. Los tres estamos obligados a huir de forma permanente porque aquellos a los que engañamos quieren matarnos. Nos lamemos las heridas de los combates pasados, pero miramos hacia delante, no permitimos que nos inmovilicen.

Los dos lo contemplan mientras pasea por delante de ellos, ese mito del espionaje con perilla y bigote, pero sin la barba copiosa de la anterior vez. Jurarían que antes el color de su pelo era más canoso, aunque no están seguros. Saben que sin él su futuro judicial sería negro, más cerca de pasar muchos años entre rejas. Podían haberse quedado en el discreto hotel que les ha reservado, no haber acudido a la reunión, pero han hecho el esfuerzo porque se sienten en deuda con ese hombre que les ofrece protección y sabe de mundos oscuros mucho más que ellos.

—Tiene razón Mikel —dice Pablo dirigiéndose a Verónica—. Ha sido horrible estar encerrado, pero solo han sido cuatro días. No quiero seguir pensando y hablando de mi trauma. Dejemos pasar el tiempo.

—¿Nos vamos a poner a trabajar ya mismo?

—¿Por qué no? Aún más —mira a Mikel—, me gustaría probar también como agente de campo, ¿los llamáis así? ¿Podrías enseñarme?

—No digas chorradas —le recrimina Verónica—. ¿Quieres que te vuelvan a detener o que te maten?

—Tú eres más de salón, Vero, a mí siempre me han gustado las nuevas experiencias.

El Lobo les lanza un órdago:

—Os necesito ahora, os necesito ya. En este equipo todos convivimos con fantasmas interiores iguales o peores que los vuestros. Verbalizar lo que hemos sufrido es importante, seguir con nuestras vidas también. Si estáis dispuestos, encended vuestros ordenadores y antes de que acabe la mañana encontradme la mejor información sobre nuestro objetivo y las personas con las que se relaciona. Si no lo estáis, si no podéis estar al cien por cien, no pasa nada, olvidaos de mí, de este lugar, y salid de aquí en cinco minutos. Es vuestra decisión.

13
No es lo que parece

30 de enero, Malta

Lorna Aranda y Alejandro Prieto han intercambiado papeles, de la misma forma que el sol ha perdido protagonismo en favor de la luna: él está en el escenario y ella hace de apuntador dentro del coche. Lorna lo percibe como el típico tocapelotas desfasado, cercano a la edad de retiro, con buena formación técnica pero carente de su experiencia sobre el terreno, esas herramientas interpretativas que determinan quién sobrevive y quién muere. Un tipo bajito que evita mirar a los ojos y no se quita la gorra ni para comer. Incapaz de relajarse y dejar de mirar a su alrededor como si, en cualquier momento, fuese a aparecer el fantasma de la Chica de la Curva armado con un cuchillo para arrebatarle el alma y vendérsela al diablo.

Tras la visita del día anterior a la nave, Álex va a inspeccionar el almacén donde sospechan que empezó el drama de Olivier. Buscará datos que contribuyan a esclarecer los misterios a los que se enfrentan. Por suerte, no empiezan a investigar de cero gracias a que Morel alertó a Frédéric Leblanc de que la clave está en los féretros. Fred ha hecho una gestión sin resultado con el comandante Duval de la Police Nationale. No ha querido compartir información, de nada sirvió que se presentara delante de él aduciendo ser el primo de Leblanc. Mostró poco interés por el chico, no relacionó los dos crímenes, lo remitió a la Pulizija maltesa y le dejó claro que lo del capitán lo resolverían su gente y él, sin injerencias.

Lorna sigue los movimientos de Álex desde el coche. Son las once, noche cerrada, el viento marino sopla fuerte, el termómetro marca diez grados y la sensación térmica en mitad del campo es mucho más gélida. Se ha parado en el mismo lugar del día anterior, junto a la casa sin vida, a una distancia prudencial de la empresa. Tiene las luces apagadas, el motor en marcha y la calefacción encendida. Recuerda la insistencia con la que les pedía a sus amigos etarras que no la pusieran porque se mareaba. La realidad era que habían escondido un micrófono cerca y el ruido dificultaba la recepción de sus conversaciones a los policías que los seguían. La pantalla del iPad está partida en dos, refleja las imágenes captadas por las cámaras que Álex lleva encima. La primera, escondida en el camafeo que ya utilizó ella, y la segunda, dentro de la gorra, pegada a un agujero imperceptible.

Álex no le explica detalles técnicos, ¿para qué malgastar esfuerzos si entiende más bien poco? Es una niña bien que, sin esforzarse, ha tenido demasiadas oportunidades a su alcance. No como él, huérfano desde corta edad, que siguió los pasos de su difunto padre en la Guardia Civil no solo para ganarse la vida, sino como mejor vía para cumplir sus sueños.

Concluida la visita de Lorna a la nave el día anterior, tuvieron la enésima discusión, un exceso en tan poco tiempo de convivencia. Él se quejó: la calidad de la imagen era inadecuada, debía haber movido la cámara con más lentitud. Le recriminó también su falta de discreción, en las misiones es preferible que nadie recuerde que se ha cruzado contigo, y Curmi estaría soñando con ella una buena temporada.

«¿Te refieres a sueños húmedos?», le respondió ella despreciando su opinión.

«Si quieres aceptar mis consejos, bien; si no, olvídalo».

«¿Quién te ha dicho que los necesito? Aún más, ¿quién te ha dicho que puedas dármelos? Que seas bastante más viejo que yo no quiere decir que sepas más. Te infiltraste en un grupo de fachas en la prehistoria, pero no olvides que los etarras eran bastante peores que los tuyos».

«Crees que puedes engatusar a todos los hombres y conseguir lo que quieras. Te equivocas. No quiero tener que rescatarte porque alguno no caiga en tus redes y descubra tu juego».

«¡Joder con el picoleto! Tienes celos porque me has visto actuar y soy mejor que tú».

Un día después es Álex quien está junto a la verja. Se ha vestido de negro para que en la grabación de las cámaras no puedan identificarlo: pantalones y jersey de cuello alto, cazadora con capucha y gorra oscura, máscara y guantes. Como buena amante de las películas de acción, su aspecto le recuerda a un personaje de una serie antigua; madre mía, ¿de cuál? Lorna ve en la pantalla cómo mete una llave en el candado.

—Gracias, Lorna —dice ella con ironía por el micrófono—, por haberme conseguido la llave.

Álex no le presta atención. Camina hacia la nave con lentitud mirando a ambos lados. Lleva muchos años sin ejecutar misiones de campo, y estar controlado por la chica aumenta su ritmo cardiaco. Ella nota los movimientos de su cabeza gracias a la cámara de la gorra, pero la ausencia de luz artificial apenas le permite distinguir nada. En la del colgante, vislumbra algo más gracias a la proximidad de la linterna con la que ilumina el camino. Reconoce la puerta corredera de la nave, cuyas dos hojas estaban abiertas de par en par cuando entró ella. En una se recorta el acceso peatonal. Ve cómo lo abre y le suelta con el mismo tonillo:

—Gracias, Lorna, por haber robado en presencia del ministro las llaves que estaban sobre la mesa y ser tan rápida como para irte al baño, hacer moldes y devolverlas sin que sospechara de ti. Eso sí —cambia a un tono de voz grave, parodiando la de su compañero—, no debiste dejar que te rozara y que pensara que algún día podría acostarse contigo. Eso no es de chicas buenas.

Él suspira. La actitud de la policía le parece poco profesional, de mala compañera. Entra en el almacén, da unos cuantos pasos mientras visualiza determinadas zonas en paredes y techo. De repente, sin explicación, deja de andar con calma y corre.

Lorna se queda sorprendida, no entiende nada, el hombre aburridamente tranquilo se ha vuelto loco. Las imágenes del iPad la tensan: lo ve acercarse a la oficina y, en lugar de usar también la llave costosamente sustraída, se lanza sobre la puerta y la derriba.

—¿Qué coño haces, tío? —pregunta con ansiedad.

No recibe respuesta. Contempla cómo abre la estantería que está detrás de la mesa de despacho. Aparece una caja fuerte perfectamente enfocada, deduce que va a abrirla, pero se aleja dejándola a la vista. Suena su teléfono, está sobre el asiento del copiloto. ¡Qué oportuno!, precisamente en ese momento tiene que llamar El Lobo. Descuelga, no recibe ni un hola.

—Avisa a Pico, tiene diez minutos, que no apure.

—¿Que le diga qué?

—Lo que has oído, rápido. —Cuelga.

Cumple la orden a disgusto, está pasando algo que nadie le ha contado.

—Pico, te quedan menos de diez minutos.

Tampoco le responde esta vez, aparte de pretencioso quizá sea autista. Observa cómo da tres golpes en la mesa, para y después repite, en esta ocasión solo dos. Abre cajones, tira papeles al suelo, revuelve cada rincón del despacho. Pasan los minutos. No entiende por qué no sale corriendo, no está haciendo nada productivo, no oculta micrófonos, no busca los papeles secretos que ha ido a robar.

—Joder, Pico, ¡que te largues! —grita sin saber bien por qué ni si la sensación de peligro, que le ha resecado la garganta, es tan real que pueda suponerles la detención o poner en peligro sus vidas.

La cámara de la gorra le muestra una porción elevada de pared e intuye que Álex se está subiendo quizá a una silla. Quiere coger algo, es evidente. Tarda en distinguirlo, parece un cuadro, no puede ser, ¿para qué quiere llevarse un puñetero cuadro?

Oye a lo lejos la sirena de un vehículo policial, al que unos segundos después se suma el mismo sonido procedente del sentido contrario.

—Pico, llega la Pulizija, un coche por el este y otro por el oeste.

Su alerta coincide con un movimiento brusco de las dos cámaras. Por el ruido, interpreta que ha saltado de la silla y, al fin, sale corriendo. Mira el reloj. Han pasado diez minutos.

—Que llega la Pulizija —lo abronca a gritos angustiada.

De nuevo suenan tres toques, una pausa y otros dos. ¿Le quiere decir algo con los puñeteros golpecitos? Quizá tiene problemas y necesita que acuda al rescate. Se queda paralizada, le cuesta tragar saliva. Se rasca el muslo en un gesto involuntario. Si los policías malteses descubren a Álex con la pinta que lleva —en ese momento recuerda el nombre del protagonista de la serie antigua, Fantomas—, dispararán primero y preguntarán después. No aguanta más, estar de observadora no es lo suyo, necesita actuar. Sale del coche.

El ruido de las sirenas ha cesado, el silencio del campo a esas horas de la noche le permitirá distinguir carreras y voces. Está alejada de la carretera que lleva a la nave de la empresa, por lo tanto, fuera del campo de acción policial. Olvida su propia seguridad y la de la misión, solo piensa en el peligro que corre su compañero, la necesita, pueden matarlo, tiene que ayudarlo a salir vivo de allí. Cuando empieza a correr hacia el almacén, echa de menos el tacto de su pistola. Se precipita hacia las voces lejanas, suenan cada vez con más nitidez. Piensa en su coartada si la detienen. Ya improvisará algo, no puede dejar solo a su compañero; si tienen que caer, lo harán juntos.

—¿Dónde vas? —La voz de un hombre de negro procede de unos metros más adelante, a su derecha.

—¿Dónde coño estabas, cabrón? Casi me da algo. Vestido como Fantomas, no te había visto.

—Ese es el objetivo. Salgamos de aquí, te cuento por el camino.

Veinte minutos después, Álex telefonea a El Lobo y pone el manos libres:

—Misión cumplida, muy justa, pero cumplida.

—Mala suerte, cuando saltó la alarma había un par de coches de la Pulizija cerca de allí —explica Mikel.

—¿Me podéis contar por qué no sabía nada de que la policía podía aparecer? Si no os fiais de mí, me largo.

—Tranquila —dice Mikel—, era una mera sospecha. Cuando entraste ayer en la nave conseguiste imágenes contradictorias. Un candado en la verja promete seguridad ínfima y algunos dispositivos colocados estratégicamente apuntaban a todo lo contrario. Hablé con nuestros informáticos en Madrid, son de lo mejorcito que hay en el mundo, y les propuse el reto de que quitaran la luz del complejo.

—¿Desde Madrid? No sabía que eso se podía hacer.

—Solo metiendo un virus informático en el sistema de control de la compañía eléctrica, lo llaman el sistema Scada y es el encargado de controlar las máquinas. Para nuestra desgracia, llegaron hasta donde pudieron, pero no lo consiguieron. Lo siguiente fue pedirles que intervinieran la emisora de la Pulizija por si saltaba la alarma que desde dentro no podríais oír.

—¿Eso qué significa?

—Que el sistema de seguridad no está montado para proteger cajas de madera vacías, sino algo más importante.

—Lo sabremos pronto —añade Álex—, me he llevado una de las cámaras instaladas en el despacho.

—En el marco de un cuadro —apostilla la chica.

—Sí, tengo la sospecha de que este modelo es de fabricación israelí —continúa el hombre de la gorra permanente—, lo que quiere decir que detrás del tráfico de lo que sea hay un servicio secreto, policía estatal o alguna mafia especialmente poderosa y bien relacionada con el poder.

—¿Por qué te volviste como loco corriendo, tirando la puerta y revolviéndolo todo? —pregunta Lorna.

—Vi encenderse un piloto en un dispositivo colocado en el techo. No sabía quién vendría a cazarme, pero alguien lo haría. Lo importante ya no era conseguir la información, sino simular que se trataba de un robo.

—Me hubiera gustado estar al tanto de todo.

—Estoy comprobando vuestras reacciones —justifica El Lobo—, es importante valorar en qué estado estáis cada uno.

—¿Qué te he parecido? —pregunta Lorna.

—Tan bien tan bien que debes empezar a prepararte para convertirte en alguien indispensable para el ministro Curmi. Antes Pico tendrá que enseñarte algo del alfabeto morse para que la próxima vez que no pueda hablar porque quiera evitar que le graben la voz entiendas un mensaje tan simple como «Sí». Ahora a dormir, mañana tenéis una representación muy distinta a lo que habéis hecho hoy.

14
El tic incontrolable

31 de enero, Malta

Hanga Spiteri es teleoperador en el Departamento de Atención al Cliente de Melita, una de las compañías de telecomunicaciones más importantes de Malta. Es un tipo especial, disfruta ayudando a la gente que llama para solicitar información sobre variados aspectos de su factura. Son las dos de la tarde, le queda una hora para concluir su jornada laboral. Su habitual perspectiva positiva de la vida se ha esfumado y el desánimo lo vence, está harto de sentirse ninguneado.

Sus jefes no le reconocen las continuas valoraciones positivas que los clientes le dedican después de conversar con él. Por el contrario, han promocionado a una de sus compañeras con la mitad de antigüedad y mucha menor aceptación. Ascienden a una chica guapa, frívola e inútil, y que se fastidie un chico feo y currante, siempre dispuesto a prolongar su jornada. No es justo. Ese día se ha quejado y le han ofrecido una contestación deprimente: «Lo haces tan bien que los directivos no quieren prescindir de ti en ese puesto». ¡Milongas!

Le entra una llamada. Cambia su semblante huraño por una sonrisa y se convierte en el tipo más servicial del mundo:

—Melita, servicio de facturación y pago, soy Hanga, ¿en qué puedo ayudarle?

Una voz de hombre le responde en inglés. Le narra su aburrida preocupación por los gastos del mes.

—Deben estar mal, bueno, eso creemos, aunque no estamos seguros.

Spiteri está acostumbrado a las historias difusas, a clientes alterados con problemas para explicarse, a tardar un rato en descubrir el motivo concreto de su contrariedad.

—Hace unos días hablé con una compañera suya, una chica un poco, no sé, no demasiado simpática, se llamaba...

—Somos unos cuantos, ¿quizá Katrina?

—Eso es, Katrina. No la debí pillar en buen momento y además yo estaba en el trabajo. Me dijo: «Si tiene problemas, vuelva a llamar y con suerte le atiende Hanga».

A sus cuarenta y cinco años, el maltés no está acostumbrado a que Katrina o cualquiera de sus compañeros le reconozcan algún mérito, pero es estimulante que se lo transmitan a los clientes.

—Dígame, ¿en qué puedo ayudarle?

—Este es el primer mes que tenemos la línea con ustedes. Todo ha ido bien, no llamo para quejarme de nada. El caso es que me han cobrado una cantidad un poco excesiva. Bueno, la que lo cree es mi mujer.

—Eso suele suceder —comenta Spiteri buscando crear sintonía con el cliente.

—Me ha dicho que les llame y me entere.

—¿Ha revisado la factura?

—Mi mujer dice que no nos ha llegado.

—A veces la primera tarda un poco más.

—Mi mujer dice que nos tenía que haber llegado ya, de hecho ya nos la han cobrado. ¿Puede mirarla usted?

—Sí, claro. El sistema me hará unas cuantas preguntas previas para comprobar que usted es el titular. —Spiteri entra en el área de clientes de su ordenador—. ¿Me dice por favor su nombre y carnet de identidad?

—¡Vaya! —suelta el cliente—. Está a nombre de mi mujer, no me sé de memoria su carnet. ¿Puede dármelo solo con su nombre? No sabe lo que se lo agradecería.

—Lo siento, es imposible —contesta manteniendo el tono de amabilidad mezclado con unas gotas de sufrimiento fingido que siempre le ha dado muy buen resultado—. La compañía no me lo permite.

—Con el nombre, seguro que usted ve la información, hágame el favor.

—No puedo. Vamos a hacer una cosa, colgamos, llama a su mujer, vuelve a llamarme, lo mantengo en la pantalla y se lo digo.

—Gracias, su nombre es...

—Hanga.

—Hanga ¿qué más?

—Con Hanga le pasarán, pero me apellido Spiteri.

—Es usted lo mejor que me podía pasar. ¿Hasta qué hora está ahí? No sea que no pille a mi mujer.

—Me quedan cuarenta minutos, mi jornada concluye a las tres.

—Vuelvo a llamarle. Si pasara algo, hablamos mañana.

Spiteri sale de la oficina situada en Birkirkara, la ciudad más grande y habitada de Malta. Se despide del vigilante por su nombre y este le lanza un alegre «Nada de juergas esta noche, Hanga», que despierta una sonrisa cómplice en el bonachón de más de ciento veinte kilos. Como cada tarde, regresa paseando a su casa, en la localidad cercana de Msida. Como él dice: «Sin prisas, pero sin pausas».

Apenas lleva cinco minutos caminando cuando se le acerca una chica sonriente con una carpeta en el brazo y se pone a andar a su lado. Morena, despeinada, vaqueros rotos y jersey con algunas manchas.

—Buenas tardes, espero que estés teniendo un buen día.

Responde con la misma simpatía que despliega en el trabajo, aunque la cercanía física lo intimida un poco. No la rehúye porque la gente apenas se dirige a él por la calle, y desde que murió su padre, un año antes, se siente más solo de lo habitual. Además, es una chica sencilla, con no demasiado buen aspecto, necesitada de gente amable que la ayude a ganarse unas liras maltesas.

—Estoy haciendo encuestas, es el único trabajo que he encontrado. Si me contestas me ayudarías mucho. Me llamo Sara.

—Cuenta con ello. Yo soy Hanga.

—Es anónima, no tienes que preocuparte, puedes responder lo que te dé la gana.

—¿Nos sentamos unos minutos en ese bar? —dice él señalando unos pasos más adelante.

—No me sobra el dinero.

—Te invito a un café.

Spiteri elige una mesa con un sofá corrido pegado a la pared, en el que se sienta, y deja una silla de madera poco consistente para ella. Pide dos cafés al camarero e insiste en invitarla a un bocadillo. Él se pide otro para disimular su intención evidente de alimentarla. No es que la vea excesivamente delgada, pero su ropa desgastada de mercadillo no corresponde a una chica con una vida estable. Charlan un rato sobre Malta, lo complicado que es encontrar un trabajo estable, y Sara le formula el cuestionario sobre su uso de internet. Después ella se sincera: estaba viviendo en Argentina cuando se quedó en el paro, le hablaron de Malta como la tierra prometida con muchas oportunidades, aunque todavía no había conseguido nada. Luego él le resume su vida: trabaja en una compañía telefónica en la que no sacan provecho de sus habilidades.

—Tener a un obeso les da buena imagen, pero ascenderlo no entra en sus planes.

Hablan y hablan hasta que Sara anuncia su marcha. Ya en pie, sorprende a Hanga pidiéndole que intercambien las direcciones de correo electrónico, quizá algún día puedan volver a verse.

Al día siguiente Spiteri llega a su puesto de trabajo en Melita y la gente lo saluda sin mirarlo, como cada día. Se siente más animado. Está seguro al 99 por ciento de que Sara nunca le escribirá, pero le da igual, pasó un rato estupendo. Enciende el ordenador mientras recuerda los meses que llevaba sin compartir un café con otra persona. En su mail tiene un correo de la dirección de Personal. Lo lee y Sara se esfuma de su pensamiento: existen varios puestos vacantes y es uno de los trabajadores seleccionados para optar a uno de ellos.

El corazón se le acelera, al fin la noticia tanto tiempo esperada. Su turno comienza dentro de cinco minutos y, por una vez, antepone sus intereses a atender las llamadas. Relee el mensaje, pincha el enlace y le sale una ventana en la que le solicitan de nuevo el nombre de usuario y la clave. La rellena aceleradamente. Aparece otra pantalla en la que le informan de que si está interesado en participar en el proceso de selección escriba al final su nombre. Lo teclea y ya está, lo envía. Todo muy rápido, como debe de ser, sus méritos ya los tienen, queda que lo entrevisten, le planteen una subida de sueldo, él la aceptará y asunto cerrado. Le piden confidencialidad: en ningún momento se le ha pasado por la cabeza contárselo a sus compañeros. Ya se enterarán cuando la empresa lo haga público. Quizá lo sentarán con la minifaldera que nunca hizo méritos profesionales para ascender. Puede que hasta Sara le mande un mensaje para quedar. Su suerte ha cambiado.

Madrid

A las seis de esa misma tarde Verónica se pone de pie en cuanto Mikel entra en la sala de trabajo del chalet operativo. Su cara de felicidad es evidente. Pablo y ella se han sentido presionados para obtener información de manera urgente sobre el ministro de Malta. En menos de un día han abierto la espita de los secretos.

—Tenemos el listado de llamadas del ministro del último mes.

—Dime que el 15 de enero hizo llamadas a España —ruega Mikel esperanzado.

—Solo una, desde su casa, no el 15, sino ya en la madrugada del 16.

El Lobo, poco dado a expresar sus sentimientos, cierra los puños y los lanza al viento.

—Pablo está explotando la información, todavía no tenemos un nombre.

—Gran trabajo, me alegro de que por primera vez hayáis colaborado todos los del equipo.

—Hemos tenido suerte, no siempre se consigue asaltar una compañía telefónica tan potente como Melita en tan poco tiempo.

Mikel no lo duda, pero también sabe que si no fueran tan buenos no lo habrían conseguido ni así. Pablo se ha estrenado en su ansiado papel de agente de campo haciendo la llamada indagatoria a ciegas a Melita y ha gozado de la suerte del novato: dio a la primera con el trabajador adecuado. Consiguieron su foto, se la mandaron al equipo de Malta, Lorna lo abordó en la calle, detectó sus vulnerabilidades y consiguió su correo electrónico sin que sospechara de ella. Al día siguiente el objetivo ya tenía en su cuenta un mail con dirección falsificada que llevaba a una página que imitaba los elementos corporativos de su compañía. Su ansia por cumplir su sueño de ascender lo indujo a bajar la guardia y entregar su clave de acceso. Un rato después Verónica estaba dentro del sistema.

—Tenemos un nombre —grita entusiasmado Pablo, que dispone de una base de datos con los números de teléfono de las compañías españolas.

—Suéltalo, coño. —El Lobo le devuelve impaciente el chillido.

—Es el teléfono fijo de la casa de un tal José María Ranga.

Mikel le pide que repita el nombre. Enseguida les da las gracias y les solicita que sigan investigando al ministro. Ninguno de los informáticos repara en que el ojo derecho de El Lobo ha adquirido vida propia y se abre y se cierra sin control. Un tic que delata su sorpresa.

15

Cómo ser un fantasma

1 de febrero, Malta

El ministro Charles Curmi tiene la costumbre de acabar la jornada laboral en el bar Alchemy de La Valeta. Gente guapa, combinados apetecibles, posibilidad de charlar sin necesidad de gritar y una silla alta color siena esperándolo en la barra de mármol con forma de ele. La decoración un poco demodé le gusta. Su jefe de Gabinete lo acompaña durante la primera copa y si hay más desaparece.

En cuanto entra al Alchemy, antes de acomodarse al fondo de la barra, un camarero con camisa blanca y chaleco negro aparca lo que está haciendo y empieza a prepararle el cóctel Lágrimas de don Ramón, con un chorrito más de ginebra de lo habitual. Curmi contempla cómo lo mezcla hasta que su mirada se desplaza al lado contrario, donde descubre la presencia de Izaskun. Deja hablando a su hombre de confianza y se dirige hacia ella. Se coloca delante dando la espalda al tipo con el que está charlando.

—¡Benditos los ojos! Creía que habías sido un producto de mi imaginación.

—Ah, señor Curmi —dice ella mientras con una mano lo separa un poco para dirigirse a su acompañante—: Ya seguiremos otro día.

El ministro recupera el contacto con la barra. Su escasa estatura no lo ayuda a parecer un tipo temible a primera vista, pero intimida su actitud agresiva y un poco chulesca.

—Te he llamado unas cuantas veces, nunca lo coges.

—Estoy bastante ocupada.

El camarero pone el cóctel delante del ministro. Izaskun coge su vaso de cristal tallado con dos dedos de whisky y da un sorbo.

—No existes —dice Curmi acercando los labios a su oreja—, no estás en ninguna parte. Ningún residente en Malta se apellida Etxeberri, así que difícilmente tu padre puede estar muriéndose. Todo el mundo aparece en internet, menos tú. ¿Me entiendes?

—¿Alguna cosa más? —replica ella girando la silla y mirándolo burlona—. No sabía que te había vuelto tan loco.

—Me encantan las mujeres que se creen inalcanzables.

—¿Que se creen?

—Nadie es inalcanzable, basta con descubrir sus puntos sensibles.

—Quizá no los tenga. —Hace un gesto al camarero para pedirle la cuenta—. Tengo que irme.

Curmi la sujeta por el brazo. Dedos pequeños y uñas cuidadas con esmero en la peluquería.

—Me debes una explicación. —Vuelve a inclinarse hasta cerca de su oreja para que nadie oiga sus palabras—: Puedo acusarte de robo, ¿me entiendes?

No pone cara amenazante, más bien adopta la pose del bravucón. Un conquistador prepotente al que se le resiste la chica termina utilizando cualquier arma a su alcance para atraerla. Izaskun esta vez no tiene prisa en recuperar el espacio personal que él ha invadido al acercarse y hacerle notar su aliento. Mira fijamente la mano que la agarra antes de volver a hablar:

—No se te ocurra tocarme —lo desafía subiendo el volumen para que lo oigan los de alrededor.

El ministro se aparta como si le hubiera dado un calambre. Una vena se le infla en el cuello por la irritación que le produce quedar en evidencia, no está acostumbrado a que le hablen así. Vuelca la atención en su cóctel. La mujer continúa:

—Ni tú ni tu gente habéis encontrado nada de mí en internet porque cuando alguien me menciona tengo una empresa contratada que lo desindexa de los buscadores. Con todas las medidas de seguridad que te rodean, parece mentira que nadie te haya explicado cómo ser un fantasma.

—¿Quién eres?

—La dueña de mi vida.

—¿Por qué viniste a mi almacén?

—Tengo una agencia de seguridad muy especial: hago trabajos para personas muy especiales, como tú.

—¿Organizaste el asalto del día siguiente?

—Depende.

—¿De qué depende? —pregunta el ministro, se sienta en la silla que acaba de quedar vacía y la aproxima para oír mejor.

—Nunca podrás demostrar que lo hicimos, no hay huellas ni forma de identificar al asaltante. En poco más de veinticuatro horas preparamos, entramos y salimos sin problema y nos llevamos una de tus sofisticadas cámaras israelíes. Dejamos a la vista tu caja fuerte sin abrir y cuando llegó la Pulizija ya nos habíamos largado.

—¿Qué quieres demostrar?

—Eres vulnerable. La seguridad es mucho más que llenar de cámaras un local.

—No tengo necesidad de más, tampoco guardo objetos de mucho valor.

—¡Error! —sentencia y hace un gesto con el dedo índice señalándole el pecho, pero sin llegar a tocarlo—. Puedes engañar a quien quieras, no a mí. Esas cámaras cuestan una pasta y no llevan más de dos meses instaladas.

Curmi había ido a tomar una copa y a relajarse, no a que una niñata deje en evidencia su seguridad. Su cara desafiante expresa un peligro inminente, mientras que la falda a medio muslo y el escote de la camisa, del que procede un perfume a mandarina y anís, le transmiten una sensualidad desbordante. No le parece de fiar, lo que lo impulsa a alejarse y al mismo tiempo le parece un reto para conquistar.

—No me interesa contratarte, mi negocio ya tiene un sistema de protección.

—Mal diseñado. Guardes lo que guardes en el almacén, te aconsejo que no lo dejes en mitad del campo. La próxima vez entrarán unos quinquis un poco profesionalizados y te arruinarán. Este es mi teléfono, el bueno, el que uso, el que tu gente no ha sido capaz de conseguir.

Se levanta de la silla y le tiende la mano.

—Izaskun Etxeberri, a tu servicio. No tardes en llamarme, solo estaré una temporada corta en Malta.

16

Programas de alto rendimiento

2 de febrero, Madrid

—Chema, no me lo puedo creer. ¡Cuántos años sin verte!

Lejarza ha comenzado el día mucho antes de lo habitual. Se acostó entrada la madrugada, se tomó un tranquilizante que le dejó grogui, cinco horas más tarde se le abrieron los párpados y no tuvo forma de volver a cerrarlos. Pasadas las seis se acercó en su Chrysler hasta las proximidades del chalet de José María Ranga. Dos horas después salió a desentumecer las piernas y le sonó el móvil. Fred quería notificarle que la mediación de uno de sus influyentes amigos franceses había conseguido finalmente que lo recibiera la teniente Breton para informarle sobre las pesquisas de la muerte de su sobrino.

«Voy camino del aeropuerto, a lo largo de la mañana me veré con ella».

«¿Verás también al comandante que llevaba el caso?».

«Duval pasa de mí, lo que no quiere decir que yo pase de él».

«Conozco a poca gente tan pesada como tú».

«Ya llegarás a mi edad. No soy tan guapo como tú, pero tengo mis armas».

«Te vas a tener que implicar más en el día a día del equipo, penetrar en el mundo oculto de Chema no me va a permitir controlar todo lo que hacen el resto de los agentes».

«Eres una excepción entre los hombres; tú, como las mujeres, puedes hacer varias cosas a la vez».

«Te dejo, se está abriendo la puerta corredera del garaje».

Ya está dentro del coche, con el motor en marcha, cuando sale el Mercedes descapotable. Lo sigue a una distancia prudencial, no excesiva, pues su antiguo amigo no es de mirar por el retrovisor para comprobar si lo siguen. Cuando Chema aparca, espera a que se baje y pise la acera, y entonces aproxima su Chrysler simulando un encuentro fortuito.

—Mikel —responde también sorprendido—, ¡qué alegría!

—¿Qué haces?

—Voy a comprar vino bueno, del que nos gusta a ti y a mí.

—Un hombre atareado en sábado. ¿Nos tomamos algo?

Ranga se sube al vehículo, Mikel conduce hasta un aparcamiento público en la céntrica calle de Velázquez y se acercan al hotel Wellington, un cinco estrellas con discretos rincones de sillones y sofás distinguidos cerca de la entrada. Hablan de lo rápido que pasa el tiempo —«¿Siete años?», «¿Quizá ocho?»— y rememoran historias pasadas en las que compartieron negocios, intentos de hacer dinero rápido.

—¿Ejecutaste el Programa de Alto Rendimiento?

Mikel ha elegido llevarlo a tomar un café servido en tazas de porcelana Rosenthal, con azucarero de plata, en un entorno decorado a base de una elegante combinación de rojos y dorados en moqueta, muebles y accesorios. Ranga es un sibarita, un vividor ambicioso amante de la buena vida. Es sábado y no ha renunciado a la americana con el pañuelo asomando en el bolsillo superior ni a los zapatos de charol resplandecientes. Si quiere transmitirle una imagen óptima, debe aparentar un cierto éxito económico y social. Puedes tener los bolsillos vacíos, pero nunca debe notarlo nadie.

—Algo hice, pero no lo que esperaba.

Mikel interpreta la respuesta como «Quizá salió, pero si te digo que sí, lo mismo me pides dinero, y si te digo que no, queda en evidencia mi situación económica poco boyante».

Su relación se remonta a una época en la que era Miguel Bueno, un agente negro que trabajaba para la agencia de espionaje sin estar en nómina. Le interesaba buscarse su propio campo de actuación, sacarle rendimiento económico y obtener información valiosa para «los suyos», esa expresión que utiliza para referirse a la gente del servicio. Ranga le habló de algunos negocios misteriosos vinculados al funcionamiento más discreto de la economía. Detectó que eran asuntos conflictivos, palabras clave que despertaron su interés.

Se sinceró con él. Le desveló que Miguel Bueno era una identidad operativa detrás de la cual se escondía El Lobo, el infiltrado en ETA. Sería más creíble y necesaria su presencia en el negocio si era un acreditado experto en el mundo de la seguridad. La mentirijilla fue que había roto totalmente con el mundo del espionaje. Algo creíble porque los medios de comunicación habían informado con detalle, unos meses antes, de su detención en Cataluña por pinchar teléfonos, y La Casa se había distanciado de él hasta negar cualquier vinculación.

Ranga vio un enorme potencial en esa asociación y le explicó cómo actuaba aquella trama. En la economía sumergida mundial funcionaba una herramienta que ayudaba a blanquear dinero negro a los Estados y a los bancos, se llamaba Programa de Alto Rendimiento. Los servicios de inteligencia de los países más poderosos sacaban rendimiento al tráfico de armas, la trata de blancas y el narcotráfico. Para dar salida a los beneficios inconfesables, antes debían blanquearlos. Los bancos montaban en su nombre unos préstamos falsos a personas con altísimo poder adquisitivo, con los que compartían los multimillonarios intereses.

Chema Ranga había contactado en Londres con un empresario turco de transportes, al que había ayudado en algunos negocios turbios, que poseía la llave de entrada al círculo privilegiado de personajes poderosos y anónimos con capacidad para conseguir un programa de ese tipo. No era tan acaudalado como para acceder a uno de los grandes, de cien o más millones de dólares, pero tenía al alcance de la mano uno pequeño de diez millones. Se llevó a Mikel para que lo ayudara a convencer al turco de que lo incluyera. Si lo conseguían, compartirían beneficios. El Lobo sabía cómo tratar a los personajes tenebrosos del mundo oscuro, no se achantaba ante nadie y casi siempre atinaba con las vías adecuadas para convencer a la gente para que hicieran lo que ellos querían. Pasaron los meses sin resultado y Mikel se desvinculó para meterse en otros asuntos más lucrativos a corto plazo. Chema siguió en el tema, pero prefiere no comentarlo.

—¿Dónde has estado, viejo amigo?

—He dado tumbos de un sitio para otro, incluso he vivido en Emiratos Árabes y Estados Unidos.

—¿La relación con tu servicio?

—Sigue muerta, no sé si algún día resucitará. Mantengo contactos, claro, pero oficialmente nada.

—¿A qué te dedicas?

—A lo que voy pillando, asuntos de seguridad, asesoramiento. Me alcanza bien para el pan nuestro de cada día. ¿Tú estás en algo bueno?

Ranga interpreta que le está pidiendo trabajo.

—Estoy en tratos con una gente que lleva transacciones interesantes. El jefe es un buen tipo al que le caerías fenomenal, y más si le cuentas quién eres.

—¿Qué haces con ellos?

—Asuntos de seguridad, tengo buenos contactos. Déjame que hable con el padrino, como lo llamamos, y si le parece bien organizo un encuentro.

—¿Puedes avanzarme algo?

—No, pero tardaré poco en llamarte.

«Cuéntamelo ya, hombre —piensa El Lobo—, háblame de esos negocios en los que utilizas féretros para transportar mercancías».

17
Una red mafiosa

París

Frédéric Leblanc, con pasaporte español, pasa a sentirse francés en cuanto pisa la tierra de su padre. Ahí sí que saben pronunciar con delicadeza su nombre, algo que su madre nunca hizo, posiblemente para chinchar a su marido. Una delicia escuchar al funcionario que le toma los datos, en la sede de la Police Nationale, cómo vocaliza adecuadamente la primera «r» de su nombre, como la jota española pero más suave.

El uniformado se aleja de su cubículo y de las pantallas de televisión, desde las que controla el perímetro de seguridad exterior del edificio, y lo acompaña hasta una estancia cercana en la misma planta baja. Sería una perfecta sala de interrogatorios si no fuera por la ausencia de un espejo espía, la falta de anclaje al suelo de la mesa y las sillas, y porque no le han echado el cerrojo a la puerta.

Stella Breton aparece diez minutos después con un par de pequeñas botellas de agua de plástico. Se acerca a Leblanc y le da dos besos sin mucho roce, recuerdo de los que él le plantó cuando se despidieron en Malta con Morel todavía vivo. El exespía esboza una sonrisa, le parece que con ese top de tirantes negro sin mangas está muy atractiva y la piropea. Ella le entrega una botella, lo invita a sentarse en una silla de hierro negra y se coloca enfrente, con la mesa en medio.

—Tengo poca información, el viaje no le va a ser muy productivo.

—Solo por verte habría venido desde la Polinesia, pero no se lo digas a mi mujer.

La chica sonríe, no puede evitarlo, le hace gracia.

—Una pena que los hombres de mi edad no sean como usted.

—Como tú.

—Eso quería decir, como tú. El hecho es que no tenemos ninguna relación con el caso de tu sobrino Olivier, lo llevan exclusivamente en Malta.

—Morel estaba investigándolo cuando lo mataron, acababa de llegar de allí.

—Se descubrió que su muerte y la de Olivier no estaban entrelazadas.

—¿No tuvieron nada que ver?

—Absolutamente. Debes conocer a gente influyente, porque mis jefes me han pedido que te aclare algunas cosas. Pero por respeto a mi compañero caído no deberás repetírselas a nadie.

—Palabrita del Niño Jesús —responde Leblanc levantando una mano como los antiguos indios americanos.

—El equipo que llevó la investigación, en el que no me dejaron participar, tardó pocos días en descubrir que Morel mantenía contactos estrechos, desde hacía años, con uno de los mayores capos de la droga.

—¡No me digas! —interviene Leblanc sorprendido.

—Estaba metido hasta el cuello.

—¿Confirmasteis esa historia?

—Hasta tal punto que los jefes, saltándose todas las normas, ordenaron echar tierra sobre el asunto para garantizar la pensión a sus hijos.

El antiguo espía intenta procesar la información.

—¿Cómo reaccionaste?

—No podía creérmelo. Apenas unos días antes lo habíamos enterrado.

—¿Viste las pruebas?

—Me mostraron el testimonio del narco. Lo puse en duda, solo su palabra no me bastaba. Entonces me enseñaron imágenes de los dos juntos e ingresos en una cuenta oculta —frena como si le costara concluir la frase—, en un banco de Malta.

Leblanc suaviza la presión del nudo de la corbata y hace ademán de despojarse de la chaqueta del traje gris, pero desiste de inmediato.

—No sé qué decirte, hija. No entiendo nada. ¿Qué le voy a decir a mi primo?

—No tenemos corroborado que Olivier perteneciera a la red en la que estaba metido Morel. —Esta vez se queda callada, como si las siguientes palabras hubieran decidido no salir al aire por precaución.

—Cuéntamelo todo, lo prefiero.

—La red mafiosa tenía conexiones con un grupo en España.

—Venga, concluye.

—El inspector Bonello, de la Pulizija, nos contó que Olivier llevaba encima un gran fajo de billetes de 5.000 pesetas. Morel le pidió las fotos de sus pertenencias, y los investigadores imaginan que estaba preocupado por si alguien investigaba ese dinero negro, sin duda procedente de negocios turbios.

—¿Sería posible saludar al comandante Duval?

—Ya no está destinado aquí. Era muy amigo de Morel y cuando se enteró de lo que hizo entró en crisis. Le costó asimilarlo, se enfrentó a los investigadores y a los mandos porque no se creía nada y, finalmente, tuvo que aceptar que lo había engañado.

—Lo entiendo, es un palo.

—Se quedó tocado, prefirió largarse y aceptó el primer destino que quedó libre en una comisaría.

—Mucha degradación para un comandante.

—Imagino que cuando se recupere intentará volver a puestos punteros.

—Gracias, amiga —dice Leblanc mientras se levanta y empuja el nudo de la corbata hacia el cuello—. Espero no volver a molestarte. Se lo contaré a mi primo, quizá no todo.

—Vuelve cuando quieras.

Algo se le olvida al exespía.

—¿Te importa que le pidamos al amable policía de la puerta, que tan bien pronuncia mi apellido, que nos haga una foto juntos de cuerpo entero? Es para enseñársela a mis antiguos compañeros y que vean cómo, a pesar de estar jubilado, me sigo rodeando de chicas bonitas.

Breton se despide y Leblanc se queda junto al policía uniformado encargado de vigilar la entrada del edificio.

—Perdone —le dice—, Stella me ha dicho que le preguntara en qué comisaría está destinado mi buen amigo el comandante Duval, ella no se acordaba.

—En la del distrito 10.

Sale a la calle y busca el banco más cercano, en el que mataron a Morel. Dos ancianos de unos noventa años, con aspecto elegante, están sentados mirando al frente, sin hablar, cogidos de la mano. Espera que algún día, cuando llegue a su edad, pueda compartir esos ratos tiernos con su mujer. Mira alrededor y no encuentra restos que denoten un asesinato. Hay cámaras de seguridad pegadas al edificio apuntando a las aceras, pero fuera no hay un guardia estático. Le parece evidente que el asesino lo sabía. Aceptó que lo iban a grabar y decidió actuar por sorpresa y con celeridad: se aproximó a Morel, lo mató y un vehículo lo extrajo de allí. Era un profesional avezado con sangre fría, sin gran experiencia hubiera sido imposible evitar la detención.

Se sienta junto a los ancianos, en la esquina que dejan libre. Se recoge las mangas de la chaqueta y la camisa de su brazo izquierdo, y en su reloj activa el cronómetro. Reproduce en su mente la escena en tiempo real: un tipo con la cara tapada se le acerca por detrás, saca la pistola con rapidez, le dispara en la cabeza, corre unos metros, se sube a un coche que acaba de parar y se larga. Mira su reloj, han pasado trece segundos, pudo tardar algo más.

Se levanta, camina por la acera hasta la esquina, cambia de sentido, se aproxima de nuevo al banco de los dos ancianos, que están haciendo manitas, activa de nuevo el cronómetro y pega un grito espantoso antes de tirarse aparatosamente al suelo. Unos momentos después el policía que pronuncia tan bien su apellido está junto a él tratando de reanimarlo. Para el conteo y mira de reojo el reloj: doce segundos. Algo menos si hubiera contado el tiempo desde el momento en que el uniformado ha salido de la sede policial.

18

Evitar el peligro

Tras reanimarse milagrosamente y dar las gracias al policía, empeñado en enviarlo a un hospital para hacerse un reconocimiento, toma un taxi hasta la comisaría del distrito 10. Se ha manchado el abrigo y el pantalón al tirarse al suelo, y piensa en la historia imaginativa que le contará a su mujer y ella no se creerá. Podría decirle la verdad, su vida diaria ya no está sometida al secreto permanente, pero tendría que explicarle el lío que ha montado creando un grupo de investigación con lo más granado del mundo del espionaje. «Lo eran —matiza su pensamiento—, cuando cosecharon enormes éxitos con sus operaciones, pero ahora no estoy muy convencido de sus habilidades, aunque nunca se lo diré a Mikel. Tampoco le comentaré que estoy seguro de que todos tienen una especie de síndrome de estrés postraumático, incluido él».

Entra en la comisaría, lo invitan a esperar en una sala, a los veinte minutos se salta el confinamiento y explica al policía encargado de las visitas que le urge ver al comandante Duval. De mala gana, el otro deja lo que está haciendo en el ordenador y telefonea por la línea interior.

—No puede atenderle, venga otro día —le transmite justo a la vez que la pantalla adquiere vida propia y suena la sintonía de un juego de Super Mario Bros.

—Dígale que vengo en nombre de la teniente Stella Breton, le traigo un sobre —miente con descaro sin ruborizarse.

Lo envía a la primera planta, le indica cómo llegar al despacho del comandante, aunque solo podrá atenderle un momento. Leblanc ni le contesta, sube por las escaleras y da sin problemas con una pequeña oficina con cristaleras en la que ve a Duval hacerle un gesto con la mano para que entre. No se levanta y tampoco lo invita a sentarse.

—Hablé un día con usted tras el asesinato de Morel —le dice con hostilidad—, le comenté que no podía informarle de nada.

—He hablado con la teniente Breton.

—Le habrá dicho que estoy fuera del caso. Ahora persigo a rateros, camellos y putas. Pedí voluntariamente este destino, no quiero saber nada.

—Pero su amigo Morel...

—Me engañó. Se vendió a los narcos por un puñado de monedas. Lo he borrado de mi vida. —La excitación le hace toser de forma aparatosa.

—¿Usted se cree todo lo que cuentan de él? —pregunta Leblanc mientras toma asiento.

—No se acomode, señor —se dirige a él en tono descortés—. Le he dicho que no tengo nada que contarle. Pregúntele a la teniente o a quien quiera, no vuelva a molestarme nunca.

El antiguo espía lo mira fijamente; envuelto en una larga bufanda gris, a juego con el pelo entrecano cortado a cepillo, parece un abuelo cascarrabias. Hace años debió ser un policía respetable, ahora se ha convertido en un amargado. Se levanta, abre la puerta y sale. Podía, quizá debía, haberle respondido con la misma agresividad, pero sería una batalla estéril. Se dirige a las escaleras y detrás de él aparece un policía de paisano que lo invita a bajar en ascensor.

—Prefiero andar.

—Acompáñeme mejor.

En cuanto entran, le habla con rapidez:

—A las 18.00, en el mercado de la Bastilla, en un puesto de pan —le dice con celeridad.

—Hay varios.

Las puertas abiertas les dejan expuestos a tres mujeres que quieren ocupar su lugar. Salen del ascensor y el policía se esfuma.

Leblanc llega a la cita clandestina un rato antes. Ha cambiado el taxi por el metro, un medio más adecuado para comprobar si lo siguen. Se baja en la parada de Richard Lenoir y pasea sin prisa. Da vueltas sin sentido hasta el bulevar del mismo nombre donde está ubicado el mercado. Lo conoce bien, cómo olvidarse del olor a pan recién horneado, a cruasán calentito, a crepes para chuparse los dedos. También, menos agradable para él, a pasta italiana o a pollo con curri de India. La gran variedad de tenderetes le hace pasar del cielo al infierno en solo unos segundos.

Se acerca a los puestos de pan para ser más visible; lo importante no es que él encuentre a su interlocutor, sino que este lo localice a él. En un puesto de baguettes se coloca a su lado un hombre con porte militar, estatura mediana, hombros anchos y una reconocible bufanda gris.

—Nunca debió acudir en persona a verme, ha sido un error, me ha puesto en riesgo y también a usted.

—Soy un espía retirado que ayuda a su primo a encontrar respuestas sobre la muerte de su hijo.

—Han matado al chico, han matado a Morel y matarán a cualquiera que se interponga. Paseemos. —Saca una cajetilla azul de Gauloises y enciende un pitillo corto sin filtro.

—Tabaco fuerte, cuando era joven me encantaba.

El mercado está muy concurrido. El abrigo de paño de Leblanc y la cazadora de aviador con botas militares de Duval encajan en un ambiente dispar en el que los parisinos del barrio aprovechan las últimas horas del día para hacer la compra.

—¿Qué pasó con Olivier? —pregunta el español.

—No lo sé, buscaba algo dentro de unos féretros y lo mataron.

—¿Morel lo metió en asuntos de droga?

—No me lo creo.

—¿No estaba metido o no se lo cree?

—Manejaba a Olivier para la Unidad, no puedo garantizar al cien por cien que paralelamente no participara en asuntos turbios.

—¿Quizá captó a Olivier para que detectara los envíos de la competencia?

—Morel era una persona honesta. Pudo meterme alguna, pero no engañarme durante tantos años.

El comandante no para de mirar a un lado y a otro. Algo lo altera y acelera el paso.

—¿Le han seguido?

—Juraría que no.

—Hay un policía que conocí hace tiempo en el mercado, puede ser casualidad, quizá no. Hablaremos en otro momento.

—¿Cómo me pongo en contacto con usted?

—Yo lo haré.

Duval coge el primer pasillo a la derecha por un puesto de flores y desaparece. Leblanc sigue andando en línea recta un par de minutos y se detiene en un puesto a comprar naranjas. Después para un taxi y sale de allí a toda prisa.

19

Traición a un amigo

Malta

—Es mala idea que utilices la identidad de Izaskun Etxeberri. ¿Quieres volver a meterte en la piel de una etarra?

Son las once de la mañana, Lorna y Álex están sentados de cara al mar en la terraza del piso de cuatro dormitorios que han alquilado en San Julián. Es una zona moderna, con muchos extranjeros, en la que pueden pasar desapercibidos con más facilidad. El único inconveniente es que el buen tiempo prometido en la isla mediterránea va acompañado de una humedad que aumenta la sensación de frío. El piso carece de calefacción, se ha quedado helado, y hasta que compren una estufa están mejor en la terraza que en las habitaciones.

Escuchan la grabación del encuentro nada casual de la noche anterior entre el ministro Curmi y Lorna. Buscan detalles, matices, pistas que los ayuden a esclarecer qué tipo de organización mafiosa dirige desde la sombra. De repente algo se le ha pasado por la cabeza al antiguo guardia civil, ha cambiado de tema y con su pregunta ha asumido un riesgo similar a meter los dedos en un enchufe: inevitablemente va a recibir una descarga.

—Yo no he entrado en cómo haces tu trabajo. Tenemos la suerte de que mi documentación operativa sigue activa y por eso la utilizo. ¿Algún problema, chiquillo? —termina imitando el acento andaluz con intención de evidenciar que le da igual su opinión.

Está a disgusto con él, no le queda más remedio que aguantarlo, pero en cuanto pueda hablará con El Lobo para pedirle que lo mande de vuelta al monasterio de clausura de donde nunca debería haberlo sacado, y si no vivía en un monasterio quizá habría que meterlo en uno.

—No solo es que Curmi llegue a descubrir tu pasado, y por tanto a ti. Me preocupa que te traiga recuerdos de situaciones dolorosas que se te han quedado enquistadas.

—¿Qué sabes tú de mí? —contesta grosera mientras saca un pitillo de una cajetilla de Ducados y lo enciende con un Zippo de gasolina a prueba de viento.

—Sé que estuviste infiltrada en ETA y que conseguiste un gran éxito.

—Ahora toca hacerme la pelota. —Da una calada y pone cara de implorar paciencia al cielo.

—Yo también estuve infiltrado, sé que es una experiencia traumática. Con el paso del tiempo, los malos recuerdos te atacan de día y las pesadillas de noche.

—¿Me ves con algún tipo de complejo?

—El problema no es cómo te vea, es que vuelvas a vivir una identidad que te creó traumas. Uno de ellos te impide trabajar en equipo.

Se habían sentado en sillas de playa de rayas azules y blancas. Cuando llegaron, estaban dispuestas juntas con un pequeño baúl blanco a un lado. Lo primero que hicieron fue recolocar el baúl en medio. Álex lleva puesta la gorra roja de la que no se separa, vaqueros y un jersey de punto algo deshilachado. Lorna viste unos shorts de tela ligera y una camiseta de tirantes blanca.

—Sigue analizándome, a ver si resulta que vas a servir para psiquiatra.

Sin alterarse, sin poner una mala cara a sus comentarios despectivos, Álex está convencido de que sus palabras llenas de verdad la están molestando, pero necesita hacerle ver que ha escogido un camino equivocado.

—Siendo Izaskun viviste situaciones límite que te hicieron desconfiar de tus compañeros, quizá te fallaron en algún momento. Eso te llevó a pensar que nadie te puede proteger mejor que tú misma.

Lorna lo mira. Debajo de esa gorra hay un tipo empeñado en ejercer de padre, convencido de que por tener más edad puede psicoanalizarla y guiarla por el buen camino, su buen camino.

—No aciertas ni una. No entiendo la razón por la que te crees el rey del equipo, con derecho a pedirme explicaciones cuando no lo ha hecho ni Mikel.

—Llevamos unos días juntos y no hemos hablado de nuestro pasado, quizá debíamos haber empezado por ahí para conocernos mejor.

La chica guarda silencio, no tiene la mínima intención de desnudarle su alma.

—Me llamo Alejandro Prieto y soy... —duda—, he sido guardia civil. Perdí de niño a mis padres y me ha costado encontrar a personas que me quisieran de verdad. Por suerte tengo a mi mujer y a mis hijos. No fui como tú una policía joven en la que uno de sus jefes vio cualidades para la infiltración. Yo era —para, medita— un hombre maduro con familia que trabajaba largas jornadas en un destino en Canarias.

Por primera vez desde que se conocen, Lorna lo escucha relajada, no se siente hostigada.

—A principios de los ochenta hubo varios intentos de golpe de Estado de la extrema derecha militar. Compartía con ellos el deseo de poner fin al terrorismo, al paro, a las subidas de precios, al poder que estaban alcanzando los comunistas. Pero discrepaba en el uso de la violencia. Los de ETA me caían mal, bueno, más que mal, casi los odiaba.

Lorna se queda descolocada, imaginaba que quizá había perdido la dentadura postiza y por eso nunca mostraba las encías. Le sorprende que la primera vez que sonríe sea para burlarse de sí mismo.

—El delegado del servicio en Canarias me puso en contacto con los del Área de Involución de la sede central en Madrid. Querían que me aprovechara de mi amistad personal con un comandante, que ya había estado implicado en una intentona y seguía dando guerra, para infiltrarme en un grupo radical que preparaba acciones violentas. Mi oficial de caso dijo llamarse señor Pino, aunque podía haber dicho señor Ficus o señor Eucalipto. Sabía que había nacido en una casa cuartel y la importancia que tenía para mí la defensa de España.

Se demora, hay momentos en los que se le hace un nudo en la boca del estómago. Lorna no muestra intención de intervenir. Le agrada escuchar los padecimientos de alguien con una labor similar a la suya.

—El señor Pino me llevó al huerto para que me introdujera en ese grupo con el objetivo de evitar que cometieran atentados y acabaran con la democracia. Dudé, era muy duro traicionar la confianza de mi amigo, pero en la balanza pesó más la posibilidad de salvar vidas.

Lorna percibe cómo baja la cabeza para ocultar aún más su rostro tenso debajo de la gorra.

—El principal escollo era que debía trasladarme con mi familia a Madrid y dejar la Guardia Civil. El señor Pino me garantizó que me pagarían una cantidad fija durante el tiempo que durara la operación y luego se ocuparían de mí, me buscarían un buen trabajo, incluso mencionó una de las empresas del servicio dedicada a la venta de tecnología o, incluso, un taller de reparación de coches.

En Madrid encontró un trabajo tapadera como guardaespaldas de un empresario amenazado por el grupo terrorista Grapo, una manera de ir armado sin levantar suspicacias. Algo importante, porque quienes lo rodeaban en la camarilla golpista eran potenciales enemigos, al igual que los policías que los tenían controlados y desconocían su vinculación al servicio secreto.

—¿Cumplieron su palabra? ¿Al final te buscaron trabajo? —pregunta Lorna incapaz de esperar al desenlace.

—No, fue un desastre para mí, mi mujer y mis hijos. Hice agujeros en todos los cinturones de la familia para que pudiéramos apretarlos bien y no se nos cayeran los pantalones.

Lorna aprecia el humor negro, pero a Álex le falta gracia, carece de emoción. Empieza a sospechar que quizá hace tiempo se le gastaron las lágrimas. Le pega mucho disfrazarse de Fantomas, pero en su vida como espía le ve más parecido a George Smiley, el personaje singular de algunas películas y series de John le Carré. Álex, como Smiley, no tiene nada que ver con James Bond, no es alto ni fuerte, le cuesta mostrarse feliz, no se siente especial y sus ojos desprenden tristeza.

—Eso no fue lo peor, ni lo que más daño me hizo.

Los policías fueron a por él hasta el punto de que su oficial de caso se desmarcó de su protección.

—Me lo explicaron clarito: «Aguanta la presión del interrogatorio. Si dices quién eres y vamos a sacarte, estarás quemado y tu vida no valdrá nada. Solo en caso de que te condenaran a varios años de prisión deberías pedirnos que te saquemos».

Recuerda que en dos ocasiones lo alertaron de una detención:

—En la primera hui a otra ciudad una temporada con documentación falsa. Y en la segunda fue el mismísimo ministro de Defensa, del que dependía el servicio, el que tuvo que dar un puñetazo encima de la mesa para impedirlo. Sucedió en una reunión con el director del servicio y con el de la policía, cuando este insistía en detenernos a varios por terrorismo y acusarnos de pertenencia a banda armada con fines involucionistas.

Los planes secretos eran seguir y ampliar el círculo de conspiradores, y el jefe de la policía tuvo que claudicar. La operación fue un éxito, desmontó los atentados en marcha, pero como había tantos militares implicados prefirieron no encarcelar a ninguno y limitarse a amenazarlos con la detención si persistían en su empeño. De esta forma, no transmitían a la opinión pública una imagen negativa de las Fuerzas Armadas.

—Si quitamos a un par de ellos, los demás eran buenas personas, convencidas de que España iba a la destrucción si seguía por el camino de las autonomías, los separatismos y el terrorismo. En 1985 estaban dispuestos a volar con explosivos a la familia real, al Gobierno y a todo el que pasara cerca de la tribuna del desfile del Día de las Fuerzas Armadas en A Coruña. El objetivo era que después el Ejército tomara el poder y España volviera a la época de Franco. Lo evité, pero, coño, al año siguiente aparecieron tus colegas de ETA y mataron a mi amigo comandante, que había dejado de serlo por mi infiltración en su grupo.

—Mi gente de la policía siempre me cuidó.

—Una suerte para ti. Mi trabajo lo conocían tres miembros del servicio: el señor Pino, que era comandante; don Santiago, el jefe del Área de Involución, y don Emilio, el director. Los tres se llevaron los reconocimientos y las medallas, y a mí me dieron una patada en el culo. Nadie se ocupó de protegerme frente a la venganza de aquellos a los que había engañado. Desde entonces tengo que vivir oculto. Siempre acompañado de mi pistola, en la que junto a las balas de verdad siempre llevo tres de fogueo. Si puedo, prefiero no matar a nadie.

Lorna opta por sacar otro pitillo y encenderlo con el Zippo. Le podría tranquilizar explicándole que él no fue el culpable del asesinato, lo cual es cierto, pero sabe por propia experiencia que el infiltrado se siente responsable hasta de la dirección del viento. Ahora entiende su obsesión por calarse la gorra: le hace sentir que está lejos de las miradas ajenas. Prefiere cambiar de tema con rapidez, no tiene intención de contarle su historia. Es mejor que cada uno coloque los muebles en el salón de su cabeza como y cuando mejor le convenga.

—Todo esto ha comenzado porque Mikel nos había encargado hacer un *debriefing* sobre mi reunión de ayer con Curmi.

—Yo te había preguntado por qué utilizas el nombre de Izaskun.

—Más que preguntar, me has criticado. En cualquier caso, te he respondido que me sale de los ovarios.

—Más bien que la documentación seguía operativa. —Álex no puede evitar una sonrisa.

—Viene a ser lo mismo. —Lorna curva suavemente la boca.

—Avancemos un poco. Hay algo que me ha llamado la atención cuando hemos escuchado por segunda vez la conversación.

—¿En qué momento?

—Cuando le sueltas que organizaste el asalto de su almacén y le detallas que nos llevamos «una de sus sofisticadas cámaras israelíes».

—¿No debí decirlo?

—No es eso.

—No recuerdo qué contestó.

—Nada.

—Entonces, ¿qué te llama la atención?

—Pues eso, que no contestara nada.

—Me pierdo.

—Esas cámaras son muy caras y difíciles de sustituir porque no se venden en la tienda de la esquina. Hay que hacer un pedido a la empresa fabricante de Israel y conseguir una nueva autorización de su Ministerio de Defensa, o lo que es lo mismo, del Mossad.

Lorna lo ve embarullado, Álex se lo intenta aclarar:

—Si él hubiera colocado las cámaras o si tuviera un equipo de seguridad a su servicio que lo hubiera hecho, conocería esos detalles porque valen una pasta gansa y el dinero habría salido de su bolsillo.

—¿Quieres decir que él no ordenó colocar las cámaras y que los de seguridad no trabajan para él?

—Bingo —responde el guardia civil.

—Hay que informar a Mikel. Estamos hablando de que hay alguien por encima del ministro al frente de la operación. Alguien con buenas relaciones con las alcantarillas del poder.

20

Si me pagas bien, no te traicionaré

3 de febrero, Madrid

Al separarse de Chema Ranga el día anterior por la mañana, Mikel se preparó para una larga espera antes de que lo llamara para presentarle al padrino, el máximo responsable del envío de féretros a Malta. Lo que más le ha espantado siempre han sido los tiempos muertos durante las operaciones. Las molestias en el estómago, el parpadeo nervioso del ojo y la visión negativa de la vida solo desaparecen cuando deja de darles vueltas a los asuntos peliagudos y entra en acción. El mensaje le llegó esa misma tarde, mucho antes de lo planeado: «Te recibirá mañana domingo sobre las 11.00».

El jefe de Ranga vive cerca de Madrid, en un chalet del pueblo de Las Rozas, dentro de una urbanización controlada las veinticuatro horas del día por guardias de seguridad. Uno de ellos, desde una garita, permite o deniega la entrada de los vehículos con su decisión soberana de subir y bajar la barrera. Hace frío y cae un calabobos, algo a lo que un vasco como él jamás llamaría lluvia. Espera a que le retiren el obstáculo del camino, se harta de que no le presten atención, sale vestido con su traje azul a medida y su corbata de Loewe, y se dirige enfadado a la garita. Antes de recorrer los cinco metros, el guardia le levanta la barrera, Mikel duda si montarle un pollo y finalmente se contiene.

Toma una desviación de la carretera e identifica la calle tranquila llena de muros altos y encinas. Ranga le facilitó la dirección, pero no quiso mencionarle por teléfono la identidad del padrino. De buscar esa y otras informaciones se encargaron Verónica y Pablo. El dueño es Aday Santana, un empresario que fue dueño de un grupo de comunicación. Cuando el negocio empezó a decaer, no se lo pensó mucho:

vendió para salvar una parte de su imperio. Nacido en Santa Cruz de Tenerife, casado con una fiscal de Las Palmas, siguen unidos, aunque hacen su vida a distancia. Verónica no encontró sumarios en los tribunales que lo implicaran en algún tipo de causa, inspecciones de Hacienda que hubieran acabado en la apertura de expedientes sancionadores, ni investigaciones policiales relacionadas con su participación en delitos de baja o alta alcurnia. Lo habría catalogado como un mirlo blanco si no hubiera sido porque diez años antes tuvo un accidente grave de coche y el resultado del control de alcoholemia fue contundente: conducía borracho.

Son las once en punto, ni un minuto más ni un minuto menos, cuando aparca cerca de la puerta del chalet. Ranga sale a recibirlo sujetando un paraguas que también tapa a un hombre al que Mikel identifica, por las fotos que su equipo le ha enviado, como Aday Santana. El rostro ajado le hace parecer más mayor y, a pesar del frío y el agua que cae, sale con una camisa celeste, que conoció tiempos mejores, metida por dentro de los arrugados pantalones chinos excepto el lado delantero derecho, que lo lleva por fuera.

—¡Mikel Lejarza! —grita al mismo tiempo que se sale de la protección del paraguas y le da un abrazo nada inocente, iniciado con una especie de empujón en el pecho con las manos abiertas, sin encontrar bultos que puedan ser micrófonos, y seguido por un viaje por la espalda de lado a lado con frenada, antes de bajar a zonas más conflictivas, tras palpar la pistola metida en el pantalón.

—Soy Miguel Bueno, y es más seguro que en la calle me llames así —le responde tras deshacer el contacto y notando que el dolor de estómago le ha desaparecido como por arte de magia.

Ranga mira a El Lobo y su cara refleja el apuro por el corte inapropiado que le ha dado al jefe. Atraviesan el jardín, entran en la casa y pasan a un salón inmenso, dividido en tres ambientes con predominio de colores claros, casi blancos, para los sofás, sillones y sillas tapizados en seda, y la mezcla de madera y dorados para el resto del mobiliario. Al inicio hay un rincón de charla con tres lados delimitados por amplios sofás y en el centro un velador de cristal. Al fondo, a la izquierda, una mesa de comedor de anticuario de procedencia inglesa, con diez sillas parecidas, pero no iguales, cada una con al menos un siglo de existencia. A su lado, una zona de estar con dos sofás enormes en ángulo de noventa grados, un puf forrado con la misma tela haciendo las funciones de mesa, un carro con una televisión en el tercer lado, y cerrando el cuadrado una pared con la chimenea y, encima de ella, un cuadro sugerente: unos progenitores y sus dos hijos, todos obesos, padre e hijo con tonos oscuros y madre e hija con colores luminosos. Lejarza se queda abstraído mirándolo y el dueño, encantado, le informa de que el autor es Fernando Botero y le costó 160 millones de pesetas, lo que, en euros, la operación de cálculo que todos repiten en España en esos días, equivale a un millón. Se sientan en ese espacio, Mikel frente al cuadro, Ranga a su derecha y Santana en el otro sofá. El anfitrión llama a la asistenta, vestida con delantal y cofia, y le encarga una cafetera y una jarra con leche.

—José María me ha transmitido que buscas nuevos proyectos. Puedes venirnos bien.

—Te lo agradezco, ¿en qué puedo ayudaros?

—Primero cuéntame cosas de ti, nunca habría imaginado que el espía más famoso que se metió en ETA iba a estar sentado en mi casa. Aquello debió ser para alucinar.

—Fue duro, pero por suerte todo salió bien. Lo malo es que me convertí en lo que me anunció mi reclutador, un lobo que siempre está escondido, sin casa ni mujer ni amigos permanentes.

—Mejor, las tías son un coñazo. Muy bien hasta que te acuestas con ellas, luego ya solo quieren quedarse con tu pasta.

—Mikel —interviene Ranga—, Aday me ha preguntado por tus relaciones actuales con el servicio secreto.

El Lobo se gira a su derecha para mirarlo y luego se redirige al padrino:

—Rompieron conmigo cuando me detuvieron en Barcelona por espiar a la gente de confianza del presidente de la Generalitat, un trabajo encargado por ellos. Debía ser una ruptura simbólica porque yo mismo le negué al juez que tuviéramos vinculación. Los protegí, me comí el muerto yo solo, y cuando llegó un nuevo director, me mandó a la mierda... y yo a él.

—¡Vaya huevos tienes!

—Debí coserme la boca, ahora me iría mejor.

—¿Qué has hecho últimamente? —pregunta Santana.

—Trabajar por mi cuenta, he ampliado mi campo de actuación a algunos países árabes.

—¿Por qué no sigues en esos trabajos?

—He estado demasiado tiempo fuera, me toca pasar una temporada en España.

—¿Por qué voy a creerme que ya no trabajas para el servicio secreto?

—La cúpula no quiere verme ni en pintura, aunque mantengo buenos contactos a otros niveles. Me piden cosas y yo a ellos, no me cuentan sus trabajos y yo no les cuento los míos.

—¿Me traicionarías?

—Si me pagas bien y te portas bien, jamás. Si me engañas o manipulas, correrás el riesgo.

—Me gustas, Mikel, necesito a alguien como tú. Chema te avala, pero no olvides algo: nunca me fiaré de ti al cien por cien.

—Yo tampoco de ti —se vuelve a Ranga—, ni tampoco de Chema, y lo conozco desde hace años.

—No imaginaba —dice el afectado por el último comentario— que íbamos a declararnos el amor a las primeras de cambio.

La asistenta les sirve el café y se retira. Ranga habla por indicación del padrino:

—Estamos llevando a cabo una importación de material sensible. Tenemos una socia japonesa muy potente y un hombre metido en política que abre ventanas y recopila información.

—¿Vosotros qué hacéis? —pregunta Lejarza.

—El padrino dirige y coordina, yo soy el solucionador de problemas.

—¿Qué habéis pensado para mí?

Ranga se acomoda en el sofá y Santana toma la palabra:

—Colaborarás con Chema y conmigo en los asuntos que nos desbordan, entre ellos nuestra seguridad y la de las operaciones. Necesitamos a alguien de acción resolutivo.

—¿Dinero?

—Buena pregunta. Si el resto del grupo te acepta, te adelantaremos a cuenta 10 millones de pesetas, 60.000 euros. Luego te llevarás un porcentaje de lo que vayamos ganando.

—¿Cuándo conozco a los demás?

—Mañana tenemos una reunión aquí a la hora de la cena.

En el coche, de regreso al chalet operativo, Mikel mira su teléfono y ve mensajes del equipo en Malta y de Leblanc. Telefonea a Álex.

—Tenemos algo importante que contarte, hemos hecho algunos avances, hay que reprogramar el enfoque.

Lorna se empeña en ponerse al teléfono y añade más datos de la evolución del caso. Más tarde Mikel llama a su antiguo oficial de caso, que le confirma:

—Esto se pone feo, los focos se dirigen más allá de lo que podíamos imaginar, este viejo se lo está pasando muy bien volviendo a la acción, pero me temo que nada es lo que parece.

Pasa el resto del camino meditando, intenta interpretar los mensajes en clave. Él también ha avanzado en su penetración en la red, la droga es un material previsible para enviar en féretros a Malta. Lo que no le encaja es que, si importan cocaína o pastillas, no las vendan directamente en España, un mercado mucho mayor en potencia. Él también va a necesitar ayuda para descubrir lo que pintan en la organización una japonesa y un político.

Cuando aparca ya ha tomado la decisión. Va a convocar una reunión de urgencia para esa misma noche con todo el equipo. Es hora de que esa amalgama de agentes se vean las caras y empiecen a sentir que trabajan en equipo. Ha llegado el momento de correr el riesgo de juntar a tanta bomba andante desbordada por sus problemas personales. Al menos, si explotan podrá decirle a Fred que ya se lo advirtió.

21
¿Para quién trabajamos?

Dentro de unos minutos llegará la medianoche, los visitantes de Mikel se han ido y cierra con llave la puerta blindada del chalet convertido en sede del grupo más heterogéneo y esquizofrénico en el que nunca ha participado. La reunión podía haber sido un desastre total y solo lo ha sido en parte. Confía en que el paso del tiempo ayude a destensar los temperamentos ardientes de unos agentes muy buenos en sus campos de actuación, pero individualistas y poco dados a hacer concesiones en aras del cumplimiento de una misión.

Sube a la pequeña vivienda de la primera planta convertida en su improvisado hogar: saloncito con cocina americana, dormitorio y cuarto de baño, amueblada con lo estrictamente imprescindible. Ha decidido prepararse una tortilla de patatas. El proceso es mecánico, requiere prestar poca atención, le relaja y le permitirá analizar lo acaecido durante las tres últimas horas.

Mientras pela las patatas rememora la llegada de Lorna y Álex. Venían juntos del aeropuerto, llevaban conviviendo mucho más tiempo de las escasas horas que por separado habían compartido con él. Desde el momento del saludo, desataron una pelea por demostrar quién valía más. No comulgaban en nada, la vida para ellos era espacios en blanco y negro. Una veía un asunto iluminado, para el otro era absolutamente oscuro. Una era pura acción, el otro análisis. Uno daba importancia a la tecnología, la otra priorizaba el factor humano. Una le pidió una copa de vino blanco bien frío y el otro se conformó con un vaso de Coca-Cola del tiempo.

Los invitó a sentarse en la estancia donde ahora está encendiendo un quemador de la cocina para que el aceite de la sartén vaya cogiendo temperatura. Escogieron los sillones distantes entre sí, colocados a cada lado del sofá, y le dejaron en medio, de tal modo que si hablaba con uno le daba la espalda al otro. Esperaba una situación tensa, no tan radical.

Las películas reales de acción que los dos han protagonizado en el pasado tienen personajes secundarios contrapuestos, los títulos carecen de semejanza, los exteriores no se parecen en nada, pero en el fondo el argumento es el mismo: una persona aislada, desamparada, se juega la vida por cumplir una misión importante para su país, rodeada de guardianes de los que recela y de bandidos con los que está obligada a identificarse. ¿Por qué en el tiempo que llevan juntos solo han visto sus diferencias y no lo que los une? Mientras los veía discutir en el salón, le asaltó la idea de cambiarlos de equipo, alejarlos, quizá se había equivocado y todavía no habían concluido el proceso interior de duelo causado por un trabajo despiadado que les había desfigurado la vida.

Por suerte, media hora después apareció Verónica acompañada de Pablo. La presencia de gente de su edad serenó a Lorna y la admiración que los dos jóvenes le profesaban a Álex terminó de suavizar el ambiente. Acercaron dos sillas para formar un semicírculo. Pablo, pelo corto engominado, gafas sin montura, tatuajes en las muñecas y sudadera de los Rolling Stones, juntó su silla a la de Vero, le cogió la mano y, sin soltarla en ningún momento, describió en tono animoso los problemas legales que los perseguían por el caso mediático de la compra y venta de datos. Su mujer, menos habladora y bastante más distante, no retiró la mirada del suelo excepto para dirigirla a Mikel buscando su aprobación mientras Pablo contaba su odisea en la cárcel, la extrema dureza de la jueza, las presiones de la policía para que delatasen a sus clientes y al servicio secreto, y las discretas llamadas de don Aquiles, su oficial de caso, para que guardaran silencio a cambio de su apoyo. En ese momento regresó la tempestad.

—Os ayudarán seguro —intervino Lorna—. Trabajando en este grupo es como si estuvierais en nómina del servicio.

Álex saltó de inmediato:

—No trabajamos para el servicio, si fuera así no estaría aquí.

—No me digas —añadió ella petulante—. ¿Para quién crees entonces que estamos trabajando?

—Para El Lobo.

Lorna miró solícita a Mikel, que en ese momento estaba repartiendo bebidas. Lo salvó la campana, como en un combate de boxeo, en este caso el ruido de la puerta de la calle al abrirse.

—Acaba de llegar el último miembro del grupo —dijo—, él contestará a esa pregunta.

Leblanc entró en la sala con un borsalino negro sin costuras, de ala corta, cubriéndole la cabeza, un loden verde hasta media rodilla y la cara de agobio.

—Perdonadme, llego tarde por el maldito tráfico.

Todos se levantaron. Algunos habían oído hablar de él, pero ninguno lo conocía en persona. Hasta Mikel se quedó impactado por su aspecto nada discreto. A Lorna le pareció el protagonista de las películas de Indiana Jones.

—¡Sentaos todos de inmediato o me lío a mamporros!

Les arrancó una sonrisa. Se descubrió la cabeza y con un peine se colocó el escaso pelo gris a juego con su bigote poblado. La edad le confirió autoridad y respeto en el grupo. Lorna le ofreció el sillón, Frédéric dijo que por su lumbago prefería una silla y Pablo se la acercó. Mikel se dirigió a él:

—Antes de que llegaras habían planteado una pregunta: ¿para quién estamos trabajando?

—Para ti y para mí —respondió mirando primero a su amigo y después al resto del equipo—. El dinero para pagaros oficialmente lo pongo yo, porque estamos investigando el asesinato de mi sobrino y del capitán francés. Somos un grupo negro integrado por agentes negros, ni existe el grupo ni existimos nosotros. A ver si me explico: trabajamos para el servicio porque nos han autorizado a actuar bajo su paraguas, pero no tienen ni idea de lo que hacemos ni quiénes lo integramos.

—Pero ¿saben que usted es el jefe? —preguntó Verónica, que no termina de ubicar su nueva relación con el servicio.

—Yo lo he formado y el jefe es Mikel. Vuestra participación es nuestro secreto.

—¿Y este piso? —siguió Verónica.

—Me dan dinero y lo invierto donde y como quiero.

—¿Y si ellos, como es lógico, quieren saber? —insistió la informática dejando clara su inquietud.

—No quieren saber, ni les interesa. Cuando nos encarguen una misión, solo desearán que les informemos tras haberla cumplido. Sin detalles molestos cuyo conocimiento pueda perjudicarlos. Si la policía española o de otro país nos pilla haciendo algo indebido, esperan que todos les neguemos las veces que hagan falta, como san Pedro, y ellos harán lo mismo con nosotros. ¿Dudas de lo que digo, Verónica? Fíjate, si ellos tuvieran que dar su aprobación a los miembros del equipo, ninguno estaríais aquí y los hackers menos que ninguno.

—Entonces, ¿por qué hacemos esta investigación? —intervino Lorna.

—El servicio me encargó ir montando la infraestructura para empezar a actuar, son una empresa burocrática que se lo toma todo con paciencia. Mikel y yo hablamos de la necesidad de cohesionar el equipo y aprender a trabajar juntos. Pasó lo de mi sobrino y nos pareció un buen campo de entrenamiento. Estamos justos de medios, pero tenemos lo suficiente para sobrevivir.

Mikel sabía que su viejo oficial de caso saldría victorioso de la primera crisis, siempre encontraba el tono y la temperatura a la que debía colocar sus mensajes. Después pasaron a la sala de reuniones aneja, más formal, para hablar de la operación en marcha. Una sala con paredes blancas pintadas aceleradamente, como el resto de la casa, sin cuadros ni adornos, solo una mesa alargada de Ikea y ocho sillas.

Mientras se fríen las patatas en abundante aceite, a Mikel se le saltan las lágrimas: por más que ha lavado la cebolla, no consigue evitar el picor en los ojos. Enciende el extractor para que el olor no se extienda a otras dependencias, aunque no está seguro de evitarlo. Recuerda satisfecho que han celebrado una reunión sin hostilidades, como si las rencillas se hubieran evaporado tras la aparición de Fred.

Este explicó las funciones de cada uno poniendo especial énfasis en Verónica y Pablo. A partir de ese momento tenían un nuevo cometido: investigar a todo aquel que apareciera en cualquiera de los escenarios, necesitaban conocer hasta el mínimo detalle de su vida.

—Debéis husmear en sus dos caras, la pública y la privada, sacarlo todo a la luz. Luego ya veremos lo que nos es útil.

Después entraron en el motivo principal para haberlos convocado de urgencia: debían impulsar las investigaciones en marcha. Cedió la palabra al equipo de Malta, previendo de antemano una disputa entre Lorna y Álex por ver quién lo exponía. Los dos guardaron silencio y finalmente intervino el antiguo infiltrado en la extrema derecha:

—Creíamos que el ministro Curmi podía ser el jefe de la operación, pero tiene a alguien por encima. Ese alguien ha contratado un equipo de seguridad con relaciones muy importantes con gobiernos o servicios de inteligencia, como el Mossad israelí.

—Ese tipo muy poderoso —siguió Mikel— ha pasado a ser objetivo prioritario.

Entonces invitó a Fred a aportar sus progresos.

—Morel fue asesinado con la complicidad, quizá el impulso, de gente de la Police Nationale. No solo están tapando su crimen, también el de mi sobrino. A falta de pruebas, deduzco que el detonante de los asesinatos es que estaban tocando las narices a ese alguien influyente por encima de Curmi. Quien sea el tipejo ese utiliza asesinos profesionales muy cualificados.

El Lobo les informó de que sus progresos eran más lentos y no podía encajarlos todavía en el armazón que estaban tejiendo. La ramificación de la banda en Madrid podía actuar en asuntos de droga a nivel internacional, con contactos en Japón y con la presencia de un político español cercano al poder. No identificaba entre ellos a esa figura poderosa por encima del ministro maltés que movía los hilos al mismo tiempo en Malta, Francia y España.

Mientras cuaja la tortilla de patatas —le gusta poco hecha—, recuerda el golpe de efecto final de Fred. Antes de separarse, los invitó a bajar a la sala de trabajo y cogió un paquete que al entrar había dejado en el vestíbulo. Parecía un cuadro de forma rectangular. Les pidió que cada uno se sentara en su mesa y él se colocó delante de la pantalla que presidía la sala. De repente se despistó, intentó recordar lo que les quería decir y cuando al fin se acordó chasqueó los dedos. Les contó que desde que empezó a trabajar en el espionaje, en su Unidad clandestina tenían un lema que ahora él había hecho imprimir y enmarcar a un viejo amigo. Representaba una idea, una forma de vida, que cualquier grupo operativo, como ese que los seis formaban, debía practicar en el día a día y llevarlo si hacía falta hasta sus últimas consecuencias.

—Desde la autoridad que puede otorgarme ser bastante más viejo que vosotros y haber lidiado en muchos más campos de batalla, me gustaría aportar mi granito de arena a la relación que debemos establecer. Somos hombres y mujeres con un cierto desarraigo, por no decir mucho, acostumbrados a un secretismo que nos distancia de las personas con las que convivimos. Bueno, a mi mujer le importa tres pimientos lo que haga. —Risas generales—. Si en algunos momentos de vuestra vida os habéis sentido solos e indefensos, sabed que al resto nos ha pasado lo mismo. Un agente de pacotilla me dijo un día: «El espía no tiene amigos ni enemigos, solo objetivos». Es mentira y de las gordas. Los que estamos en este mundo de las sombras nos protegemos los unos a los otros y lo compartimos todo. Quiero que esta noche hagamos un pacto de sangre en el que incluyamos a vuestros familiares y amigos que pudieran sufrir por el hecho de que pertenezcamos a este equipo singular.

El silencio se había adueñado de la sala desde el inicio de su intervención. Desenvolvió el paquete, miró el cuadro unos segundos y le dio la vuelta para mostrárselo antes de colocarlo en un lugar privilegiado en la pared, a la vista permanente de todos: «Quien nos mata muere».

TERCERA PARTE

Hay que hacer lo que hay que hacer, aunque no te guste

22

¡Quédate!

4 de febrero, Malta

Lorna recibió el mensaje del ministro Curmi el día anterior mientras estaba reunida en Madrid con el equipo. Le proponía un encuentro por la mañana en el almacén de la empresa, ella le respondió que estaba fuera de Malta y le propuso posponerlo hasta la tarde. Si no es imprescindible mentir, prefiere no hacerlo, aunque no dé detalles, es más seguro.

Lo primero que hizo Álex tras regresar a la isla fue alquilar un Mercedes deportivo, acorde con la nueva imagen que ella deseaba proyectar. Después devolvió el coche que habían utilizado hasta ese momento y adquirió uno de segunda mano que vendía un taxista jubilado. Consiguió una rebaja en el precio alegando que él se encargaría de los gastos de pintura y de quitarle el indicativo colocado cerca de la luna trasera. Algo que no pensaba hacer.

A las seis de la tarde Lorna llega a la nave en su flamante coche alemán, traspasa la verja abierta y lo aparca junto a la puerta. Antes de apearse, habla con su socio para comprobar que el camafeo le envía imágenes y transmite su voz. Ella confirma que le recibe por el pequeño auricular.

—Espero que el ministro no me roce mucho para que luego no me acuses de calentarlo.

Nadie sale a recibirla y entra en las instalaciones. La única luz procede del despacho. Abre la puerta, no es Curmi.

—Ah, hola, he quedado con el ministro.

—Izaskun Etxeberri, supongo. Me ha pedido que lo sustituya, le ha surgido una reunión y no podía venir. Pase y siéntese, por favor.

El extraño se ha levantado en cuanto la ha visto. Parece rondar los treinta y cinco años, atractivo, corpulento y con voz enérgica.

—No me ha llamado para advertírmelo —dice Izaskun mientras se quita la chaqueta blanca y se sienta.

—Me ha pedido que le disculpara, si no hubiera sido tan repentino estaría aquí.

—Puedo verle en otro momento.

—Me ha hablado de su ofrecimiento y de su interés.

—¿En qué sentido?

—Podría ser perfectamente un interés por usted, sería lógico, es muy atractiva.

Izaskun deja escapar una sonrisa forzada. Los pantalones negros, la camisa esmeralda y las manoletinas a juego resaltan una figura espléndida.

—La verdad es que me ha hablado del interés por su propuesta en temas de seguridad.

—¿Usted quién es?

—Asesoro al ministro, no sé por cuánto tiempo —explica receloso—. No está contento conmigo desde que alguien de su empresa entró en este almacén y arrampló con una de las cámaras que yo había instalado.

—¿Cuál es su nombre?

—Tabone, es mi apellido, desde pequeño todos me llaman así.

Álex reacciona de inmediato desde el puesto de escucha en mitad del campo, dentro del taxi. «Paso el nombre a Madrid ya mismo», suelta.

—Le propuse hacer una auditoría de seguridad a su jefe. Le demostré que este sitio no es seguro. ¿Le manda para firmar el encargo?

—El ministro está en gestiones más importantes, Joseph es el que se ocupa del negocio y yo soy un consultor externo. Si le contrata a usted, me despedirá a mí, así es la vida.

—Usted ha tenido la mala suerte de caerse en un pajar y pincharse con la aguja —dice Izaskun dispuesta a cambiar el ritmo de la conversación—. Lo siento por usted. Si su jefe desea ficharme, genial, si no, allá él. En cualquier caso, esta conversación me parece muy aburrida.

—De entrada, tiene algo que me pertenece y su empleado me robó.

—¿Está seguro? —dice Izaskun desafiante, no se deja intimidar—. ¿Me puede acreditar que es suyo? ¿Dónde lo compró, a quién, cuándo y por cuánto?

—Lo siento —recula—, hemos empezado mal, ha sido culpa mía. —Se levanta y le tiende la mano—. Me llamo Tabone, es una suerte conocerte, me han hablado muy bien de tus habilidades.

Izaskun duda si seguirle el juego. Se levanta, le estrecha la mano con energía y se dirige a él con modales afectados:

—Encantada, nadie me había hablado de ti. Cuéntame cosas.

—También me dedico a la seguridad, más a tareas de protección. A veces hago encargos para gente importante, como el ministro. Les pedí a unos amigos que le hicieran un estudio de seguridad para este almacén y no acertaron, como tú has demostrado.

—Sé que no es muy agradable para ti, pero me dedico a buscar fallos técnicos y se los cuento al dueño de la empresa.

—No pasa nada, el ministro me ha pedido que hable contigo antes de contratarte, y mi amigo me ha pedido si puedes devolverle el aparato, parece que vale una pasta.

—Con lo último puedes contar, no lo llevo encima, pero en cuanto pueda te lo entregaré.

—Gracias. ¿Qué te parece si te hago la entrevista paseando por la playa? No hace mucho frío, nos dará el aire y nos alejaremos de este almacén que parece irradiar energía negativa.

—Perfecto, me sentará bien.

A unos cientos de metros de allí, Álex no se lo puede creer:

«¿Qué haces? Si te vas, no podré cubrirte tan bien como ahí. ¿Me oyes, Lorna? ¡Quédate!».

Nadie le responde.

23

Ojos enloquecedores

Los turistas que visitan Malta nunca se aburren de caminar cerca del mar por un interminable paseo marítimo, animados por su paisaje mudable. Mientras Izaskun y Tabone recorren las playas de roca, en un par de horas han podido salir de La Valeta, pasar por Pietà, entrar en Ta'Xbiex, acceder a Gzira, colarse en Sliema, acometer la conquista de Balluta Bay e internarse en San Julián, sin percibir en ningún momento que han pasado de una localidad a otra. Esa sensación de no saber bien dónde estás, sumada a que el sol y la luna se relevan pausadamente en el cielo, ayuda a relajarlos. Aunque el principal motivo era otro más oculto.

Lorna se había resignado hasta ese momento con el comportamiento intrusivo de su compañero de equipo. Desde que se subió al Mercedes y hasta que aparcaron en La Valeta, Álex se propasó lo inimaginable: no paró de tachar su decisión de error, de exigirle que cancelara el paseo porque el sonido le llegaría en condiciones pésimas y de advertirla de que desconocían quién era el Rapero, como empezó a llamarlo en clave, y de que estaba fuera de cualquier protocolo de seguridad que se expusiera de esa forma. Los demonios de Álex con la seguridad consiguieron alterarla y antes de salir del vehículo extrajo discretamente el auricular de su oreja y lo encerró en la guantera. Después se metió el camafeo por dentro de la camisa.

Sin voces atronadoras asaltando su cabeza, se tranquiliza. Tabone es un tipo duro, con una barba de cuatro días muy sexy, nariz de boxeador, cabeza rapada y ojos enloquecedoramente azules. Le recuerda a un actor llamado Jason Statham, al que ha visto en varias películas, una de ellas *Snatch*, en la que interpreta a un promotor de boxeo de poca monta llamado Turco.

Tabone adopta el papel de guía y le cuenta todo aquello que le parece curioso y divertido.

—Gracias por aceptar mi invitación.

—Está claro que no querías que quedara grabada nuestra conversación —dice anticipándose a sus explicaciones.

—Hablas muy bien inglés, pero tu nombre delata que eres de origen vasco.

—Nací allí, de allí eran mis padres, emigraron y yo regresé sola muchos años después. Me siento muy vasca. ¿Siempre has vivido en Malta? —pregunta para alejar el foco de ella.

—No siempre, a veces he hecho trabajos en otros países, Reino Unido y Francia especialmente.

Tabone le explica que están paseando por Pietà, que sería como el Raval de La Valeta, una zona de menor clase social donde hay más delincuencia.

—Aquí los policías no llevan pistolas y no corren detrás de los delincuentes. Hacen un trabajo precario con sueldo bajo, verás que son chavales jóvenes. Si son efectivos en la persecución de los delitos de drogas, robos y demás es gracias a las cámaras colocadas en las calles.

—¿Y los delincuentes de cuello blanco? Ya sabes, los que manejan dinero de verdad y no se manchan las manos por menos de unos millones de liras maltesas —pregunta Izaskun aprovechando para sacar el tema de su interés.

—En Malta son legales actividades que no lo son en otros países. —Tabone, rígido como si se hubiera tragado una estaca, la mira a la cara cuando habla—. Si invierten en nuestros bancos y no les preguntan cómo consiguieron su dinero, porque no tienen la obligación de hacerlo, no hay delito. Somos un paraíso fiscal, sí. Nosotros no tenemos campos de cultivo donde plantar cereales para comer, como casi todos los países del mundo; tenemos que importarlo. Cada país vive de lo que puede.

Caminan sin hablar de trabajo, como si se les hubiera olvidado el verdadero motivo de su encuentro. Charlan del país, de cómo sobrevive aislado, de la cultura mediterránea, de los maravillosos paseos por las playas de arena del País Vasco de las que carece Malta. Se paran en

Ta'Xbiex, parece que de repente hubieran aterrizado en una ciudad de ricos.

—Aquí están atracados los mejores yates —explica Tabone— y tienen los edificios más modernos. Es la localidad de la gente con alto poder adquisitivo y de las embajadas.

—¿Tú vives aquí?

—Ya querría, aunque si consigues muchos clientes como el ministro, sin duda tú no tardarás en venirte a esta zona.

No hay reproche en sus palabras, podía haber aprovechado la ocasión, pero su sonrisa franca y atractiva aleja esa pretensión. Ella incide en esa vía:

—Si tienes que hacerle un informe al ministro sobre mí, imagino que tendrás que formularme algunas preguntas.

El viento arrecia y caen algunas gotas. Izaskun se cierra la chaqueta y se sube el cuello.

—Curmi ya ha decidido contratarte, lo mío es un mero trámite. Le pareciste una mujer interesante y no puede resistirse a las chicas guapas, listas y con personalidad. A todas las quiere en su equipo.

—Espero que no me encargue un estudio de seguridad por mi cara bonita —dice Izaskun simulando estar ofendida.

—Está acostumbrado a hacer lo que quiere. Tiene mucha pasta, le gusta la política siempre que mande él, y le encanta la gente como tú, que no le guarda respeto y le ofrece la posibilidad de mejorar en algún aspecto.

—¿Tú qué pintas en su vida?

—Casi nada.

Las gotas de lluvia se transforman en aguacero. Tabone se quita la cazadora y sin atender a su protesta se la coloca sobre la cabeza. El largo paseo los ha llevado a San Julián y corren hasta una pizzería donde se resguardan, se sientan en una mesa y terminan pidiendo la cena. La camisa blanca de seda de él se ha quedado empapada y deja a la vista su tableta abdominal.

—Será mejor que te pongas la cazadora o esa señora de ahí va a pasar de la admiración por tu cuerpo a lanzarse en plancha.

Tabone se gira a la mujer, le guiña un ojo y se vuelve a Izaskun, los dos ríen sonoramente. Decide quedarse como está para que se le seque la camisa al aire.

—Enero y febrero son los peores meses. La lluvia cae intensamente como ahora, pero al cabo de media hora se ha pasado. Lo único malo es que suelen inundarse las calles y entonces sí que es un caos.

Piden dos pizzas y una botella de lambrusco. Ríen porque ella se quita los zapatos empapados e intenta no poner los pies en el suelo. Ríen porque él se seca la cabeza con papel y parece que se está sacando brillo. Ríen porque el camarero los pone perdidos al descorchar la botella.

—En tu tierra llueve mucho más que aquí, ¿no? —pregunta Tabone mientras parte las pizzas en triángulos.

—Euskadi es muy bonita, somos gente resistente, acostumbrados a las inclemencias del tiempo, a seguir con nuestras vidas al margen de lo que nos rodee.

—Eso pasa con ETA, os habéis acostumbrado y vivís como si fuera una tormenta pasajera.

—ETA lucha por el pueblo, quiere lo mejor para el pueblo. —Izaskun se pone seria—. La opresión del Estado español siempre ha coartado los derechos de la gente y ha obligado a los jóvenes a luchar.

—¡Vaya!, no sabía que simpatizabas con ellos.

—Desconoces lo que han hecho allí las fuerzas policiales, desconoces la represión, las torturas, la falta de libertad de expresión.

—Respeto lo que cada uno quiera pensar.

—¿Tú matarías? ¿Ya has matado?

Tabone la mira con seriedad, lo ha descolocado. Ha sido como un volcán que, por sorpresa, empieza a expulsar descontroladamente un torrente de lava. Se pone la cazadora para prolongar unos segundos el tiempo muerto.

—Veo que te afecta el tema terrorista.

—No me has contestado —insiste con energía—. ¿Matarías por una buena causa?

—Posiblemente sí, pero no lo he hecho nunca. ¿Has tenido alguna experiencia dolorosa con ETA?

—No quiero hablar, es agua pasada.

La que un día fuera integrante de un comando de la organización le pasa la mano suavemente por la barbilla.

—Siento haber reaccionado así. ¿Podemos hablar de otra cosa?

Una hora después ha escampado, la calle está llena de charcos, pero no inundada. Piden un taxi, que los lleva hasta el paseo donde han aparcado el Mercedes. Izaskun se empeña en acercarlo hasta la nave donde ha dejado su coche.

—Gracias por la velada —dice él con sinceridad—, llevaba tiempo sin reírme tanto. Si no he cogido una pulmonía, mañana informaré al ministro de que no hay problema para contratarte. Espero volver a verte.

Los dos se miran. Izaskun no hace ademán de añadir nada y él le pasa un dedo delicadamente sobre la mano que tiene apoyada en el volante y después abre la puerta para salir. Izaskun se acerca a su cara y le da un sutil beso en los labios.

Madrid

El teléfono móvil de Mikel suena cerca de las diez de la noche, va conduciendo. En cuanto descuelga, Álex está tan indignado que no le dice ni hola y habla aceleradamente:

—Izaskun está loca, bueno, la loca es Lorna, aunque a veces me parece que cuando está infiltrada está todavía más loca. Es una chica difícil de tratar, con sus demonios interiores, pero cuando se pone en el papel de la etarra es dinamita pura.

—Espera —le corta El Lobo—, ¿quieres explicarme qué ha pasado?

—Se ha visto con el jefe de seguridad de Curmi, todavía sin identificar, y han estado varias horas paseando románticamente. Después se lo han pasado bomba cenando. Se ha olvidado de su trabajo, no me ha hecho ni puto caso y, lo que es peor, previamente se ha quitado el auricular, el micrófono y la cámara para que no me enterara de nada de lo que hacía.

—Si se lo ha quitado todo, ¿cómo lo sabes todo?

—Le instalé, sin ella saberlo, un localizador.

—¡No me jodas!

—Es imposible trabajar con ella y, lo que es peor, se ha puesto en peligro gravemente.

Mikel piensa con rapidez, la situación va a desbordarse, lo sabía, pero no imaginaba que sucediera tan pronto.

—Precisamente te iba a llamar mañana: te necesito ya en Madrid conmigo, vente en el primer avión. Tenemos que intervenir ilegalmente las conversaciones de unos cuantos objetivos.

24

Un mundo misterioso

La lluvia y el viento desbocados no le impiden a Lejarza ser puntual. Llega exactamente a las diez de la noche a la casa del padrino. Lo recibe Chema Ranga y le da un abrazo con palmetazos sonoros en la espalda. Al entrar se fija en que los bajos de su pantalón están mojados a pesar de la gabardina, mientras que los de Chema están secos. También repara en la copa casi vacía en el mueble de la entrada y en los dos invitados sentados relajadamente al fondo del salón. Concluye que la reunión a la que iba a asistir ya se ha celebrado.

Aparece el padrino, le estrecha la mano con ímpetu, le anuncia que uno de los socios no ha podido acudir y se dirige a Chema para continuar una conversación interrumpida:

—Te decía que estoy intentando comprar una caja de botellas del vino de Borgoña que nos diste el otro día en tu casa y no hay forma. Le he pedido a mi secretario que lo consiga, pero es muy torpe o se han agotado.

—¿El Domaine Leroy? Habérmelo dicho antes, yo te las consigo.

—Se lo encargué el día después de cenar en tu casa.

—El 15 de enero.

—Pues en tres semanas no me las ha conseguido.

Se les acerca un joven en la veintena con una chaqueta azul ajustada, una camisa con cuatro botones abiertos, una cadena de oro que se bambolea al andar y unos vaqueros. Se sitúa delante de Mikel con el mentón levantado en gesto retador.

—Me llamo Pedro y voy a registrarle.

El Lobo mira sorprendido a su amigo y recibe un gesto de impotencia. Se deja palpar y cuando termina, sin encontrar la pistola, que se ha quedado guardada en casa, le concede una gracia:

—Puede acercarse a la señora.

Ranga lo acompaña hasta la parte del salón presidida por el cuadro de Botero. Los espera una mujer de la edad de Mikel, con la piel de la cara muy blanca y estirada, las muñecas llenas de pulseras rígidas y flexibles de oro blanco y unos ojos de color impreciso que lo miran con interés inusitado. Está sentada en el sofá, observa la mano que le tiende Mikel, duda un segundo y luego acepta el contacto. El espía siente el recorrido de un escalofrío y nota en ella una sensación similar. Intenta separarse, pero la mujer se la retiene unos segundos más.

—¿A qué se debe este silencio? —El padrino cree asistir a la proyección de la escena congelada de una película.

—El señor Lejarza y yo acabamos de conocernos.

Invita a Mikel a sentarse junto a ella y los demás lo hacen a su alrededor, como si hubieran sacado entradas para una representación teatral.

—Me llamo Aiko Tamaguruku, soy japonesa y llevo viviendo en España desde que mi hijo era bebé, este joven mal encarado al que le gusta que le llamen Pedro y en realidad se llama Iwao.

—Yo soy Miguel Bueno y antes me llamaba Mikel Lejarza. Fui agente secreto y ahora trabajo por mi cuenta.

—Soy una persona sensitiva, algunos me dicen bruja. Vivo mucho más intensamente sensaciones como el sufrimiento. De pequeña era una carga, mucha gente no lo entendía, ahora me sirve para protegerme de espíritus negativos. En mi cultura convivimos con ellos y los combatimos con amuletos y plegarias.

Mikel duda si se ha referido a él al hablar de espíritu negativo y si es una amenaza, aunque por su aspecto no le pega. Habla un castellano casi sin acento, con entonación suave y amable, como si hubiera tenido un profesor de dicción. Parece tímida, distante, no lo mira cuando habla. Lleva un vestido azul claro de amebas por debajo de las rodillas, con un cinturón beis, abierto por medio muslo que la obliga cada poco a hacer el gesto de cerrarlo. Delicada, menuda, distinguida y con una cuidada belleza oriental. De momento, prefiere permanecer callado, ya está suficientemente desconcertado por el espasmo que ha sentido. Está claro que lo han invitado para catarlo y permitirle sumarse a sus operaciones o cerrarle la puerta.

Se siente muy incómodo al estar con una mujer relacionada con el mundo misterioso de los espíritus. Una mujer con un papel desconocido en el grupo a la que le cuesta hacerle un perfil. Seguramente pertenecerá a alguna mafia, haber convertido a su hijo en guardaespaldas muestra la existencia de una amenaza o el deseo de imponer respeto.

—Yo también he notado algo, me ha pasado muy pocas veces en la vida. —Habla despacio, busca las palabras adecuadas y decide meterse en el fango como forma de salir del sorprendente enredo—. Mi abuela tenía un don, sanaba dolencias de huesos, lo hacía rápido y les dejaba en perfecto estado. Mi madre lo heredó, yo no.

—¿Está seguro?

—Desde que estuve infiltrado en ETA hace veintisiete años han estado a punto de matarme unas cuantas veces. Alguna gente no comprende cómo sigo vivo. Tengo todos los ángeles de la guarda que le faltaron a la familia Kennedy. Siento que hay alguien arriba protegiéndome, pero dones no tengo ninguno.

—¿Por qué piensa que hay alguien cuidándole desde el cielo?

—Me cuentan, yo no me acuerdo, que un día de invierno, con tres años, me llevó mi madre a jugar a la plaza de Villaro, mi pueblo en el País Vasco. Un rato después tuve sed y me acerqué a beber a la fuente. Hacía tanto frío que colgaban chupiteles de hielo. Me subí por el borde de hierro, como otras veces, pero en ese momento estaba congelado. Patiné y me caía al agua helada. Tardaron un rato en sacarme, me llevaron en volandas a casa y el médico del pueblo me diagnosticó neumonía. Dos días después mi madre notó que no respiraba y me llevó corriendo a su consulta. No había nada que hacer, estaba muerto. Mi madre me llevó en brazos de vuelta a casa llorando a voz en grito. Al pasar por un convento, aparecieron dos monjitas y la convencieron para presentarme a la Virgen de la Piedad, a la que profesaban mucha fe. Me colocaron en el altar y las tres rezaron por mí. Un rato después me levanté como si nada y salí corriendo.

Santana, Ranga e Iwao, embobados escuchando, miran perplejos a Mikel. Aiko lo escruta a la búsqueda de la dimensión oculta de ese espía al que algunos quieren meter en la organización por su capacidad de moverse en asuntos de seguridad.

—Soy sintoísta, creo fervorosamente en los espíritus, sé que existen. ¿Usted tiene relación con el más allá?

—No me gusta hablar de estos temas, me da yuyu.

—Yo hablo con una tía mía cuando tengo problemas.

—¿Qué tiene que ver? —pregunta nervioso Mikel.

—Está muerta, me aconseja, y lo hace bien. La invoco y me da respuestas, no siempre concluyentes, pero que me ayudan. Contésteme —insiste—, ¿se relaciona con el más allá?

—Claro que no. Lo que conozco, lo normal en mi vida, los terroristas intentando matarme, nunca me han dado miedo. Los que no me dejan dormir son los fantasmas, los espectros, los duendes, los espíritus.

—¿Los ha visto?

—De pequeño me perseguían figuras extrañas con manchas rojas, pero eso no es tener contacto con el más allá. Es la imaginación de los niños, lo que ahora llaman terrores nocturnos.

—Eso ya lo decidiré yo. Seguro que ha vivido alguna experiencia con apariciones, similar a la mía.

Mikel guarda silencio, ella nota su ansiedad. Los tres observadores sentados en las sillas no hacen ruido ni al respirar.

—Cuéntemela —porfía.

—Han pasado años, intento no recordarla.

Mira a Chema, está con la boca abierta, pendiente de sus palabras.

—Estaba llevando la seguridad de una personalidad y en un viaje a Sevilla nos cedió un piso a los escoltas. Una noche, solo en la casa, me puse a cenar y sonó el teléfono. —Nota que se le eriza el vello de los brazos y se los frota—. Lo cogí, lo único que oí fueron risas, carcajadas y unas voces metálicas como de ultratumba. Parecía una broma de mis compañeros y colgué. Volvió a sonar, de nuevo esa voz extraña, no quiero evocarlo, soltaba palabras ininteligibles. —Para, nota la mirada absorta de la señora y sigue con desgana—: Pensé que eran mis chicos, los mandé a tomar vientos y colgué muy cabreado. Sonó por tercera vez, lo dejé descolgado, no quería saber si la voz era la misma. En ese momento sucedió lo peor: el teléfono volvió a crujir, a zumbar...

—Ay, Dios mío —se le escapa al padrino, que corta el clímax que había alcanzado el relato y da un susto a Chema, al que se le cae al suelo la copa que sujetaba en la mano.

—Luego lo recogemos —dice Aiko haciendo gestos para que se esté quieto—. Acabe su relato, Mikel.

—Unos minutos después empezaron a volar por los aires las sillas del comedor, a abrirse y cerrarse las ventanas, qué sé yo. Fui corriendo a mi habitación, me encerré y eché el pestillo.

—Sin duda, tiene una sensibilidad especial y más historias sin explicación.

—No pienso seguir hablando —afirma El Lobo con gesto taxativo.

—¿Tanto le molesta rememorar?

—Durante varios meses estuve durmiendo con la luz encendida. —Recorre a todos con la mirada—. Es mi vida privada, no me gusta compartirla. Pertenece a mi pasado...

—¿A su pasado?

—Me crie en el País Vasco, en un pueblo pequeño, allí convivimos con las historias de brujas.

—Lo que nos ocurrió en el pasado se repetirá hoy y mañana.

—Espero que esté equivocada. En cualquier caso, las situaciones extrañas que he vivido no tienen nada que ver con lo que soy.

—He tenido un presentimiento al conocerle, he notado algo negativo fácil de interpretar: nos puede traicionar. Me están alertando de que no me fíe de usted, podría producir un daño irreparable en mi vida. O podría estar equivocada y ser una invitación a relacionarme con alguien especial, similar a mí. Si en algún momento me convenzo de que es lo primero, esté tranquilo, Iwao le matará con rapidez.

Con gesto agresivo, pasa la mirada del espía a su hijo, que sonríe con orgullo.

—No tarde en decidirse —replica Mikel imperturbable—, no sea yo el que los mate antes a los dos.

25

Si algo te pasa

La conversación entre Mikel y Aiko suena en los altavoces de la sala de trabajo del equipo gracias a la señal enviada por el transmisor que El Lobo lleva escondido en un bolígrafo. A pesar de que ya son más de las once de la noche, Verónica permanece sentada en su mesa y Fred en la de al lado, la que corresponde a Pablo, que se ha ido una hora antes. El experto espía, paciente e inteligente, no ha mostrado sorpresa cuando el chico ha ido a acicalarse al baño y luego se ha despedido de su mujer. Se ha limitado a cambiarse a su mesa sin pronunciar palabra. Ha sido ella la que ha sentido la obligación de explicarse.

—Es menos constante que yo, tiene treinta años, necesita diversión, salir con sus amigos, tomarse unas cuantas cervezas.

—Me parece genial, he estado a punto de preguntarle si le podía acompañar —dice Fred y le guiña un ojo.

—Lo de la cárcel es un trauma, parece que solo me ha afectado a mí, pero creo que lo suyo es peor. Yo necesito hablar, contar mis pensamientos negativos, compartir lo hundida que estoy por todo lo que he perdido. Pablo pasa.

—No quiere recordar, y los pensamientos que se le cuelan en la cabeza sin autorización intenta verlos en positivo.

—Precisa quitarle hierro a lo que pasó, a lo que hemos perdido. Está feliz aquí con el equipo, como si no hubiéramos tenido antes una vida de éxito. Le insinuó a Mikel que quería hacer otras cosas al margen de nuestro trabajo informático, y cuando lo invitó a llamar a un tipo de una compañía telefónica en Malta se sintió James Bond engañándolo, manipulándolo. Fue su momento más feliz desde que salió de la cárcel.

—¿Eso te preocupa?

—Tenemos distintos puntos de vista sobre lo que ha pasado. Pablo culpa a La Casa de todo, y yo estoy segura de que los necesitamos para seguir adelante, para volver a la vida que tanto nos gustaba.

—No paráis de discutir, ¿verdad, Verónica?

—Por favor, llámame Vero.

Callan para seguir escuchando la conversación que El Lobo mantiene en casa del padrino. Unos minutos después la chica hace un comentario sin cambiar un ápice su tono sombrío:

—¿Te has fijado en que el 15 de enero, el día del asesinato de tu sobrino, todo el grupo estaba cenando en casa de Ranga? Estarían esperando la confirmación de la llegada del envío.

Vuelven a centrarse en la conversación en casa del padrino y Vero no tarda en intervenir de nuevo:

—Me gustaría hacerte una pregunta. Tú que conoces a Mikel: ¿cuándo miente y cuándo dice la verdad?

El oficial de caso suelta una carcajada. Vero es muy inteligente y desconfiada.

—Nunca lo he sabido a ciencia cierta, y ahora menos. Lo importante en una operación es que todo parezca cierto.

—Lo de que murió de niño y lo resucitó la Virgen es increíble.

—La japonesa no parece haber dudado.

—Porque es una trastornada. Lo que ha contado de los objetos que se mueven solos aparece en infinidad de películas de miedo.

—No importa si lo que dice un infiltrado es falso, lo importante es que nadie pueda demostrarlo.

—Pero ¿tú te lo crees?

—Conozco a Mikel desde jovencito. Antes de meterse en el mundo etarra, mis compañeros y yo le aconsejamos que simulara un tipo de personalidad que le podía beneficiar. No nos hizo ni caso. Decidió infiltrarse como quien era, como Mikel Lejarza. Cuando pasó la muga, vamos, cuando salió de España para unirse a ETA en el sur de Francia, se puso su mejor traje, cogió su maletín de ejecutivo y viajó en tren, nada de darse una paliza e ir caminando por el monte. Los etarras alucinaron, no se podían creer tener en la banda a un tipo encorbatado, pero seguro que ya disponían de información sobre él y encajaba perfectamente con su forma de ser. Era él, no simulaba actuar como otra persona.

Vero lo escucha abstraída, lo que anima a Fred a seguir:

—El colmo de los colmos fue el día que se fue a rezar al santuario de la Virgen de Lourdes y se llevó a un par de compañeros ateos. Resultaba increíble en el mundo de ETA, nadie le recriminó nada, de nuevo formaba parte de la personalidad del Mikel auténtico.

—Su voz suena tan alterada narrando a Aiko los hechos paranormales...

—Cuando Mikel está en una infiltración, se cree el papel que representa. Sin duda es un poco fabulador, lo hace sin que nadie se dé ninguna cuenta.

—Yo me volvería loca.

—¿Quién te dice que Mikel no esté un poco loco? ¿Y Lorna? ¿Y Álex?

—No me digas que solo nosotros dos y tú estamos cuerdos.

—Muy juicioso no estoy tras cerca de cuarenta años metido en este mundo de traiciones, ambiciones y falta de escrúpulos. Y, ahora mismo, vosotros dos tampoco mantenéis bien el equilibrio, lo que es un inconveniente grave. Os necesitamos al cien por cien. Debéis superar el trauma de la cárcel, recuperar la estabilidad, aguantar un tiempo en Madrid viendo poco a vuestras familias y trabajar a tope para que los agentes de campo sepamos que estáis detrás protegiéndonos. En caso contrario, si algo sale mal y nos descubren, si asesinan a Mikel, a los malteses y a mí, después vendrán a por vosotros. No tenemos a nadie respaldándonos, ninguna persona ni institución nos ayudará a solucionar nuestros problemas.

—El servicio intervendría, conmigo siempre se han portado mejor que bien.

—Allí hay muchas buenas personas, pero su trabajo no es cuidarte. Además, no saben lo que estamos haciendo, olvídate de ellos. Solo debes tener claro que si a mí me matan... —deja la frase inacabada para que ella la remate.

—Quien nos mata muere. Creía que era un eslogan estremecedor para crear unión entre nosotros, algo simbólico como ese lema de los tres mosqueteros: todos para uno y uno para todos.

—No —dice mirándola a los ojos—. Quiero vivir con la certeza de que, si el enemigo me mata, tú empuñes una pistola, encuentres un veneno o hagas lo que sea para que esa persona muera y sepa el motivo. Porque si algo te pasa a ti, yo cortaré en trocitos a quien haya acabado con tu vida.

A pesar de ser una mujer dura con carácter fuerte, Vero no asimila el nuevo trabajo en el que se ha metido, le parece que todos viven en un mundo irreal.

—Ahora avisa a tu compañero, que deje de tomarse cervezas y regrese. Necesitamos saber quién es Aiko, a qué se dedica y si realmente tiene capacidad para un día de estos matar a Mikel.

26

Una fisiología especial

5 de febrero, Madrid

Fred Leblanc se sube sin dudarlo al Opel, con varias abolladuras y fundas en los asientos delanteros, de un conductor que se para junto a la acera de un bar de Canillas, en Madrid, donde lo han citado. El desconocido se identifica como inspector a las órdenes del comisario Ventura, quien lo ha enviado para acompañarlo hasta su despacho. «¡Qué amable!», piensa.

Cuando llegan a la entrada del complejo policial, donde está la Comisaría General de Información, una policía de uniforme con coleta rubia saluda a su acompañante y le hace un gesto a otro compañero para que suba la barrera. El exespía se da cuenta de que su viejo amigo no ha querido cuidarlo, sino protegerse a sí mismo evitando que su nombre figure en el libro de registro de entradas. Bajan al aparcamiento subterráneo y unos minutos después entra en el despacho del jefe de la Unidad Central de Apoyo Operativo. Se funden en un abrazo.

—Leblanc, colega, me alegra un montón verte. ¿Cómo va mi chica? Falta tanto que me he inventado que está enferma.

Viendo la oficina, Fred entiende la razón por la que nunca había estado en cualquiera de sus despachos anteriores: es un caos en el que él trabajará muy a gusto, aunque no es apto para recibir a nadie. Hay papeles por todas partes, esos que en el día a día quieres tener cerca por si necesitas consultarlos y que en cualquier ministerio estarían disciplinadamente ordenados en el archivo. La mesa de oficina de madera con faldón, seguramente comprada muchos años antes junto a otras cien idénticas, tiene montones de torres con expedientes y folios sueltos. El sofá y el sillón, alrededor de una mesa de centro, están también invadidos de documentos, aparentemente sin orden. Para ocultar esa visión rancia o para recubrir de misterio al personaje, las persianas de aluminio de los grandes ventanales están casi totalmente bajadas.

—La veré pronto —dice el antiguo agente mientras se sienta en la silla de las visitas, en la que el tapizado del asiento está lleno de agujeritos redondos, efecto de las pavesas de tabaco—. Apenas he hablado con ella, pero Mikel me ha contado que ayer se había descontrolado un poco, le cuesta trabajar en equipo.

—¿Qué dices? Si lo hace a las mil maravillas. Cuando estuvo como agente encubierto casi no tuvo problemas.

—¿Casi?

—A Lorna la descubrí yo. Estaba destinado en antiterrorismo, buscaba agentes para infiltrar. Cuando leí su expediente, ¡cágate, lorito!, me pareció perfecta y tras entrevistarla no paré de dar palmas.

Fred observa al comisario, han pasado los años y no ha cambiado en nada. El mismo tipo gordo con gran panza, aspecto engañoso de bonachón, leal hasta la médula con los subordinados y capaz de inventarse cualquier historia para manipular a quien haga falta. Todo eso, adobado con el gusto por la buena comida y bebida, y sus dotes de conversador, lo convierten en el colega idóneo para montar operaciones conjuntas. Las hizo con él cuando estaba en el servicio secreto y espera seguir haciéndolas.

—Era una tía con desparpajo, temperamento, se metía en todos los charcos, lo que le había producido algún que otro problema en la academia. Estaba sexy incluso vestida de uniforme. No tuve que convencerla, me mostró un arrojo que no le pegaba nada a una niña pija como ella. Le faltaba oficio, normal en una veinteañera sin moldear. La entrenamos, la adoctrinamos en los intríngulis de ETA. Se puso a estudiar euskera como si fuera el gran reto de su vida, no lo hablaba bien, pero al menos lo chapurreaba. Cuando interiorizó su nuevo papel, la metimos.

Ventura habla con pasión, con el orgullo de quien descubre una piedra en el camino, percibe que es un diamante y lo pule para sacarle todo el brillo. Fred es el espía que encontró a El Lobo, y él es el policía que consiguió una matrícula de honor con la infiltración de Lorna Aranda.

—Tenía un equipo dedicado a ella. Llenamos de micros la casa en la que vivía, queríamos convertirla en el centro de la acción. Su simpatía, amabilidad, naturalidad, le facilitaron avanzar con lentitud y seguridad dentro del mundo de la izquierda *abertzale*. En cuanto notaba que le cogían confianza, se mostraba más partidaria de la violencia que todos ellos juntos. ¡Joder, cómo manejaba a los muy cabrones!

—Dice un psicólogo clínico amigo mío que, además de vocación y entrenamiento, los infiltrados deben tener una fisiología especial, porque la procesión va por dentro.

—Lorna lo llevó siempre bien, si hubiera tenido el mínimo problema psicológico habría peligrado su vida y la misión. La habría extraído de inmediato.

Leblanc discrepa, pero no lo interrumpe.

—Diferenciaba perfectamente su vida real de la ficticia. Cuando era Izaskun, todo lo que hacía respondía al papel que habíamos creado. Y cuando estaba con nosotros era la poli lista, consciente de que estaba subiendo peldaños para meterse en un comando terrorista.

—¿Cuál fue el problema del que antes me has hablado?

—Después de bastante tiempo, el comando Donosti la captó aprovechando que tenía piso y coche no fichados. Fue genial, iban a utilizar las infraestructuras que habíamos montado. Sabíamos lo que hacía Izaskun en cada momento, si corría peligro podíamos ayudarla en escasos minutos. Con lo que no contábamos es con que los dos pistoleros se enamoraran de ella.

—¿Lorna los encandiló?

—Era una tía cojonuda, seductora, llana, jovial. Volvía loco a cualquiera. Tuvieron una pelea, llegaron a las manos y por un momento pensamos que podía salir perjudicada. Uno de los polis encargados de cuidarla se puso nervioso, la abordó cuando estaba sola en un bar y le dijo que no se acostara con los etarras, que se arrepentiría.

—No me lo puedo creer —exclama Leblanc separando las palabras y poniendo énfasis en la primera y la última.

—El capullo se había enamorado, tuvimos que apartarlo.

—¿Crees que puede haberla traumatizado la relación con los etarras?

—Al principio creía que no, pero ahora no me jugaría los huevos.

Conmigo aparenta normalidad, pero muchos me dicen que está rara, muy para adentro, menos sociable, más agresiva. La animé a ir al loquero, no me hizo ni caso.

—Quizá tenga un trauma por lo que vivió en la intimidad con los asesinos.

—Ahora tú tienes más datos que yo. ¿En qué más puedo ayudarte?

Había llegado el momento. Habían recuperado la confianza mutua del pasado, pero si no demostraba esa habilidad, que Mikel tanto apreciaba, para presentar argumentos persuasivos, saldría de allí con las manos vacías y deberían paralizar la investigación en Madrid.

—Tenemos un problema en la misión que estamos ejecutando y en la que tu chica es un peón básico.

—Adelante —dijo Ventura recostándose en la silla tras permanecer con la espalda erguida mientras narraba las aventuras de Lorna.

—Estamos investigando un asesinato en Malta, el de mi sobrino, bueno, en realidad hijo de mi primo, y el de un policía en Francia. Hay una mafia muy poderosa detrás con ramificaciones importantes en España.

—¿Qué tiene que ver con el espionaje?

—Nos hemos puesto en marcha con algo concreto porque mi servicio quiere que establezcamos previamente unos protocolos, compras y demás que nos tendrían un tiempo sin hacer nada.

—Así aprovechas para investigar lo de tu primo.

—El hijo de mi primo.

—Pues eso, tu sobrino.

—Todavía el servicio no nos da cobertura...

—Ni siquiera saben que has puesto en marcha el grupo —le corta Ventura sonriendo con cara de pillo.

—De eso de actuar por libre tú sabes mucho —le devuelve el zasca.

—En el Ministerio del Interior quieren que les resolvamos sus problemas, pero no que les contemos cómo lo hacemos.

—Lo mismo que nosotros con el Gobierno, bueno, que el servicio con el Gobierno, que yo soy un anciano jubilado.

—¿Necesitas micrófonos, seguimientos, captación de fuentes? —dice imitando la voz de un carnicero ofreciendo sus productos en el mercado del barrio.

—Me cuentan que vosotros y mi servicio, junto con la Guardia Civil, disponéis de un sistema ultramoderno de grabación, totalmente seguro, totalmente desconocido, en el que el espiado no tiene forma de enterarse de nada. Desde un ordenador central se distribuye la señal a un portátil y el agente que lo está escuchando tiene acceso también a los datos de la persona con la que habla, a sus mensajes e, incluso, a su ubicación.

—¡Vaya por Dios! Ahora entiendo por qué has venido a verme tú y no Lejarza, y lo bien que he hecho en evitar que tu visita quede registrada en el libro de entradas. Eso que me pides es delito y de los gordos. Sitel solo puede funcionar con la autorización previa de un juez, y no la vas a conseguir ni de coña. Sin esa orden, la compañía telefónica no te va a dar la clave secreta para que la metas en el ordenador y tengamos acceso al móvil del tipo o la tipa.

Fred va a decir algo y el comisario lo frena:

—Todavía hay más. El protocolo establece que el servidor central de la policía, conectado al ordenador de la Dirección General de Telecomunicaciones, pinchará la línea del sospechoso y la derivará al ordenador de un policía, ya sea el fijo o el portátil. No al de un desconocido ajeno a este glorioso cuerpo.

El espía calla, le toca ser paciente.

—Ahora viene tu problema más grande. ¿Por qué coño me voy a meter yo en un berenjenal como ese? Algo muy gordo tengo que ganar solo por pensar en violar la ley.

—Cuando empezaba en el mundo de la inteligencia, un jefe me dio un consejo: si alguna vez hay un holocausto nuclear, busca a fulano y pégate a él. Es un superviviente nato.

—Te agradezco que ayudes a mi chica, aunque creo que lo que va a hacer por ti superará con creces los problemas que te pueda dar. Pero de ahí a que busque un camino para saltarme todos los controles de Sitel, que me pillen y me cesen, va un buen trecho. Deberías pedírselo a tu servicio.

—No puedo todavía. Me he enterado de que ese sistema de interceptación tiene una puerta de atrás. Una puerta que, me han dicho, permite a los funcionarios que controlan los servidores centrales acceder directamente a los números telefónicos sin necesidad de que lo autorice un juez.

—Eso lo hará tu servicio, nosotros no.

—No me extrañaría que lo hicieran y no me cabe duda de que tú sabes cómo hacerlo.

—Hazme una oferta.

—Te entregaremos nuestra investigación para que realices las detenciones, todo el mérito será para Lorna y para ti.

—Y los delincuentes de otros países.

—Eso será más complicado, aunque tendrás la información. Luego tú verás lo que haces.

—¿Si algo sale mal?

—No te conocemos de nada. De hecho, como te has encargado de demostrar, nunca he estado aquí.

27
Una manta de billetes

6 de febrero, Madrid

Aday Santana pilota su Ferrari Rosso Corsa sobrepasando los 140 kilómetros por hora, sin importarle la limitación de velocidad en las carreteras secundarias de Guadalajara. A su lado va Mikel, a quien ha invitado a pasar el día en la finca de Ismael Vázquez, el único miembro del grupo que le falta por conocer. Es miércoles, los dos van con jerséis de lana gordos y vaqueros, y sus abrigos están tirados en el asiento trasero. El termómetro del coche va anunciando una temperatura menor según se alejan del cemento y se adentran en el campo. En ese momento ya van por cero grados. El cielo encapotado presagia una ausencia de sol permanente.

—¿Qué tal puntería tienes, Mikel?

—Depende de contra quién tire.

—A Ismael le encanta disparar a guarros, pero tiene dianas para tiro al blanco. Cuando visita la finca un amigo nuevo, siempre le pone a prueba. Si no matas al tipo de la diana con un tiro certero en el corazón, te mira mal.

—¿A qué se dedica?

—Es el tesorero del principal partido de la oposición. Creo que, además de por su amistad con el secretario general, lo eligieron porque está forrado.

—Si tiene tanto dinero, ¿por qué se mete en estos negocios? ¿O es que lo ha hecho con trapicheos?

—No lo sé, alguien como él ofrece muchas ventajas. Tiene grandes conexiones, hay que untar a mucha gente para que miren para otro lado.

—Imagino que la señora está en algún grupo mafioso —dice Mikel metiéndose por aguas turbulentas— y que tú te ocupas del tema en España con la ayuda de Chema. Y yo, ¿qué pinto?

—Se acerca el próximo envío, ahí tendrás un papel, pero antes te tienes que ganar la confianza de mis socios y protegerme. ¿Podrás hacerlo?

—Sin duda, llevo muchos años moviéndome en estos ambientes.

—No representes ningún papel, limítate a ser El Lobo, todo el mundo quiere conocer en persona a Mikel Lejarza, lo de menos es cómo te llames ahora.

Camino allanado, ese es el papel que mejor juega: nada de inventarse retorcidas personalidades, se manipula mejor siendo uno mismo, los errores son menores.

Las carreteras por las que transitan son cada vez más estrechas y peor asfaltadas. Llegan a un camino de tierra que concluye, tras pasar un portón de madera abierto, en un terreno amplio, aparentemente sin fin, con dos casas medianas. El primer edificio, a la izquierda, de diseño nada historiado, reciente, de piedra. El segundo parece la vivienda, cien metros más adelante, a la derecha, con una terraza amplia con vistas al valle y una chimenea humeante. Entre ellos, en mitad del campo, hay una torreta elevada y estrecha, anclada al terreno, coronada por una silla de hierro, aparentemente cómoda. Delante, a cincuenta metros, un riachuelo da al paisaje un aspecto de guarida, el refugio de Ismael Vázquez.

Sale a recibirlos una chica excesivamente maquillada para estar en mitad del campo, con botas negras, un pantalón blanco ajustado sin costuras y una cazadora caqui: el equipo para montar a caballo. Se presenta como Sabrina y los invita a acompañarla al interior de la casa. Mikel, en cuanto traspasa la puerta, percibe el reducto de un hombre amante de guardar su vida privada y sus pasiones a buen recaudo. Es un enorme salón lleno de adornos de caza, cabezas disecadas de jabalíes y cornamentas de ciervos, alfombras de piel de vaca, ceniceros por todos los rincones y estanterías de cristal con copas finas. Al fondo, el fuego crepita en una enorme chimenea de piedra. Más tarde confirmará que el resto de la casa solo tiene un baño y un dormitorio con una cama enorme y las paredes llenas de espejos.

Cerca del calor, sentado en un sillón de cuero, está Vázquez fumándose un habano y bebiendo Courvoisier en una copa de cristal tallado. Son las once de la mañana, como buen cazador debe estar en el final de un desayuno bien poderoso. Saluda a Santana con cierta efusividad y con lejanía a Mikel. El padrino le pide un par de copas a Sabrina, y El Lobo asegura que para él es demasiado pronto.

—Si en ETA no bebíais por la mañana —pregunta Vázquez—, ¿a qué os dedicabais?

Mikel se sienta junto al padrino en un sofá cerca de donde está el tesorero. Le molesta la pistola que lleva metida en la parte de atrás del pantalón, ese día la más grande de las dos que tiene, la Sig Sauer. La saca y la coloca encima de la mesa.

—Pensábamos en cómo secuestrar a un tipo rico como tú, y si la familia no pagaba, le metíamos un tiro en la nuca.

Se hace un tenso silencio, Vázquez suelta una carcajada.

—Bien, Mikel, eres un tío con pelotas. Vamos a tirar, comprobemos si además de llevar una pipa sabes utilizarla.

Descubre que la silla en mitad del campo es para cazar jabalíes. A Vázquez le gusta levantarse cuando todavía es noche cerrada, se sienta con su escopeta apoyada en los brazos y espera sin hacer ruido. Los animales bajan del monte a beber, los sorprende y los tumba gracias a su buena puntería, tantos años practicada.

En ese momento, ayudado por Sabrina, coloca una diana en un punto marcado en el terreno, exactamente a veinticinco metros desde donde van a tirar. Vázquez le hace comentarios inaudibles y ella se ríe solícita antes de regresar a la casa. El tesorero se reúne con los dos hombres.

—Esta chica me vuelve loco, si no fuera por lo que me cuesta, la cambiaría por mi mujer.

Santana le ríe la gracia mientras le da un sorbo a la copa de coñac, la segunda que se toma desde que llegaron apenas una hora antes.

—La diana representa a un terrorista, hay que dispararle al corazón o a la cabeza, donde están dibujados los círculos. Queremos matarlos, no dejarles heridos y que luego nos persigan.

Disparan durante media hora con escopetas de la armería de Vázquez. Santana no pone mucho empeño, opta por aceptar la eliminación y regresa a la casa para rellenarse la copa y calentarse junto a la chimenea. Vázquez informa a Mikel en tono disuasorio de que no le gusta perder ni al parchís cuando juega con sus hijos. No le sirve de nada, El Lobo siempre ha tenido muy buena puntería. Tiene claro que la forma de entrar con buen pie en el grupo es demostrarle que es el mejor.

—A esta distancia es más conveniente tirar con pistola, ¿quieres intentarlo con la mía?

Vázquez mira la Sig Sauer P226 alemana fabricada en Estados Unidos.

—Lleva el emblema de los Navy Seals, no se la robarías... —pregunta sonriendo.

—Me la regaló uno de sus jefes como agradecimiento por algo de lo que no debo hablar.

Disparan, de nuevo Vázquez sale derrotado y lo invita a dar un paseo por la finca. Le pregunta quién le enseñó a disparar y no termina de creerse la respuesta: es autodidacta, exceptuando un cursillo chapuza que hizo en el sur de Francia en su etapa etarra. Caminan siguiendo el cauce del río, el terreno virgen los aleja de la casa. Mikel se queda alucinado con el enorme reloj de oro que lleva en la muñeca.

—Tengo buenas relaciones con algunos espías —presume Vázquez—. Uno de ellos, un directivo importante, me ha contado que no mantienen ninguna relación contigo y que te inventas historias para intentar sobrevivir. Que tu información está caducada, ya no les eres útil.

—Pueden decir lo que quieran, no quiero saber nada de ellos desde hace tiempo. ¿Te ha explicado lo que pasó en Dubái y Nueva York? ¿Te ha contado lo que hice en Cataluña? Quizá deberías preguntárselo.

—¿De verdad estás fuera de su órbita? —El tesorero se pone el cortavientos verde y la bufanda marrón que llevaba en el brazo—. ¿No quieren saber nada de ti o no quieren que se sepa que estás en alguna misión importante para ellos?

—Como, por ejemplo, ¿llevar a la cárcel al influyente tesorero de un partido político?

—Por ejemplo.

—Si eso es lo que piensas, comamos, fumemos un habano y hasta nunca. Aunque quizá en tu decisión influya que estás jodido porque tengo más puntería que tú.

—Cabronazo... —acusa sonriente el tesorero.

Siguen paseando entre encinas y pinos. Vázquez está muy orgulloso de su pequeño bosque y de que su mujer no quiera aparecer por ahí porque le da miedo tanto silencio y la ausencia de cercas que impidan el paso a los animales salvajes y a los asesinos sin compasión. Mikel, envuelto en un plumas, también siente frío y se pone los guantes.

—La señora no es santo de mi devoción, me parece una excéntrica enamorada de sí misma y del degenerado de su hijo. Pero que le des calambre cuando la tocas me parece la leche.

—No sé lo que nos pasó, no me hace gracia —afirma digno.

—Vives rodeado de etarras que si te descubren te matan, ¿y te dan miedo los fantasmas?

—Mi abuela y mi madre tenían dones, nunca te acostumbras.

—No me jodas que has heredado sus poderes. ¿Me puedes leer la mente? —dice provocador, parándose frente a Mikel.

—Ya quisiera. He tenido experiencias sensoriales, pero pocas.

—¿Qué te decían los fantasmas?

—Yo qué sé. Estás estropeando la sensación de calma que da caminar por el bosque.

Vuelven a andar, Vázquez no suelta el tema:

—Me contó Aday que la señora está muy preocupada, le transmites energía negativa, no quiere que te integres en el grupo.

—Sentí algo y noté que ella también. No sé si es la Virgen de mi pueblo o unos cuantos santos, pero si a estas alturas sigo con vida, quizá hay alguien allí arriba protegiéndome.

—Te vamos a aceptar, espero no arrepentirme. Eres un tipo complejo, extraño, aunque si aguantas la bebida tan bien como tiras, estás hecho para convivir con nosotros. Pero si nos traicionas, atente a las consecuencias. Volvamos a casa.

Cuando van a entrar, Mikel le pregunta qué hay en la otra construcción, el tesorero le explica que una pequeña discoteca, si espera a que haga una gestión en la casa lo acompaña y se la enseña. Le responde que no se preocupe, puede ir a cotillear él solo.

Antes de llegar, se coloca un auricular en la oreja y empieza a hablar solo, en realidad con Álex, que está en algún lugar de la carretera, cerca de allí.

—Hola, Pico, ¿has podido grabar la conversación?

—Malamente, la cobertura es fatal. Ahora sí te oigo alto y claro.

Abre la puerta de la discoteca, iluminada por la escasa luz procedente del exterior. Es una estancia de más de ciento cincuenta metros cuadrados, con una barra en el fondo, cerca de la pared, y media docena de taburetes altos. De las dos únicas puertas una es el baño y la otra da a una escalera. No le cabe duda de que ahí el tesorero monta fiestas más parecidas a orgías que a otra cosa. Regresa al campo sin dirigirse a Álex, no le extrañaría que hubiera cámaras ocultas.

—Pico, va a estar complicado obtener sus números de teléfono. No se los puedo pedir a Vázquez, y Aday me dará el suyo, no el de los demás.

—Cualquier cosa estoy pendiente, tardo menos de cinco minutos en aparecer.

Entra en la casa, Sabrina está poniendo la mesa vestida de doncella con minifalda y cofia, y Vázquez y Santana se encuentran junto a la chimenea con leños recién colocados. Han abierto una botella de vino tinto de esas asquerosamente caras que tanto le gustan. Se va a sentar con ellos cuando se levantan y se acercan a la mesa del comedor. Nota que Aday está afectado por la bebida, lo que no es óbice para que vuelva a rellenarse la copa en cuanto se sienta.

Sabrina puede representar muchos papeles, pero el de cocinera no es uno de ellos. Es evidente que la sopa de pescado y la merluza no están malos, aunque proceden de algún establecimiento de comida preparada. La tarta sigue la misma tónica y el café de cafetera italiana es más simple. Cuando acaban, Vázquez hace un gesto a la chica y se pierden en el dormitorio.

—Está buena la tipa —dice Santana levantándose a duras penas y dirigiéndose al mueble de madera donde están guardadas las botellas, para coger otra de Courvoisier—, ahora tendremos que soportar el ruido en la habitación.

Mikel ve que se tambalea y decide acercarse a la vitrina para sacarle una copa de coñac que le coloca delante del mismo sillón donde estaba sentado antes. Santana se acomoda y decanta la botella en la copa, bastante más cantidad de lo que un licor tan exquisito requiere para su disfrute. A su lado, de pie, Mikel le habla:

—Acaba de sonar tu teléfono.

—Coño, ni lo he oído, seguro que vuelven a llamar.

El infiltrado va a la mesa donde han comido, lo coge y se lo lleva.

—Quizá quieras saber quién ha sido.

Santana lo agarra con manos torpes.

—Seis, cuatro, cuatro, seis —dice pronunciando cada número antes de teclearlo con un golpe seco y después mira la pantalla con asombro y tira el móvil encima de la mesa—. No me ha llamado nadie.

Mikel saca otra copa, se echa una cantidad discreta y la levanta.

—Brindo por esta asociación, que sea muy fructífera.

El padrino choca la copa y bebe como si fuera agua. No pasan más de cinco minutos cuando la cara se le empieza a poner bermellón, los ojos parecen salirse de sus cuencas y se coloca una mano para taponar la boca. Mikel lo levanta del asiento por el brazo que le queda libre y lo acompaña hasta el baño. Le deja allí y cierra la puerta. Sus gritos de sufrimiento mientras vomita se juntan con los procedentes del dormitorio en un extraño concierto descompasado.

Va hasta la mesa, coge el móvil del padrino, mete la clave 6446, se desbloquea y entra en la agenda de teléfonos. Ni siquiera levanta la mirada por si alguno de los tres aparece, los está escuchando, cada uno a lo suyo. Busca los números de Vázquez y Tamaguruku. Los encuentra sin problemas y los memoriza. Después marca el número de su móvil y se hace una llamada perdida. Ya tiene también el de Santana. Borra el rastro. Desde su teléfono le manda un mensaje a Álex con los tres números, cuanto antes pongan en marcha la intervención telefónica, mejor.

Santana ha dejado de bramar como un poseso. Mikel lo ve salir, huele a vomitona que atufa. Lo ayuda a mantenerse estable y de camino cierra la puerta del baño sin querer ver el lamentable estado en que lo ha dejado. Lo anima a regresar a casa, al otro le parece bien. Se deshace de Mikel y se acerca al dormitorio. Abre la puerta y los gemidos cesan de inmediato.

—¡Qué coño haces! —grita Vázquez.

—Nos volvemos a Madrid, pasadlo bien.

—¡A tomar viento, hombre!

—Sabrina, sigues estando tan buena como siempre, a ver si un día quedamos.

—Que te largues, capullo.

Mikel lo arrastra hacia la puerta. Él lo frena:

—Espera, tengo que coger algo.

Va hasta una cómoda retro lacada en blanco, abre un cajón y saca dos bolsas de unos grandes almacenes. No se molesta en ocultar que están llenas de billetes de euro. Ahora sí salen al campo, Santana tira las bolsas en el asiento trasero, donde se desparraman los fajos, intenta sentarse al volante, Mikel se lo impide y lo obliga a tumbarse detrás junto a los billetes mientras él conduce. Lo hace muy despacio, espera unos minutos a confirmar que se ha quedado grogui y telefonea a Álex:

—Por favor, sígueme de cerca, no te despistes, si me para la Guardia Civil intervén antes de que me metan en la cárcel, voy con un borracho dormido que utiliza como manta billetes de color púrpura de 500 euros.

28

Los cachas y los barriguitas

7 de febrero, Malta

Fred decidió alojarse por precaución en un hotel lleno de turistas embobados con su propio disfrute. Si alguien controlaba los movimientos de Lorna, tras su encuentro con el jefe de seguridad del ministro Curmi, era preferible evitar que lo vieran entrar en su casa con una maleta. Lo que no fue óbice para que, tras registrarse, saliera de inmediato a reunirse con ella. Al bajarse del taxi escenificó con exageración las molestias del lumbago crónico que padecía, las sazonó con una muleta de aluminio plegable para ciegos y entró en el bloque de pisos confiado en no levantar sospechas.

—¿Qué te ha pasado? —le pregunta la policía en cuanto abre la puerta y lo ve con un abrigo hasta las rodillas, un sombrero con una pluma metida en la cinta y el bastón.

Entra y sonríe ufano.

—Aunque con la edad nadie se fija en mí, es mejor disimular un poco.

Lorna lo invita a charlar en la terraza, saca una estufa recién comprada y se sientan en las sillas de playa.

—Álex se ha cabreado conmigo —arranca sin preámbulos—. Lo está desde un minuto después de conocerme. Había pensado pedirle a Mikel que me lo quitara de encima, yo tampoco lo aguanto, pero no imaginaba que él renunciara voluntariamente a evangelizarme.

Fred se encuentra incómodo en la silla, busca una postura confortable y no la encuentra.

—Esta hamaca, o lo que sea, puede estar bien para la playa, con la arena y esas cosas, pero si le traes una silla normal a este tío mayor te lo agradecería.

Lorna se levanta y le lleva una del salón. Fred pone cara de satisfacción.

—Perdóname, me estabas hablando de Álex y de lo mal que os lleváis. ¿Quieres saber qué ha pasado? —Espera su confirmación—. No te has portado bien con él, en un equipo se hablan las cosas, no se toman decisiones sin consultar, como quitarte de encima los equipos diseñados para protegerte.

La policía no se esperaba una reprimenda.

—Pero no se ha ido por eso. Mikel lo necesita en Madrid para temas de seguridad y escuchas.

—Vemos la vida de forma distinta, él es un poco facha y yo soy más bien del otro lado.

—¿Qué importan las ideas en este trabajo?

—Me trata como si fuera una niña necesitada de la protección de un tío, le pone de los nervios que flirtee con los objetivos, no le gusta cómo visto, tengo que hacer cada cosa siguiendo sus normas...

—Nadie puede enseñarte el trabajo, ya demostraste que eres muy buena. ¿Qué tal si me pones una cervecita?

Lorna se va a la cocina. Vuelve con un botellín y un vaso.

—Álex es un gran agente —continúa Fred—, al igual que tú, conocéis los intríngulis de este oficio. La experiencia nos lleva a cada uno por un camino. No puedes juzgar por las apariencias. Si fuera así, los hombres con barriguita como yo viviríamos solos en casa y los musculosos tendrían lista de espera. La realidad es que os gustan más los segundos, pero a la hora de convivir preferís a los primeros.

—Álex es la antítesis de mí en todo. Y sí, me gustan cachas.

—¿Yo no te gusto ni un poquitito? —dice poniendo cara de carnero degollado.

Los dos ríen abiertamente.

—¿Estás bien, Lorna? —suelta Fred afectuoso mientras le hace un mimo en el codo.

—Claro, ¿piensas que no lo estoy?

—Hace veintisiete años saqué a Mikel de ETA y todavía sigue con sus taras, le durarán toda la vida.

—Estoy bien, a veces algo irascible, a veces necesito más espacio.

—¿Tienes insomnio? —insiste el espía.

—Me cuesta dormir, como a mucha gente.

—¿De repente te duele la cabeza sin motivo?

—Fred, ¿y a ti? —se defiende Lorna.

—¿Te dan calambres?

—¿Te ha mandado el comisario para que me psicoanalices? —estalla molesta.

—No, si quiere hacerlo, allá él. Mira, trabajas fenomenal y lo harías aún mejor si asumieras, como hace Mikel, que te pasan cosas en el cuerpo, pequeñas dolencias, relacionadas con situaciones pasadas. Esas dolencias atestiguan que psicológicamente estás tocada.

—La infiltración no me ha dejado heridas sin cicatrizar. Diferencié desde el primer momento lo que yo pensaba y lo que pensaba mi otro yo, Izaskun. Gracias a eso mantuve el control. Me reunía con mis compañeros policías y sabía que ellos eran los buenos, como yo. Nunca tuve simpatías por los terroristas, los detestaba tanto como antes de entrar en la organización y tanto como los detesto ahora.

—El comisario te mandó al extranjero para que descansaras.

—Él también pensaba que estaba tocada, que me había afectado negativamente. Como soy mujer y me infiltré muy joven, cree que tiene que protegerme. Le pedí volver a la Unidad de infiltrados y se opuso. Me tenía castigada en una mesa haciendo papeleo.

—Algo no encaja en tu historia, Ventura fue quien me habló de ti.

—Prefiere que me estrelle sin asumir él la responsabilidad. ¿Le has contado mis problemas con Álex?

—¿Qué problemas? —dice tranquilizándola—. Cambiemos de tercio y hablemos del tipo ese de seguridad.

—Tabone.

—¿Cómo lo ves? Mikel me cuenta que Vero y Pablo no han encontrado nada sobre él.

—Es asesor de Curmi, no se lo ha puesto el Gobierno maltés, se lo ha buscado él.

—¿Habéis vuelto a quedar?

—Esta tarde.

—No podré hacerte la cobertura, no solo no es mi especialidad, sino que he quedado con Bonello, el de la Pulizija, tenemos una conversación pendiente desde hace tiempo.

—No te preocupes, vamos hablando.

—Lorna…

—¿Qué?

—Mikel y yo confiamos en ti. —Hace una pausa—. Y Álex también, aunque no lo sepas.

—Ya veremos.

—Una última cosa: Álex me ha entregado para ti esta pequeña caja gris. En uno de los lados tiene una cinta de doble cara para esconderla en el coche de Tabone. Si la pegas en un rincón difícil de acceder, sumado a su pequeño tamaño, mide medio dedo por menos de un tercio, su escaso peso y su color gris metalizado, le pondrás muy difícil descubrirla. Lo ideal sería colocarla en el reposacabezas del conductor, pero eso requeriría tiempo y medios para asaltar el coche, y no disponemos de ambos. Lleva metida una tarjeta sim.

—¿Cuánto tiempo tiene de autonomía?

—Más de un mes, más que suficiente.

La chica la coge en la mano.

—No me lo puedo creer. ¡Es de fabricación rusa!

—No le hacemos ascos a nada. Acuérdate, si el que está en Malta soy yo, avísame cuando la pongas y llamaré a ese número de teléfono a ver si nos enteramos de algo.

29

Sin pistas

Fred ha preparado meticulosamente la reunión con el inspector Bonello, más primordial de lo que le ha comentado a Lorna. Una regla fundamental en el espionaje es que los agentes solo sepan lo esencial para su trabajo, ni un dato más. Ha elegido una cafetería en Sliema cerca del mar y ha sumado a su primo Vincent. Son las doce de la mañana y el cielo oscuro amenaza con descargar, aunque se ven muchas bermudas y nadie lleva paraguas, ni siquiera cazadoras o chubasqueros.

La pequeña mesa circular de mármol y hierro no permite mucha distancia entre los tres hombres, perfecta para las intenciones del experto espía.

—Inspector —dice Fred a Bonello después de un rato de conversación en el que Vincent no ha abierto la boca y se ha limitado a mirar con menosprecio al maltés—. He estado en París y me ha producido un enorme disgusto descubrir que lo desconocen todo sobre la investigación de mi sobrino, incluso me cuentan que su colaboración ha sido nula.

—No le pueden haber dicho eso —responde desconcertado el miembro de la Pulizija—. No es verdad.

—¿Han colaborado con ellos? —Fred lo acosa.

—Son ellos los que rompieron la colaboración. Tras el asesinato de Morel, un buen tipo, dijeron que Olivier era un caso nuestro sin relación con la muerte del capitán.

—¿Está seguro de eso?

—Lo siento —dice compungido mirando al padre de Olivier—, no hemos vuelto a saber nada de ellos.

Vincent le sostiene la mirada y le transmite su ira interior. Fred continúa el interrogatorio:

—¿Qué le contaron del asesinato del capitán?

—Me llamó Stella, la inspectora Breton, me dio la pésima noticia. Insinuó que Morel estaba metido en asuntos turbios.

—Una chica guapa, Stella.

—Muy guapa. —Bonello se pasa la mano por los escasos y descolocados pelos de la cabeza.

—¿Ha archivado el caso de mi sobrino?

—Hombre, archivarlo archivarlo... —Mira a Vincent con impotencia.

—¿Consiguió alguna pista?

—Tras la muerte de Morel, mi comisario me pidió información y la verdad es que no teníamos nada..., seguimos investigando, pero sin dar con nada que señalara a una muerte no casual —afirma como disculpándose.

—¿Cree que mi hijo es tan torpe como para tropezarse y caerse por un terraplén? —interviene por primera vez Vincent dirigiéndole una mirada heladora—. ¿No se le ha ocurrido buscar una versión más creíble?

—Había bebido mucho.

—Y se va solo al campo a pasear de madrugada.

—Se desató por sorpresa una lluvia monstruosa —dice poniendo una sonrisa evasiva.

—¿Monstruosa? Y siguió tan pancho paseando por el campo. ¿Usted es imbécil o qué?

El policía baja los ojos y se pone a jugar con el vaso. Fred interviene:

—Disculpe a mi primo, no quería insultarle. De pequeño también era muy impulsivo, claro, ahora más. Es que han matado a su hijo y usted se empeña en que fue un accidente. ¿Al menos habló con la persona que lo llevó desde la nave de los féretros hasta el aparcamiento del aeropuerto?

—No lo encontramos.

—¡Vaya mierda! —suelta Vincent sin dejar de escudriñar al policía.

—¿Ha huido o algo similar? —Fred sigue punzante—. ¿No le parece sospechosa su desaparición?

—Terminaron el trabajo para el que habían sido contratados y se fueron.

—Al menos sabe quién es.

—Uno de los camioneros.

—No hubo más envíos de féretros.

—Por el momento no.

—¿Eso también le parece normal? —interviene Vincent.

Bonello empieza a agobiarse, lo nota en el sudor que le moja la camisa por la espalda.

—Mi comisario habló directamente con el ministro Curmi —alega en defensa propia— y me transmitió esa información. Por ahí no íbamos a llegar a nada.

Fred mira a su primo sin intercambiar gestos, los dos entienden que esa vía de interrogatorio está cercenada.

—Hablé personalmente con Paul, el compañero de Olivier —añade el policía en un intento de mostrarse diligente—. Lo presioné, pero desconocía quién lo había acercado al aeropuerto. Me juró que estaba seguro de que no había sido un asesinato, según él no tenía enemigos.

—Una última cosa, inspector: me dice mi primo que no le han devuelto las pertenencias que su hijo llevaba encima.

A Bonello se le muda la cara y le sube un color rojo que no es de timidez, sino de vergüenza.

—Han desaparecido.

—¿Qué dice?

—No sé lo que ha pasado, ya me he quejado ante el comisario.

—Eso es muy grave.

—Ahora recuerdo que hice unas fotos para Morel, no lo sabe nadie. Si me mantiene el secreto, se las envío por email en cuanto llegue a la oficina.

30
Vivir con miedo

Vincent le escribió a su primo la dirección del piso que Olivier compartía con Paul. Fred no le permitió acompañarlo. Para hostigar al miembro de la Pulizija había sido útil su presencia, pero con el chico era mejor crear un ambiente más tranquilo, sin interferencias. Además, era preferible que regresara a casa, sabía que si hubiera podido habría ahogado con sus propias manos a Bonello, un policía ineficaz que seguía las directrices de un comisario sin ganas de meterse en problemas. Vincent le propuso hablar con alguno de sus antiguos compañeros en la mafia, pero no le dejó seguir, él se encargaba de la investigación.

La puerta del piso de Paul la abre una veinteañera descalza vestida con una camisa amplia.

—Me gustaría ver a Paul.

—¿Es usted policía?

—No, por Dios. Soy el tío de Olivier.

—¡Cuánto lo siento! Era un niño adorable, daba gusto hablar con él, supermajo.

Va a avisar a su novio, que aparece detrás de ella. Son las tres de la tarde, trae el semblante cansado y los ojos tristes. No son de una noche de juerga, más bien de una temporada durmiendo mal.

—Termino de arreglarme y me voy —dice la joven—. Os dejo solos.

El chico invita a Fred a sentarse en un cuarto de estar algo destartalado.

—¿Te importa enseñarme antes el dormitorio de Olivier?

Es una estancia mediana, cama individual, mesita de estudio con una silla, armario empotrado y un enorme póster pegado a la pared de la película *Wall Street,* con Charlie Sheen en el centro y a los lados Michael Douglas y Daryl Hannah.

—Me ha contado el padre de Olivier que erais buenos amigos.

—Era mi colega —dice desganado, huidizo.

—Te voy a pedir que me ayudes, estoy investigando su muerte, necesito saber qué le pasó.

—Lo entiendo.

—No, no lo entiendes. —Fred se sienta en la silla que está al fondo del cuarto e invita a Paul a hacer lo mismo sobre la cama—. Su madre no levanta cabeza, le han dicho que su hijo estaba bebido, drogado, que se despeñó por una pendiente y él solo se mató. Ella creía que había dejado atrás ese mundo sucio y se siente culpable por no haberlo ayudado.

—Ya hablé con la Pulizija, les conté todo lo que sabía. —Paul nota un ligero temblor en las manos y las junta en un intento de calmarse.

—Que no tenía enemigos.

—Eso es.

—¿Sabías que trabajaba para la Police Nationale?

—No tenía ni idea —responde con sinceridad.

—Pero sí sabías que disponía de más dinero de lo habitual.

—Pensé que se lo daría su padre —afirma con indiferencia.

—¡Venga, hombre!, no fastidies. Soy viejo pero no tonto. —Alza la voz intentando hacerle reaccionar.

—Nunca le pregunté, se lo juro. Imaginaba que estaría en algún trapicheo, pero en Malta no se habla de eso. Cada uno va a lo suyo.

—¿Manejaba dinero en efectivo?

—Sí, pero no me contaba.

—El día de su muerte, ¿le notaste extraño en el trabajo?

—Estaba obsesionado con los féretros, a Olivier le encantaba meterse en vidas ajenas, en conspiraciones, a mí no.

—¿Cómo fuisteis a la nave de la empresa?

—En los camiones —vuelve a responder conciso, necesita que ese señor le deje en paz.

—¿Dónde?

—En las cabinas.

—¿Juntos o separados?

—Separados.

—¿Lo viste al llegar?

—Sí, ayudamos a colocar los féretros.
—¿En qué momento lo perdiste de vista?
—No lo sé.
—Recuerda, es importante.
—Es que no lo sé. —Cada vez la mirada de Paul es más baja.
—Cuando descargaron todo el material, ¿qué hicisteis?
—Regresamos.
—Olivier y tú.
—Solo yo.
—¿Qué pasó con Olivier?
—Creí que iba en otro camión.
—¿No te extrañó?
—Cada uno íbamos a nuestro rollo.
—Pues vaya colegas de mierda que erais.
—Usted no lo entiende porque es mayor —responde con vehemencia.
—¡Anda, hombre! Pierdes a tu amigo, no te preocupa dónde está, no preguntas a nadie y soy yo el que no lo entiende, el viejo fuera de onda.

Paul se queda callado, parece suplicar que pase de él este cáliz. Fred ha interrogado a muchas personas en situación parecida. Quieren estar a ambos lados de una contienda o permanecer al margen de ella. Su objetivo es confundirlo primero, enfrentarlo a la realidad después y explicarle finalmente que no tiene alternativa: está con los buenos o es un traidor.

—¿Sabes lo que te dice este viejo? —Sube el volumen de voz, casi le grita—. Eres un mentiroso, ocultas algo y Olivier no se lo merece. Él jamás habría mirado para otro lado si te hubieran matado y a tu madre le contaran que estabas borracho y drogado.

El joven no se atreve a devolverle la mirada, tiene los puños cerrados de rabia apoyados en la cama y mueve el cuerpo hacia delante y hacia atrás. Aparece su novia en la puerta, ha estado escuchando la conversación. Habla desde el umbral, sin entrar:

—Paul, cariño, díselo, quítate el peso de encima. No puedes seguir viviendo con miedo, te está destrozando. Olivier fue tu colega, siempre estuvo a tu lado cuando lo necesitaste.

La chica se aleja de la habitación y unos segundos después suena la puerta de la calle al abrirse y cerrarse. Fred ve las lágrimas que caen por los ojos del chico, va a hablar, ya sin más presión. Se toma un eterno minuto.

—Sí que lo busqué antes de regresar, nadie lo había visto, no podía ser. Me preocupé porque había un conductor que le tenía ojeriza, Olivier decía que era el típico asesino. —A Paul le cuesta pronunciar cada palabra, se ahoga de la emoción—. Le pregunté al chófer con el que había ido, se llevaban muy bien, Olivier lo veía como un tío simpático. Me contó que estaba indispuesto en el baño, él lo esperaría para llevarlo cuando se encontrara mejor.

—¿Por qué no se lo contaste a la Pulizija y no querías contármelo a mí?

Levanta la cara mojada para mirar a Fred y sorbe varias veces antes de responder:

—En todos los transportes venían los mismos camioneros, pero Olivier y yo dudamos de que esa fuera su única profesión. Casi todos iban armados, no ayudaban a descargar, de lo que se ocupaban los mozos, y vigilaban como si alguien pudiera aparecer para robarles la mercancía.

—¿Cómo se llaman el camionero mal encarado y el que te contó que Olivier estaba indispuesto?

Fred no aguanta hasta salir a la calle para telefonear a Lorna. El teléfono suena varias veces y salta el contestador automático.

—Cambio de planes —dice buscando las palabras adecuadas—, quizá deberías saber algo más sobre el Rapero antes de hacer el pedido. Llámame, es urgente.

31
Relación a tres

Lorna Aranda no se maquilla a diario más allá de ponerse un poco de colorete, algo de rímel y brillo en los labios, pero desde que Izaskun Etxeberri cobró vida se interesa mucho más por resaltar su belleza. Uno de sus nuevos hábitos es colocarse pestañas postizas, la empoderan, le dan seguridad, la ayudan a pensar como esa otra chica con personalidad propia.

Ignora la razón por la que el comisario y sus compañeros policías no se percataban de la diferencia entre las dos. Cuando se reunían fuera del País Vasco en casas seguras con más tranquilidad, la llamaban Lorna y la trataban como lo que era, una agente encubierta en un grupo terrorista. Si se veían con más riesgo en un cine de San Sebastián, con la sesión comenzada, se sentaban a su lado y no captaban que estaban con Izaskun, seguían tratándola como a una policía.

Izaskun ha quedado a media tarde con Tabone y empieza a prepararse con tiempo, aunque piense llegar quince minutos tarde. Disfruta mientras se arregla, al contrario que Lorna. En la ducha se lava el pelo y se limpia bien la cara con agua fría. Luego, delante del espejo, se nutre la piel con crema hidratante, corrige imperfecciones como las ojeras y aplica la base de maquillaje con una brocha de lengua de gato adquirida el día anterior. Después vienen los polvos traslúcidos para compactar el maquillaje, se coloca las pestañas postizas, se pinta los ojos con mucho detenimiento para hacerlos resaltar, pero sin que resulten chillones, añade un poco de colorete en sus pómulos y remata perfilando los labios y pintándolos con la barra carmesí.

Han quedado en la oficina de la empresa de Tabone, Security Advice. Está situada en un edificio en Ta'Xbiex, el barrio pudiente de las embajadas. Encuentra fácil la dirección, sube al cuarto piso. Se contempla en el espejo del ascensor y se gusta: los vaqueros con botines, la camiseta blanca acompañada de la chaqueta roja y, por supuesto, el maquillaje perfecto. En ninguna de las cuatro puertas del descansillo figura el nombre de la empresa, no querrán llamar la atención.

En su primer intento, le abre el propio Tabone. La invita a pasar a un piso a oscuras y se quedan en el primer cuarto pegado a la entrada. Una mesa de comedor y dos sillas, sin cuadros en las paredes y una lámpara de techo de la época de la abuela, todo muy impersonal, muy de estar de paso. Imaginaba algo más organizado, con más categoría. Él a un lado de la mesa, al estilo del oficial de notaría encargado de escriturar un crédito hipotecario, y ella al otro escuchando pacientemente los extremos de la oferta.

—¿Esta es tu sede? —pregunta con displicencia.

—No estamos mucho tiempo aquí. Hay una secretaria al fondo, pero ya se ha ido. El resto venimos a tareas puntuales y nos vamos, nuestro trabajo está en la calle.

—Con esta sala de reuniones, no creo que vayas a conseguir muchos clientes.

—Seguro que tu empresa tiene cortinas y visillos, y una recepción con una tía y un tío macizos dando la bienvenida.

—Mi empresa es virtual. Se lo expliqué a tu jefe, el ministro Curmi. ¿O debo decir a tu cliente Curmi?

—Llámalo como quieras. Y a ti, ¿cómo te llamo? Izaskun o por otro nombre.

—Puedes llamarme Izaskun, imagino que finalmente habrás encontrado datos sobre mí. ¿Quieres que te enseñe el número de mi carnet de identidad para que confirmes que te lo han dado correctamente?

—Asaltas ilegalmente la empresa de un ministro de Malta, robas una cámara de grabación, huyes antes de que llegue la policía y después intentas chantajear al ministro. No me parece que sea como para fiarse de ti —dice Tabone, lo que, viniendo de un tipo vigoroso de hombros y rocosos antebrazos, resulta amenazante.

—Curmi, como ministro, carece de jefe de seguridad y tampoco lo tiene como empresario en el negocio de los ataúdes. Yo buscaba clientes y de un primer vistazo me pareció fácil demostrar la inseguridad de la nave donde guarda el material. Pero, mira por dónde, me encontré con una gran sorpresa —Izaskun habla con firmeza, sin amedrentarse, lo mira a los ojos sin pestañear—: la nave está protegida por los mejores medios técnicos que se pueden encontrar en el mercado. Y, sorpresa sorpresa, aparece un tipo que dice cuidar a Curmi, aunque nadie sabe de dónde ha salido. Porque yo también tengo gente investigándote, Tabone o como te llames.

El hombre piensa en parar el creciente enfrentamiento, aunque no soporta que ella quede por encima.

—Te has construido una personalidad ficticia que requiere el esfuerzo de mucha gente. O trabajas para una firma con medios ilimitados para invertir en ti o eres miembro de un servicio de inteligencia.

—Has decidido que no puedo ser real porque eres incapaz de aceptar que soy más lista que tú, por ese camino habrás fracasado muchas veces. Por mí puedes perder el tiempo todo lo que quieras.

Tabone va a soltar algo, pero Izaskun lo frena con la mano y le pide que espere mientras saca un pitillo del bolso y lo enciende con su Zippo.

—La diferencia entre nosotros es que yo sé que Tabone no existe.

—¿Me has traído el equipo que nos robasteis? —pregunta enrabietado.

—Nunca te he robado nada, que quede constancia, por si estás grabando esta conversación. —Levanta la mano y saluda hacia el techo.

—No hago esas cosas —añade ofendido.

—Ya somos dos que no lo hacemos —replica ella sonriendo—. A cambio te he traído un regalito que se me ha olvidado en el coche. Si quieres, bajamos y te lo doy.

—De acuerdo —dice Tabone levantándose—. Alucino que una chica tan preciosa tenga tus huevos y tu mala leche.

—He estado en unas cuantas guerras, y a muchas mujeres nos gusta que la gente nos trate por lo que valemos, no por lo buenas que estamos.

—*Touché.*

Bajan a la calle y caminan hasta el coche de Izaskun sin pronunciar palabra. Abre la puerta y saca una bolsa negra que no permite ver que en su interior está la cámara sustraída. Tabone la coge y cambia el gesto.

—A pesar de nuestras discrepancias, ¿quieres que vayamos a tomar algo?

—¿Para seguir hablando de negocios?

—Para charlar un rato y disfrutar de tu compañía, cosa que hasta ahora no he podido hacer.

—Así, como quien no quiere la cosa, sumas datos al perfil psicológico que me estás fabricando.

—Y tú mejoras el mío, que te veo un poco despistada.

—Anda, chulito, vamos en tu coche.

—Espera un momento, me he dejado las llaves en la oficina.

Izaskun saca el móvil, ve una llamada perdida y un mensaje de voz de Fred: la advierte sobre el Rapero. Levanta la vista y ve salir del portal al aludido.

—Conozco una playa desierta que te va a encantar, de camino podemos comprar unas latas de cerveza —propone Tabone, que en cinco minutos ha sustituido su manto de malvado por el de chico obsequioso y divertido.

—Si no te importa, prefiero ir a cenar a algún sitio bueno.

—Son las siete, creía que los españoles cenabais tarde.

—Soy vasca, y los vascos cenamos cuando nos da la gana.

El coche de Tabone es un Ford Fiesta gris con aspecto bastante baqueteado.

—Te hacía con un deportivo a juego con tus músculos —suelta Izaskun en cuanto se sienta.

—Es de la empresa, tenemos varios y los usamos indistintamente.

—¿Esa empresa que me has enseñado, en la que he conocido a todos tus compañeros y en la que las luces estaban apagadas? —añade sin mirarlo mientras se ata el cinturón de seguridad.

—Cuando me presentes al asaltante de la nave, te presentaré a los miembros de mi equipo.

Tabone conduce en silencio cinco minutos y luego vuelve a dejar salir su personalidad más animosa y le cuenta las divertidas juergas de Malta. A preguntas de Izaskun, se sincera sobre una novia que tuvo hasta un par de meses antes, cuando ella le dejó, y lo complicado que es no cruzarse con sus recuerdos en una isla tan diminuta. La vasca le habla de una relación apasionada y conflictiva que la dejó tocada, y cómo el recuerdo del sufrimiento la ha mantenido alejada de los hombres.

El maltés aparca en una pendiente cerca del muelle donde fondean los barcos en ruta por la isla. Salen, y cuando llevan unos pocos metros caminando, Izaskun nota que no tiene el tabaco, se le ha debido abrir el bolso en el coche. Él, caballeroso, se ofrece a ir a buscarlo, pero ella le hace desistir. Le pide las llaves, se acerca hasta el Ford, abre la puerta, se sienta y estira el brazo por la parte de abajo del salpicadero y al llegar al fondo coloca la cajita metalizada rusa con la tarjeta sim que le entregó Fred. El velcro no se adhiere bien y cae al suelo. Levanta la cabeza, le hace un gesto a Tabone con el dedo pulgar, vuelve a agacharse, coge la caja y de nuevo la pega tan lejos como puede para dificultar su localización. Se incorpora y antes de salir le muestra el paquete recuperado.

Cinco minutos después están sentados en un bar más parecido a un chiringuito que a un restaurante con estrella Michelin.

—Créeme, te gustará.

—El pescado será fresco, imagino.

—No seas petarda, sabes que es importado.

Un «Era broma», seguido de un «No te lo creas todo», inciden en el buen ambiente que empieza a flotar entre los dos. Hace frío, más sin el sol calentando, pero los malteses parecen vivir al margen. Los atiende el camarero, Izaskun esgrime falta de apetito, quizá dentro de un rato. Tabone la mira con sorpresa, sonríe y pregunta si intenta provocarlo o es que cambia de opinión cada media hora. Ella no contesta, le sonríe pícara.

—Vale, lo entiendo, los vascos cambiáis de opinión cuando os da la gana.

—Afirmativo.

La conversación no tarda en regresar a sus vidas amorosas. Tabone pregunta por ese idilio complicado que la marcó. Ella no quiere recordar, se hace de rogar.

—Tuve una relación con dos tíos a la vez.

—Eso sí que es un follón. ¿Uno te dejaba en casa por la noche y el otro te recogía media hora después?

—Eran amigos.

—¿Hacíais tríos?

—No digas gilipolleces. ¿Qué pasaría si me gustaran los dos? ¿No se puede querer a dos hombres a la vez?

—Nada nada, allá tú.

—Los tíos habláis de tríos y os ponéis como una moto.

—Es que es muy complicado estar enamorado de dos hombres a la vez.

—¿Tú podrías estar con dos chicas y sentir que las quieres a las dos?

—Me reconocerás que no es normal. Una cosa es el amor y otra el sexo.

—Creía que para vosotros hacer el amor es como hacer pis.

—Si estás enamorado, lo normal es que estés con esa chica, y si te hartas te busques otra.

—Me vas a decir que si tienes novia no miras a otras.

—No me líes, Izaskun, mirar no es desear. Me has reconocido que la historia te dejó noqueada, por algo será.

—Los tíos vais de abiertos por el mundo, pero solo cuando vosotros sois el centro de atención. Cuando queréis a una chica y competís con un amigo, sois capaces de cualquier cosa para conseguirla.

—Dos hombres luchando por el amor de una mujer, ¿te encantaría?

—Me produjo bastante estrés.

—¿Cómo acabó la historia?

—Me quedé sola.

—¿No elegiste a ninguno?

—Los dos desaparecieron.

—No me digas que renunciaron a ti —afirma mirándola a unos ojos que en ese momento le parecen inmensos, como para desaparecer en ellos.

—No es eso. Ya te he contado demasiado, otro día más.

El hombre protesta y no le sirve de nada. Charlan de la vida, no cenan, se cruzan miradas furtivas, a veces se rozan al hablar, deciden dar un paseo y a los diez minutos un taxi pasa por su lado. Izaskun lo para por sorpresa, besa a Tabone en los labios, se sube y desaparece ante sus ojos atónitos. Saca el móvil y escribe un mensaje a Fred: «Actívate ya, hombre, que lo mismo llegas más tarde que el Rapero».

Tabone da media vuelta y deshace lo andado con Izaskun para ir a por el coche. Es una mujer insólita, no ha conocido a nadie igual. Ignora lo que pasa por su cabeza, pero daría lo que fuera por descubrir que es una chica normal, algo enloquecida, pero normal. De momento, es un enemigo potencial, aunque todavía no ha logrado identificar el tipo de amenaza. Utiliza el móvil en cuanto entra en el coche:

—Adam, ¿lo has conseguido?

—Lo siento, jefe, os estaba siguiendo a pie, tenía el coche lejos, y no he podido dar con ella.

—*Lehaudén!* —dice—. No podemos infravalorarla, cada día que pasa me parece más lista, maneja las situaciones como una profesional.

—La próxima vez haremos un despliegue en condiciones.

—Nos puede dar más problemas de lo que esperamos. O quizá estamos exagerando. No lo sé.

32

Miedo en el cuerpo

8 de febrero, Madrid

Chema Ranga termina de colocarse los gemelos en la camisa de seda blanca cuando oye la música del teléfono. Aparece «Lobo» en la pantalla del móvil.

—¿Te ocurre algo o nos vemos dentro de un rato?

—Llegaré un poco tarde, dejé el coche a arreglar y lo van a traer más tarde de lo que me prometieron.

—Tranquilo, te esperamos. Yo salgo dentro de unos minutos.

Suena el timbre de la calle, abre la puerta y se encuentra a un mensajero con una caja de cartón muy grande en las manos. No le ve la cara, solo le oye gritar su nombre y apellido, y decirle que debe firmar un recibo. Lo invita a pasar y a dejar el paquete en el recibidor. El chico le pide un boli, el suyo se lo ha robado un cliente, y va a la cocina a por uno. Mientras lo busca, oye un portazo, sale y se encuentra a dos tipos con pasamontañas y guantes. Uno de ellos le apunta con una pistola.

Mikel llega veinte minutos tarde a la reunión. Se disculpa y Aday Santana lo invita a tomarse algo mientras llega Chema.

—Qué extraño, he hablado con él hace algo más de media hora para advertirle de mi retraso y ya salía para aquí.

—Entonces no tardará. He abierto una botella de vino, pero me temo que las diez es demasiado pronto para ti.

—Si me das un café con leche, te lo agradezco y dentro de un par de horas prometo acompañarte, si no te la has acabado. ¿Ya están los demás?

—Ismael no viene a estas reuniones tácticas, le informo yo más tarde. La señora ya ha llegado.

Iwao se le está acercando.

—¿Dónde puedo guardar mi pistola? —le pregunta con apremio—. No pienso dejarme registrar.

—Acompáñame, tengo una caja fuerte.

Suben a la primera planta y entran en un dormitorio de adolescente empapelado de pósteres de grupos de música y actores barbilampiños de series de televisión. Aday le cuenta que es el cuarto de la hija que casi nunca va a verlo. Abre un armario empotrado lleno de abrigos y en la parte de abajo aparece una puerta de madera que oculta la entrada al rincón más blindado.

Mikel se coloca ostentosamente de espaldas, espera a que el padrino meta la clave y luego saca el arma y la introduce personalmente. La caja está llena de fajos de euros y pesetas, de documentos y, lo más inesperado, hay un subfusil y una pistola.

—No son mías, se las guardo a Iwao. Siempre es bueno tener en casa armas no rastreables. Me puedo cargar a cualquier cabrón que entre a robarme.

—La mía tiene todos los permisos, no te vayas a confundir.

Chema está en la bodega de su casa rodeado de las botellas de vino que atesora con mimo y pasión de coleccionista. Tiene montado un pub con una barra de madera maciza de caoba, enmarcada en una pared de espejos con soportes en los que expone sombreros de vaquero, estribos para montar a caballo y puñales de indios. Su rincón del salvaje Oeste americano.

Al lado, una mesa baja, a juego con la barra, rodeada de un asiento corrido de obra en forma de U, con cojines tejidos a medida. Y una mecedora antigua de hierro y madera, heredada de su abuelo. La mecedora en la que lo han sentado a la fuerza, con cada una de las piernas sujetas por grilletes de lazos iguales a los que le aprisionan las muñecas al balancín.

El secuestrador que blande la pistola no deja de jugar con ella pasándosela de una mano a otra de forma amenazante. Tras el susto inicial, Chema ha reaccionado con un débil conato de resistencia, abortado con rapidez con un doloroso gancho en el estómago. Después lo han amordazado con cinta de embalar y lo han bajado a la bodega. Tras inmovilizarlo, el de la pistola, que lleva la voz cantante, empieza a leer en alto el nombre de una de las botellas de vino tinto:

—Romanée-Conti. ¡Anda! Esta bodega francesa es la más prestigiosa del mundo. Y también la más cara. Este ejemplar puede costar..., ¿cuánto?, ¿un millón, dos millones de pesetas?, ¿6.000, 12.000 euros?

Le muestra la botella y con ademanes ralentizados estira el brazo derecho hacia delante y hacia arriba, y pasa a sujetarla en el aire solo con dos dedos. El nerviosismo se apodera de Chema, intenta zafarse de sus ataduras, la desesperación lo lleva a suplicar con la mirada, y los latidos cardiacos se le disparan cuando el otro la deja caer y se destroza al contacto con el suelo. El estallido en pocos pedazos le saca sonidos guturales que se hacen aún más broncos cuando a los pocos segundos contempla cómo selecciona una segunda botella.

—Esta pone La Tâche Grand Cru. —Mira al hombre maniatado, necesita que sufra imaginando el sacrilegio que va a cometer. No solo es la pérdida de dinero, es aún más grave: la imposibilidad de recuperar ese vino para su antología, del que apenas existen más botellas.

Chema niega con la cabeza, lo mira pidiéndole compasión. ¡Cómo coño ha descubierto tan rápido ese cabrón cuál es su punto vulnerable!

—¿Cuánto cuesta? Debe estar en el millón y medio de pesetas.

De nuevo a cámara lenta repite cada uno de sus movimientos, sin apartar la mirada de la cara aterrorizada de su víctima, y esta vez la lanza para arriba. Al caer al suelo, se hace trizas y el vino se desparrama esparciendo más ampliamente la mancha por el suelo de madera. A su dueño le duele como si le hubieran arrancado a dos de sus hijos, pero lo peor es que el tipejo ese es consciente del daño que le está infligiendo. Al fin llega la esperada oferta de pacto:

—Si no gritas, te quito la mordaza, y si nos ayudas, no destrozo ninguna botella más.

Chema se percata del acento francés del hombre que lo tiene inmovilizado. Le da igual de dónde sea, lo único que quiere es que se larguen cuanto antes sin llevarse nada de valor. Cuando la primera bocanada de aire le entra en los pulmones, les jura que no tiene dinero en casa, lo que es mentira, pero algunos de sus cuadros tienen un enorme valor, lo cual es una exageración.

—Eres el puto responsable del asesinato en París de un gran amigo. Te conviene contarme por qué lo mataste, hijo de puta, o... —frena un momento— ¿a quién le ordenaste la ejecución?

Chema siente escalofríos, un poco de mareo y dolor en el pecho, el pánico lo invade. No ve las facciones del semblante que lo amenaza, pero el tono es de alguien dispuesto a hacer lo que esté en su mano para arrancarle la información. Piensa en ponerse a gritar como un loco, y la idea le dura un segundo. Nadie lo oiría, ha celebrado en la bodega muchas fiestas hasta altas horas de la madrugada y jamás se ha quejado ningún vecino.

Apenas ha pasado medio minuto desde que le ha formulado la pregunta cuando el secuestrador agarra una tercera botella. ¡Horror!, es un Château Margaux, le costó cerca de dos millones de pesetas, un burdeos impresionante. Le implora que no lo haga, pero esta vez no se lo toma con parsimonia: rompe la botella de un golpe seco contra la barra.

Aparece ante él una intimidación más disuasoria: una mano enguantada que empuña el cuello de la botella, del que salen restos puntiagudos de cristal capaces de cortar sin mucha dificultad el cuello del secuestrado, al que se dirige amenazadoramente. El sonido de un mensaje entrante del móvil guardado en un bolsillo del pantalón despierta en él un halo de esperanza.

—He quedado con un amigo muy peligroso, os conviene largaros cuanto antes.

Los dos asaltantes estallan en carcajadas.

—Chema no me responde —dice extrañado Mikel—, lo mismo le ha pasado algo.

—Seguro que no. Siéntate a mi lado y comencemos la reunión.

El padrino se ha colocado en la cabecera de la mesa de comedor del salón, con la señora a su lado derecho, y le ha pedido a Mikel que se ponga en el izquierdo, los dos frente a frente. Iwao permanece de pie cerca de la puerta.

—Aiko ha recibido la información del próximo envío, será más grande de lo habitual.

—Vamos a duplicar las medidas de seguridad —interviene la señora dirigiéndose a Mikel—. Más cargamento, más riesgos y, si saliera mal, más pérdidas. Queremos que elabore un plan para que el material se salte las aduanas y llegue a destino sin contratiempos. Dicen que es muy bueno en esos temas, demuéstrelo.

—¿Cómo tienen pensado hacerlo?

—Llegará por mar a Barcelona en dos barcos dentro de unos diez días —dice mostrando los diez dedos, permitiendo a Mikel observar sus cuidadas y puntiagudas uñas que parecen listas para arañar.

—¿De dónde proceden? Aunque ya sé que lo cree, no soy adivino.

—Esa información es innecesaria. Chema ha preparado un plan y usted nos presentará uno alternativo. Discutiremos ambos y el resultante lo aplicará sumando su red de contactos a la nuestra. Nadie le transmitirá ningún detalle de los que yo no le cuente.

—Una pregunta, ¿alguien conoce todos los pormenores?

—Solo yo al cien por cien.

—Compartimentos estancos.

—Menos riesgos, y si nos traiciona, podremos protegernos.

—Si no están convencidos de mi lealtad, ¿por qué me aceptan?

—Le respaldan todos, yo no —dice con rostro tranquilo y decidido, sin el mínimo atisbo de agresividad—. Demuéstreme primero su honradez y pericia, luego ya veremos.

—Doy por supuesto que los barcos traen algún tipo de producto o productos a España. Y que entre ese material vendrá otro en bolsas, que supongo será cocaína.

—Por el momento, eso le da igual.

El padrino no muestra intención de participar en la conversación. La sigue con distancia, respetando y respaldando la autoridad de Aiko.

—Otra cosa —pregunta El Lobo—: ¿cuánto pesará el cargamento más o menos?

—Por encima de los dos mil kilos.

—Eso es mucho —añade poniendo cara de entendido y de estar

visualizando las ideas de un proyecto para engañar a las Fuerzas de Seguridad, aunque nunca ha participado en una operación similar.

Chema ha entendido perfectamente la pregunta lanzada por el secuestrador y su tono belicoso y desafiante. No hacía falta que le rozara el cuello con los restos afilados de la botella.

—No sé de qué asesinato me hablas.

—¿Qué negocio tienes entre manos que mi amigo francés puso en peligro?

El secuestrador presiona el cristal, con olor a vino gran reserva, hasta pincharle el cuello. Chema no articula palabra, si se mueve le puede cortar. Una gota de sudor cae de su frente al pantalón del traje. El improvisado puñal se aleja unos centímetros.

—¿Qué negocio tienes en Malta?

Chema niega con la cabeza, nota en la garganta la sequedad de la angustia. Odia que sepan que está desbordado. El secuestrador se aparta un poco y por sorpresa le da un corte en el tríceps, en la parte de atrás del brazo izquierdo, cerca del codo. Grita como si estuviera poseído por un demonio y empieza a recibir bofetadas sin parar hasta que se calla. Le duele, la sangre que brota torna roja la camisa rajada y embadurna el pantalón.

—Volvamos a empezar. ¿Qué me dices de Malta y de mi amigo francés asesinado? ¿Quién lo mató? ¿Lo hiciste tú?

—Nooo —grita iracundo—. Jamás he matado a nadie en mi vida. No sé quién es tu amigo, ni sé nada de Malta, ni de Francia.

—Eres un despreciable mentiroso —lo insulta el secuestrador y le pega un puñetazo en la mandíbula. Después se dirige a su socio—: Ven aquí, sujétale la mano, no sea que en lugar de cortarle los dedos de uno en uno, le arranque varios de una vez.

—A ver si me aclaro —dice Mikel mirando primero a la señora y luego al padrino—. Tiene un plan establecido para meter droga, o lo que sea, en España y me reta a que yo diseñe uno mejor que el de Chema.

—Queremos que aumente la seguridad de nuestros envíos, soborne a quien haga falta y nadie se entere de cómo hacemos para ingresar el material —responde la señora sin perder su aire de distinción—. Si no hay problema, gana mucho dinero. Si descubren el envío, está muerto. Si nos traiciona, sufre antes de morir.

—Usted siempre tan clara. No olvide que muchos han intentado matarme y si no lo han conseguido es porque tengo a todos los ángeles de la guarda de mi parte, y usted debería saberlo, que es sensitiva.

—Sé que tiene espíritus de su lado, los conozco bien, estoy muy cerca de ellos.

Mikel deja de mirar a Aiko y se dirige a Aday:

—Necesito el dinero, haré el trabajo.

—Me alegro, Mikel, bienvenido al equipo. Vamos a tomarnos ese vino.

—En otro momento, estoy preocupado por Chema, ha desaparecido sin decir nada. Me acercaré a su casa.

Chema aprecia dudas en el socio del pistolero en el momento de sujetarle la mano al reposabrazos de la mecedora. No se siente a gusto en su papel de observador y le irrita participar en la tortura. De hecho, no le presiona mucho la mano y evita mirarlo a él y la sangre que brota de su brazo.

Vuelve a sonar su móvil. Para y se repite la llamada. Así cuatro veces. Quizá a alguno de sus amigos le ha mosqueado su desaparición. Ojalá la señora mandara a su hijo, apareciera por allí y liquidara a los dos. Él personalmente se encargaría de enterrar los cuerpos en el jardín y plantar encima dos alcornoques.

—No lo preguntaré más —dice el secuestrador cuando su ayudante tiene su mano inmovilizada y él ha acercado los restos de la botella a su dedo índice.

—Tranquilícese, por favor, no lo haga. Ayudo a un grupo de gente, pero no sé al detalle lo que hacen. Hay una japonesa que dirige el grupo, quizá ella ha podido encargar asesinatos, no sería la primera vez, pero le aseguro que no sé nada.

—El día 15 de enero celebró una cena en su casa.

Sin esperar respuesta, el secuestrador empieza a hacerle notar lo afilado del cristal en la mano, que ya está roja de la sangre vertida por el corte en el brazo.

—No recuerdo —grita agobiado y empezando a sentir mareos de nuevo.

—Cena en su casa el 15, no lo repito más.

—Sí sí —rememora—. Vinieron mis amigos.

—¿Qué amigos?

—Aiko, su hijo Iwao, Ismael y Aday.

—Esa noche recibió una llamada procedente de Malta. ¿Quién era?

—No lo sé, estará en mi móvil.

—No —grita el secuestrador—, al teléfono fijo de esta casa.

—Ay, joder, no lo sé.

Siente el corte en el dedo y grita como si se lo hubieran arrancado. Las bofetadas continuas le hacen parar y percatarse de que ha sido solo un corte en la primera falange; sangra, pero el dedo sigue en su sitio.

—Contesta de una puta vez, cabrón.

—No llamó nadie, te lo juro. No hablé con nadie desde el teléfono de casa.

El timbre de la puerta suena, siente como si un rayo de sol iluminara su pesadilla. Los asaltantes se miran y el que lleva la voz cantante le tapa la boca con cinta de embalar. El ayudante se acerca a la puerta del sótano que da salida a la parte de atrás de la casa. La llave está puesta. Suena de nuevo el timbre, esta vez repica como si no fuera a parar.

—Volveremos y pagarás por lo que has hecho. No hay lugar en el mundo donde puedas esconderte.

Desaparecen de su vista. Intenta gritar, pedir socorro y lo único que consigue es zarandear la mecedora, volcarla y acabar con la cabeza lastimada en el suelo y los pies apuntando al techo.

Unos minutos después Mikel se lo encuentra en esa postura indecorosa. Coloca adecuadamente el balancín y le quita la mordaza.

—Me han secuestrado dos franceses.

—Si estás en casa, ¿cómo te van a haber secuestrado? —dice el infiltrado mientras le desata brazos y piernas.

—Entraron cuando iba a salir a la reunión.

—Tienes mucha sangre, voy a llamar a una ambulancia.

—Son solo unos cortes. Nada de policía, nadie debe enterarse.

—Tendrán que darte puntos en el brazo y en esa mano, estás sangrando mucho.

—Vamos arriba —dice Chema resuelto mientras se incorpora, pierde el equilibro y se agarra a su amigo para no caerse—. Tengo un botiquín en el baño, me lo curas y ya está.

—Joder, han entrado en tu casa, te han retenido, hay que avisar a la policía, que busquen huellas...

—Llevaban guantes.

—¿Cómo entraron?

—Les abrí yo.

—¡Joder, Chema!

—Iba con prisa, un mensajero traía un paquete...

Mikel lo coge por la cintura, nota su mareo y lo ayuda a subir las escaleras. Van al cuarto de baño, muy grande, con una espaciosa bañera de hidromasaje. Lo sienta en una banqueta de madera, le quita la camisa, más roja que blanca. Con gasas le lava las heridas del brazo, de la mano y de la cara.

—Los cortes no son profundos, pero tenemos que ir a urgencias a que te den puntos, al menos en el brazo, esto solo no se cierra.

—En el armario, encima del lavabo, tengo una caja con puntos de sutura adhesivos.

—El músculo del brazo hay que coserlo, antes o después tendrás que ir al hospital.

—Ponme los adhesivos, coño, une los dos bordes de la herida. Ya veremos luego.

—¿Qué pretendían los ladrones? —pregunta Mikel—. ¿Qué guardas en casa?

—Ponte esos guantes, échame desinfectante y luego me colocas los puntos —le repite Chema—. No querían dinero ni nada de valor.

—Entonces, ¿para qué te han torturado? Si no aparezco, al cabo de unas horas tendrías el cuerpo hecho un colador.

—Deja, no seas desagradable.

Mikel le desinfecta primero la herida del brazo y luego la del dedo, su amigo grita una y otra vez, es un paciente pésimo. Le coloca varias suturas. El brazo no tiene buena pinta, le hace un vendaje compresivo para evitar el sangrado.

—¿Cómo entraste?

—Oí un golpe y descubrí que estaba abierta la puerta del sótano. Por suerte para ti, he estado muchas veces aquí. Oye, soy Mikel, cuéntame lo que ha pasado, puedo ayudarte y lo sabes.

El rostro de Chema denota el pavor por lo que ha padecido, el temor a sufrir dolor, a que lo cortaran en trozos.

—No tengo ni idea de lo que querían, es posible que se hayan equivocado.

—¿Equivocado?

—Creí que hablaban de nuestro grupo, pero lo que querían saber no tenía nada que ver con nosotros.

—¿Qué querían?

—Prométeme que no se lo dirás a los demás, me echarían, no se sentirían seguros conmigo.

Mikel lo anima a sincerarse, pero antes lo lleva a su dormitorio. Lo sienta en la cama, busca una camisa y lo ayuda a ponérsela.

—Eran franceses, al menos el que hablaba tenía ese acento, el otro no dijo ni mu. Me acusaban de haber asesinado a un amigo suyo en París. También decían que he enviado material a Malta, no sé lo que tiene que ver con el francés asesinado —recuerda desbordado por la emoción.

—¿Habéis matado a alguien en Francia? —pregunta Mikel con sorpresa.

—No sé si los demás han matado a alguien, bueno, sé que Iwao sí, pero te juro que no tengo nada que ver. Me conoces, soy incapaz.

—Es impensable. ¿Y lo de Malta?

—No tenemos negocios allí.

—Quizá el resto del grupo no te lo cuenta todo.

—No tiene sentido, lo sabría.

—¿Por qué van a por ti?

—No lo sé. También me hablaron de una cena aquí el 15 de enero.

—¿Qué les interesaba de esa cena?

—Estaban empeñados en que había recibido una llamada en el teléfono de casa.

—¿De quién?

—¡Qué narices sé!

Mikel le hace un gesto de incomprensión con los hombros.
—Esa noche hablamos de negocios, pero no atendí ninguna llamada.
—¿Quién podía llamarte?
—Nadie del trabajo, esas cosas se hablan en persona.

33
El interior del féretro

El Lobo abandona la casa de Chema pasadas las cuatro de la tarde. Antes, su amigo vuelve a rechazar por enésima vez su ofrecimiento para acompañarlo al hospital o a la comisaría, la mezcla de un Enantyum para el dolor y un lorazepam para dormir ha empezado a hacerle efecto. Tiene cinco horas de viaje por delante hasta llegar al restaurante gallego donde ha quedado para cenar con un agente en activo con la esperanza de que le pueda facilitar información acerca de Aiko.

Cuando ya ha entrado en la autovía, telefonea a Álex:

—Te has pasado en el corte del brazo.

—No digas tonterías, se lo hice en una zona musculosa, sangra poco, y sin venas ni arterias el peligro es mucho menor. Lo que pasa es que tu amigo grita como una gallinita.

—¿Has estado escuchando nuestra conversación?

—Claro. O nos está mintiendo, para lo cual no tenía luces durante el interrogatorio, o pasa algo raro. Le he pedido confirmación a Vero y el dato de la llamada a su casa es seguro. Ahora está atenta a la intervención telefónica que hemos hecho de su teléfono gracias a Sitel. Si en alguna llamada cambia de versión, nos avisará.

—No creo que me haya mentido, seguía teniendo el miedo pegado al cuerpo. Solo nos queda una posibilidad.

—La llamada entró y alguien que no era él la descolgó.

—Y ese alguien o «álguienes» esconden una parte del negocio a Chema y quizá a los demás.

—Otrosí, que diría un juez: ese alguien o «álguienes» le dijeron a Curmi que le telefoneara desde Malta a ese número de teléfono para confirmar la llegada del envío. Si posteriormente alguien, como nosotros, descubría lo que habían hecho, podía negar su implicación y cargárselo al tonto de Chema.

—Eso incidiría en que uno o varios llevan un negocio paralelo.

—¿En quién estás pensando?

—La japonesa es una buena candidata, podría disponer de infraestructura y conocimientos para montar una operación en varios países europeos a la vez. También el padrino y el tesorero disponen de contactos en España, pero no sé en otros países.

—Tendremos que seguir investigando.

—¿Qué tal con Pablo?, ¿cómo se le dio estar sobre el terreno?

—Como mensajero tuvo una actuación corta y eficiente. Luego la violencia lo superó. No sé si está hecho para el trabajo de campo. A Vero no le gustó nada que participara.

—Me parece que con ella encajas mejor que con Lorna.

—Tampoco es muy difícil, al menos hablamos sin que me insulte. ¿Te vas a Galicia?

—En ello estoy. Espero descubrir algo sobre Aiko, me tiene muy despistado, no sé a qué atenerme con ella. Estate atento a lo de Malta, a ver si los nuestros descubren algo y nos iluminan el camino.

Algo más de tres horas después, cuando la lluvia arrecia y el sol deserta totalmente de seguir acompañándolo, suena su teléfono, es de nuevo Álex:

—Estoy en la sala de trabajo con Vero y Pablo. Voy a conectar el manos libres para que podamos ponerte al día.

La pareja saluda y el antiguo infiltrado en la extrema derecha le recuerda que Fred ha llegado esa mañana a Malta y ha tenido una reunión con el inspector Bonello. Ha descubierto que los objetos personales de Olivier han desaparecido.

—Están haciendo desaparecer pruebas —suelta Mikel—. Eso es gravísimo.

—Quien lo haya hecho tiene buenos contactos en la Pulizija —añade Álex—. Bonello, creo que avergonzado, le ha dicho que hizo unas fotos para Morel, se las ha enviado de inmediato por correo electrónico y Fred a nosotros.

Vero entra en liza:

—Hay una imagen de un fajo de billetes de 5.000 pesetas envuelto en una cinta. Ampliando ampliando, he podido leer que llevan un sello con el logo del Banco de España y una fecha: 10 de enero de 2002.

Nadie apostilla las últimas palabras. Mikel mantiene la mirada en una carretera sin tráfico y sus pensamientos se pierden intentando interpretar el nuevo dato. Álex interviene:

—Difícilmente le pudieron pagar a Olivier cualquier tipo de servicio con unos billetes que cinco días antes estaban en poder del Banco de España.

—Sin duda —concluye Pablo, muy callado hasta ese momento—, los sacó de uno de los féretros.

—Alguien desde Madrid con cierto poder —añade Mikel— envió a Malta una verdadera fortuna en pesetas sacadas del Banco de España, en un momento en el que esos billetes están siendo sustituidos por euros. Y lo que sea que están montando se repite, al menos, en Francia.

Vero cierra el círculo:

—No os olvidéis de Malta, tienen un ministro jugando un papel destacado.

—Hemos hecho un gran avance y me desbordan las preguntas. ¿Qué organización hay en Europa, o en el mundo, capaz de sacar dinero de los bancos centrales más poderosos sin que trascienda? ¿Es posible que desaparezca tanto dinero en efectivo y los cuerpos policiales y de inteligencia no lo sepan? ¿Qué quieren hacer con lo que pueden ser cientos de millones de euros y dónde piensan esconderlos? Está claro que mataron a Olivier porque descubrió lo que contenían los féretros.

Pablo interviene de nuevo:

—He calculado el dinero que están moviendo, al menos el que trasladaron desde España en la última ocasión. Un fajo como el que tenía Olivier en su poder, compuesto por 100 billetes de 5.000 pesetas, es decir, medio millón de pesetas, tiene 1 centímetro de alto, 14,6 de largo y 7 de ancho. Los féretros son de diferentes tamaños, he cogido un prototipo de 2 metros por 58 centímetros y por 71 centímetros, aunque he visto otros modelos más reducidos. Redondeando por lo bajo, cabrían unos 7.500 paquetes de medio millón de pesetas. En euros, también redondeando, serían unos 24 millones. Por 50 féretros de ese envío, desconocemos la cantidad de los anteriores, saldrían 1.200 millones de euros.

—¡Madre del amor hermoso! —exclama Mikel.

34
Marisco y vidas ocultas

Miño (A Coruña)

Un camarero acomoda a Mikel en la terraza cubierta del restaurante A Carboeira, y en cuanto se sienta lo ve llegar. La cristalera panorámica con vistas al mar le permite otear cómo aparca su coche en batería cerca de la entrada y, al apearse, mira a todos lados con disimulo, resquicio de su etapa en la lucha contra el terrorismo o, quizá, de cualquier otra operación en marcha.

Hace veinte años, cuando lo conoció, Marcos Galán estaba casi igual: un hombre por encima de los cien kilos de peso, imposible caminar más estirado, desconfiado hasta el extremo. Oficial de inteligencia del servicio secreto, había oído hablar poco de la Operación Lobo. En aquellos tiempos, un civil era lo menos considerado, junto con las mujeres, en una agencia militar que estimaba por encima de todo cualidades castrenses como el compañerismo, el honor, la lealtad y la disciplina. De Lejarza destacaban su valentía y censuraban su falta de respeto a los jefes.

Sus caminos se cruzaron en una misión: El Lobo dirigía un grupo para identificar en los Pirineos las vías clandestinas de paso de los terroristas entre Francia y España, las mugas. Necesitaba a alguien con licencia de armas y que pudiera enseñar un carnet que evitara las retenciones en los controles policiales, pues su aspecto desaliñado, adoptado para moverse en ambientes hostiles, los hacía parecer más etarras que a muchos etarras.

Arrancaron su relación en ese momento. Galán quedó con él en un bar y Mikel llegó antes para observarlo desde lejos. La diferencia es que ahora ya sabe que detrás de esa fachada engreída y altiva hay un tipo encantador, amable con compañeros y subalternos, crítico con los mandos. Conectaron con naturalidad y, pasado un año, cuando desde el servicio ordenaron a Galán cortar el contacto, no les hizo caso. Establecieron un vínculo de amistad y confianza que superó el paso del tiempo. Se veían poco, pero el que recibía la llamada del otro siempre lo dejaba todo para acudir a la cita.

Eso es lo que había hecho ese día el coronel Galán, oficialmente destinado en la delegación del servicio en A Coruña. Extraoficialmente, según Fred, jefe de la Unidad 320, una zona oscura dentro del servicio dedicada a operaciones ultrasecretas.

Son las nueve, la luna se refleja relajadamente en el mar tranquilo como si la estuviera meciendo. Una vista que solo puede disfrutar Mikel porque Galán se ha sentado de espaldas. Es la primera vez que se encuentran ahí. El militar le narra los motivos de su destierro: lo pillaron ejecutando una operación contra un político que mantenía una relación sospechosa con un diplomático chino. El objetivo había detectado el seguimiento, había alertado a la policía y estos habían pillado con las manos en la masa a dos de sus agentes. Lo negaron todo —«Ya sabes, eso de que estábamos siguiendo a un diplomático extranjero»—, y el director llamó al político para mentirle a la cara. Finalmente, a cambio de olvidar el tema, ofrecieron cortarle la cabeza al responsable, a él. Había una vacante de jefe de delegación en Galicia y aceptó el traslado. Mikel le deja hablar y hace el papel del espía ingenuo, como si se creyera la historia a pies juntillas. «Quizá —piensa— haya algo de cierto y su unidad secreta está metida en algún tema relacionado».

El Lobo lo pone al día de sus novedades. Se detiene en la operación en Dubái contra Al Qaeda y su regreso a España sin arreglar su enfrentamiento con el servicio. Le explica genéricamente que ha aceptado relacionarse con un grupo mafioso, sin especificar quién le ha hecho el encargo ni a qué se dedican. En los temas laborales son francos dentro de lo que pueden y respetan la necesidad de discreción del otro.

Tras la llegada del plato principal, una mariscada imponente, Mikel saca el tema antes de ponerse las manos pringosas.

—Marcos, necesito que me eches una mano. En el grupo de malos con los que convivo, hay una mujer sorprendente de la que no consigo saber nada. Quizá escucharas hablar de ella mientras estabas en la contrainteligencia o puedas preguntar a alguno de tus excompañeros, siempre que no te suponga un problema. Se llama Aiko Tamaguruku.

—Pero, hombre, ¿dónde te has metido?

—¿Te suena?

—La conozco perfectamente, la seguimos en los años ochenta. El servicio japonés nos alertó de su presencia, una forma de rogarnos manga ancha en sus actuaciones y al mismo tiempo pedirnos ayuda. No te sale en tus investigaciones porque no debes buscar Tamaguruku, sino Takabashi, el apellido de su esposo, uno de los jefes más importantes de la Yakuza. Es un caso muy peculiar, de esos que nunca se olvidan.

—Soy todo oídos. Habla, que yo empiezo con este buey de mar. —Ríe mientras su amigo saca un habano, lo enciende y le da una calada profunda.

—Aiko llegó a España con un niño pequeño y un contrato de trabajo como directiva en una empresa de electrónica. Nada hizo saltar nuestros radares ni los de la policía. Su documentación era auténtica al cien por cien. Lo único es que no aparecía el nombre de su marido por ninguna parte.

—¿Os alertaron en ese momento?

—Unos años después, pero su historia es apasionante. Aiko aterrizó con discreción, compró un carísimo chalet en un barrio pudiente, contrató personal de servicio a los que pagaba religiosamente y muy bien, escolarizó a su hijo y estudió aceleradamente español. Cuando empezaba a soltarse, comenzó a organizar fiestas en su casa para socializar con los vecinos y más tarde fue ampliando el abanico de invitados, siempre con gente influyente y de pasta. Las reuniones eran un éxito. No te puedes imaginar el plato fuerte: se vestía con un quimono muy rojo y tocaba un instrumento parecido a una guitarra, pero con tres cuerdas, el *samisen.*

—¿Cómo te acuerdas de eso después de tanto tiempo? —pregunta Mikel tras chuparse el dedo pulgar lleno de restos del buey.

—No se me olvidará nunca, hice una inmersión en la cultura del pueblo japonés y sus simbolismos. No me quedó otra, tras la alerta de nuestros colegas me encasquetaron las pesquisas. Descubrí esos detalles y me extrañó que una señora tan distinguida bailara en España, vestida con su traje tradicional. No me entraba en la cabeza que una ricachona española en Japón pudiera organizar fiestas y vestirse de gitana para deleitar a sus invitados con un baile flamenco.

—¿Qué descubriste?

Mikel sabe que mucha gente muestra prejuicios ante el aspecto de Galán, el típico gordo tonto con el cuello rebosante. Él conoce su carácter taimado, descreído, ingenioso, siempre parece relajado y no deja ver su ambición desmedida de poder. Quien lo infravalora suele terminar mal.

—Antes te diré que nos hicieron llegar un dosier tremendo sobre su marido, una enciclopedia de delitos. Se creía un samurái, la gente lo temía como a un samurái y cuando mataba lo hacía con una katana estrambótica de samurái, con una vaina de madera pintada de colores saltones y la hoja de una dimensión exagerada.

—¿Estaba loco?

—Está. No he leído que lo mataran. Es un tipo muy peligroso, dirige una banda yakuza llamada Kabuki-kai, en mis tiempos era la más cruel del país.

—¿A qué se dedica?

—No hace ascos a nada: asesinatos por encargo y previo pago, todo tipo de negocios sexuales, tráfico de armas, chantaje a empresas, apuestas ilegales, narcotráfico, lavado de dinero, corrupción política. Seguro que me dejo unos cuantos negocios más.

—Aiko debe ser de armas tomar para haberse casado con un tipo así.

—No sé cómo es ahora, pero hace veinte años era la antítesis de un yakuza.

—¿Quieres dejar de hablar y de fumar, y darles a las navajas y los carabineros?

—Come tú, en Madrid no vas a encontrar un marisco tan fresco. El humo del puro ya me alimenta suficiente. ¿Has oído hablar de las geishas?

—¿Aiko es una geisha? —Mikel lo mira sorprendido—. ¿Una prostituta?

—No seas burro. Primero e importante: las geishas no se acuestan jamás con sus clientes. Bueno, lo de jamás no será tan radical. Su trabajo es divertirlos bailando, recitando poesía, pero sin tocarlos ni dejarse tocar. Además, no era una geisha, sino una maiko.

—¿Eso qué es?

—Más o menos es una aprendiz de geisha, una tarea más dura que hacer una carrera. Tienen que entrar en una escuela especial, servir de asistentas mientras van aprendiendo baile, música, poesía y esas cosas. Si aprueban un examen, pasan a dedicarse las veinticuatro horas del día a prepararse, viviendo siempre en la casa escuela.

—Un día —lo interrumpe El Lobo—, Aiko estaba tomándose una copa y, tatatachán, apareció el yakuza ese.

—Más o menos, pero con mucho más glamour. Le impresionó al verla actuar con su cara pintada de blanco y su quimono rojo, y no paró de contratarla. Se volvió loco por ella, sabía que como maiko era intocable, pero se saltó la norma. La persiguió hasta la extenuación y consiguió que renunciara a seis años de una sufridísima carrera, a la puerta de cumplir su sueño infantil de convertirse en geisha.

Mientras Mikel ataca los percebes, Galán le explica que fue tiempo después de casarse cuando Aiko descubrió el trabajo innoble de su marido, justo el día que le anunció que debía irse a vivir lejos de allí con el bebé que acababa de concebir. Había ordenado asesinar al jefe de una banda rival, el matón no solo había fallado, sino que había acabado por propia iniciativa con la vida de la esposa y el hijo. Desde su salida del país, venía a visitarla a España una vez al año, pero el resto del tiempo la dejaba en paz.

—¿Crees que ella dirige los negocios de los Kabuki-Kai en España?

—Cuando la investigué, no encontré conexiones, pero han pasado muchos años. Estar de brazos cruzados es muy aburrido y parecía una tipa lista. Las mujeres no son bien vistas por los yakuza, pero está casada con el jefe.

—Tiene creencias sobrenaturales, se comunica con los muertos.

—Su casa estaba llena de amuletos para el trabajo, los estudios, enfermedades, para todo. Lleva veinte años viviendo sola con su hijo y el servicio, todos japoneses. No me extrañaría que la protegieran los muertos. A mí me darían más miedo los yakuza, te cortan la cabeza primero y te piden explicaciones después.

35

¡Mierda!

9 de febrero, Madrid

Mikel decidió volver a Madrid tras la cena, aunque a Galán le contó que iba a pernoctar en el pueblo cercano de Sada. Le encanta conducir de noche y, como el sueño y él mantienen una pésima relación, prefería acostarse en su cama. Llegó menos de cinco horas después con la esperanza de dormir de un tirón al menos ese mismo tiempo. No lo consiguió: es el inconveniente de vivir en el mismo chalet donde trabajas.

Unos golpes en la puerta y la voz de Pablo lo despiertan. Es urgente, lo espera en el salón. Aparece diez minutos más tarde de mal humor.

—Son las ocho, he llegado hace un par de horas. Espero que tengas un motivo aceptable para haberme levantado.

—Anoche recibimos nueva información desde Malta, estuvimos trabajando hasta tarde. Vero y Álex no tardarán en llegar, yo soy la avanzadilla, según me ha definido Álex.

Mikel, con el pelo alborotado, viste un albornoz rojo encima de un pijama azul. Intenta cambiar el gesto desabrido. Mira a Pablo, no ha debido tener tiempo para arreglarse porque va descuidado, se ven huellas de dedos en sus gafas y la sudadera está tan arrugada como si hubiera dormido con ella puesta.

—¿Qué tal te fue la experiencia de ayer?

—Me gusta hacer trabajos lejos de los ordenadores, pero no sé qué le pasa a Álex.

Espera a que Mikel le pregunte, pero no lo hace, se limita a beber un sorbo de la taza. Decide seguir hablando:

—Tiene algún problema interior bastante grave. Va de legal y amable, de preocuparse por sus colegas, pero él no es ese.

—¿Qué pasó? —interviene Mikel.

—Es un degenerado —anuncia sin mirarlo a la cara—, tú no lo conoces, no sabes lo que hizo ayer, fue el peor día de mi vida.

—¿A qué te refieres? —pregunta El Lobo para animarlo a desfogarse.

—Le hizo muchísimo daño al pobre secuestrado —afirma amargado, tenso, apretándose una mano contra la otra—, le imploraba que parara, pero él seguía y seguía. Era cruel, disfrutaba torturándolo. Llenó todo de sangre, creí que lo mataba.

—Está bien, Pablo, ya ha pasado —lo tranquiliza.

—No es la persona que dice ser, nos engaña a todos. Es un peligro.

Mikel duda si aclararle que Álex estaba representando un papel, que a veces hay que presionar a los malos para conseguir salvar a los buenos, que el espionaje es el mundo del engaño, en el que no importa cómo son las personas, solo que sepan desempeñar el rol que les ha tocado. Él sabe que, si algún día alguien lo mata, el guardia civil cumplirá con su promesa de acabar con el asesino. Mirado desde otra perspectiva, es imposible defender que Álex es un tipo con estabilidad mental, su comportamiento está influido por traumas del pasado. «Una situación liosa —piensa—, difícil de explicar a alguien ajeno al mundo de las sombras». Oye abrirse la puerta de la calle.

—Solo te diré una cosa. Graham Greene, un antiguo espía y escritor, dijo una frase que nunca he olvidado: los juicios morales están singularmente fuera de lugar en el espionaje.

—Hablo de líneas rojas, Álex ha traspasado la suya. No quiero estar al lado de tipos que no se ponen límites, no todo vale.

Entran Álex y Vero. Mikel se vuelve a quejar de que lo hayan despertado y el guardia civil le responde animoso:

—No has dormido en tu vida y va a resultar que hoy ibas a desquitarte. Te va a encantar lo que tenemos que contarte.

El infiltrado en la extrema derecha le pone en antecedentes. El día anterior Fred le entregó a Lorna un pequeño equipo de grabación que avanzada la tarde le pudo esconder a Tabone en el coche.

—Fred llegó justo a tiempo para escuchar la conversación que mantenía con uno de sus hombres. Le había encargado seguir a Lorna y le había dado esquinazo, lo que le jodió bastante. ¿Sabes lo primero que le salió al tío?

—Joder, coño, ¡qué sé yo!

—¡Mierda!

—¿Y? —pregunta Mikel sin entender mientras se centra en acabarse el café de la taza.

—Dijo mierda, pero no en francés, ni en inglés, ni siquiera en español. —Espera una reacción de su jefe que no llega—. Lo dijo en hebreo.

—¡No me jodas! ¿Cómo pudo cometer ese error? Vero, Pablo, ¿conocéis la historia de la Segunda Guerra Mundial? —Niegan con la cabeza—. En Londres, un agente del MI5 sospechaba que una mujer era una espía nazi, pero carecía de pruebas. Cuando la detuvo y ella lo negó ofendida, le tendió trampas cambiando por sorpresa en los interrogatorios del inglés al alemán, sin resultado. La puso en libertad, consiguió que uno de sus guapos agentes ligara con ella y un día, mientras hacían el amor, gritó de placer... en alemán. Fue ejecutada.

—Fred nos mandó la grabación —sigue Álex—, no se oía bien la expresión, la soltó muy rápido, y Vero lo descubrió con uno de sus programas informáticos. Como a tu agente alemana, a Tabone se le escapó una palabra en su lengua materna, dirigida a uno de sus hombres, cuando creía que nadie lo estaba escuchando. Vero se puso a buscarlo centrándose en Israel, pero seguimos sin descubrir nada. Lorna también nos envió el nombre de la empresa donde había quedado con él, Security Advice. Lo que encontramos, bueno, lo que encontró Pablo, nos sorprendió igualmente: fue inscrita en Malta hace poco menos de dos meses, el dueño es el ministro Curmi y el administrador es Joseph, su hombre de confianza.

Vero completa el relato. Mikel la nota más estimulada, parece que trabajar con Álex ha empezado a sacarla del pozo en el que la había metido la detención y la cárcel. Pablo permanece callado, sin entusiasmo, ajeno a la conversación.

—Tabone, o como se llame, no tiene su propia agencia de seguridad. Alguien tan experto como él, con acceso a sofisticados equipos de seguridad fabricados en Israel, solo puede ser un agente del Mossad.

—Dirige un equipo que han mandado desde Israel —sigue Álex— para ayudar al ministro en ese contrabando.

—Con los judíos hemos topado —suspira Mikel—, ahora sí que tenemos un problema.

—El tema es más gordo, no queda ahí, hemos hecho otro descubrimiento. Adelante, Vero.

Mikel sonríe por dentro, una parte de los integrantes de su equipo empieza a trabajar a gusto entre ellos.

—De nuevo han sido las gestiones de Fred las que nos han permitido avanzar. Habló con Paul, el amigo de Olivier. Señaló a Tabone y a otro de los camioneros como los conductores que pudieron asesinarlo.

—Esto suma más incógnitas a las que ya teníamos: ¿por qué el Mossad se encarga de la seguridad de la operación en el punto de recepción, Malta? ¿Sabe el primer ministro israelí lo que están haciendo sus espías? Está claro que mataron a Olivier porque descubrió lo que contenían los féretros, pero ¿quién le dio a Tabone la orden de actuar? ¿Qué sabía Morel, todo un capitán de la policía francesa, para obligarlos a acabar también con él? ¿Quién lo ejecutó, también el Mossad?

—Si los israelíes los mataron a los dos porque descubrieron la operación —interviene Vero con cierta preocupación—, ¿deberíamos tratar de evitar que se enteren de lo que sabemos? ¿No deberíamos informar al servicio de lo que hemos descubierto y que se ocupen ellos?

—Quizá en algún momento podríamos contemplar esa posibilidad —responde Mikel—, pero recuerda que somos un equipo autónomo.

—Yo no colaboraré con vuestro servicio —dice Álex, al que le ha cambiado el gesto, con la voz temblorosa—, por nada del mundo. Además, ¿quién os asegura que no son parte de la trama, que es una operación de los servicios europeos comandada por Israel?

36
Despistando dinero

La operación del traslado de dinero trata de ser lo más discreta y rápida posible con estrictas medidas de protección. No ayuda el despliegue de tres furgones blindados pintados del amarillo chillón de una reconocida empresa de seguridad. Están en la acera trasera del Banco de España formando parte de una comitiva que abre y cierra vehículos de la Policía Nacional. Guardias de seguridad privada están cargando grandes bolsas negras que no permiten distinguir su contenido, aunque es fácil deducir que sacándolas de ese edificio contienen dinero. Más complicado es intuir que son los fajos de billetes en pesetas que los españoles están cambiando en los últimos cuarenta días por euros, la nueva moneda de la Unión Europea.

Un interventor del banco, con traje aburrido de contable, va sumando con la mirada lo que un rato antes de salir a la calle un compañero ya ha contado en el interior del edificio. Dos controles de última hora que se añaden a los aplicados tras recibir los billetes destinados a desaparecer, procedentes de los bancos de todo el país. Deshicieron los manojos en que llegaron, los pasaron por una máquina para volver a contarlos, juntaron los del mismo valor, los envolvieron en una faja con el sello del Banco de España, los revisaron una vez más y finalmente los introdujeron en sacas.

Medidas de seguridad extremas para garantizar que los 125.000 fajos de 500.000 pesetas que va a transportar cada uno de los tres furgones lleguen sin novedad a los centros de tratamiento de billetes, donde volverán a ser contados, los triturarán y convertirán en cilindros de papel prensado en forma de ladrillo, lo que llaman briquetas.

El interventor, al que sigue el agente responsable del envío, espera a que todo el dinero esté cargado en los furgones para rellenar la hoja de salida. Todo parece estar correcto hasta que lo descoloca un dato en la hoja de ruta. La dirección del centro de tratamiento de billetes le resulta desconocida. Saca el teléfono y llama a su oficina. Le pide a una funcionaria que compruebe que aparece en el listado de los dieciocho centros de destrucción con los que trabaja el banco. Como sospechaba, esa dirección no corresponde a ninguno. Ordena al segurata que no se mueva y lo espere.

Entra en el edificio, va al despacho del director de seguridad y descubre que ese día libra. Se dirige al despacho de la subgobernadora, es sábado y espera que haya ido a trabajar. La secretaria lo anuncia, el interventor entra sin demora y lo primero que hace es disculparse delante del número dos del banco por el atrevimiento de molestarla. Siempre le ha impresionado la elegancia del espacioso despacho, en consonancia con la de los altos funcionarios que lo ocupan. La mujer no retira la mano del ratón del ordenador, le pregunta qué es eso tan urgente y tras escucharlo le pide que espere fuera mientras lo resuelve.

Cuando se queda sola, marca el número del móvil del gobernador sin recurrir a su secretaria. Le cuenta el error y le sugiere retrasar el envío al lunes o buscar la dirección correcta de uno de los centros de destrucción. Cualquiera que estuviera escuchando pensaría que es un tema menor como para molestar al gobernador del Banco de España un sábado. Y le llamaría la atención que, tras marcar su número, la subgobernadora haya colocado una ventosa en el auricular, unida a una grabadora.

—Ya te dije que había contratado un nuevo centro de tratamiento, esa debe ser su dirección.

—El interventor dice que no figura en la relación oficial.

—Que lo envíe a la dirección que aparece, este tío ha debido estar de baja y no se ha enterado.

—Si tú lo ordenas, le diré que lo mande, aunque sea a una localidad de fuera de Madrid y aunque no aparece ningún dato, por ninguna parte, de la empresa que los va a destruir.

—Te lo agradecería, ya lo arreglaré el lunes, habrá que echar a ese contable a la puta calle.

La subgobernadora cuelga, apaga la grabadora, la guarda, habla con el interventor y le informa de que el gobernador ha manifestado que continúen con la destrucción del dinero tal y como figura en la orden elaborada por el jefe de seguridad.

Cuando sale de su despacho, se recuesta en la cómoda silla: «Otra vez despistando dinero, algún día te pediré una parte».

37
Calmar la conciencia

Malta

El inspector Bonello acaba su jornada del sábado en la comisaría de la Pulizija poco después de las seis de la tarde. Al llegar a la calle, se para un momento para pensar dónde aparcó su utilitario y recuerda su ubicación a tres manzanas. Lleva unos días despistado, le cuesta concentrarse y conoce perfectamente la razón: cada vez está menos a gusto en el trabajo. Piensa en el mantra que lo acompaña a todas horas: «No puedes vivir obsesionado con tus problemas, no está en tu mano solucionarlos, solo te queda esperar a que pasen lo antes posible». Envuelto en sus líos, abre como un robot la puerta del coche y cuando está entrando se da cuenta de que hay un hombre en el asiento de al lado. Pega un grito e intenta lanzarse a su cuello.

—Serénese, hombre, soy Frédéric Leblanc —dice quitándose de encima las manos estranguladoras.

—¿Qué coño hace en mi coche? ¿Cómo sabe que es el mío?

—Cierre la puerta y tranquilícese. Quiero hablar con usted. Fui oficial de inteligencia y tengo ciertas habilidades.

—Podría detenerle.

—Y yo hacer que le matara alguno de los hombres que me acompañan, todos con una reputación encomiable en los bajos fondos —miente con la misma naturalidad con la que si hiciera falta juraría que está diciendo la verdad.

—¿No me estará amenazando? La comisaría se encuentra a tres minutos.

—El asunto de la muerte de mi sobrino se ha desbocado, se está hundiendo en terrenos pantanosos, solo me queda ser claro con usted.

—No conseguirá nada con amenazas. —Bonello sigue alterado, aunque abre un resquicio al diálogo, más por los propios remordimientos que por miedo a represalias.

—En mi trabajo, cuando debía resolver un dilema, nunca intimidaba, simplemente explicaba las consecuencias de sus actos a quien podía poner fin a la situación. Es lo que voy a hacer con usted.

Fred le enseña en todo momento las manos vacías. Quiere que sepa no solo que no va armado, sino que no supone ninguna amenaza para su vida.

—Jamás esperé este comportamiento de usted.

—Me ha infravalorado. ¿De verdad creía que no me iba a dar cuenta de que no ha tenido ningún interés en investigar la muerte del hijo de mi primo?

—Desde el principio todo apuntaba a un accidente, a pesar de lo cual busqué pruebas que señalaran lo contrario.

—¿Cuánto le duró ese ímpetu, tres días?

—Estuve mucho tiempo investigando.

—Usted sospecha desde el primer momento quién lo mató y no ha hecho nada para demostrarlo. Sabía que Paul, el compañero de Olivier, tenía miedo, y no lo presionó para que hablara. El miedo explica muchas cosas, usted lo olfateó y se alejó sin buscar el motivo. El chófer del camión que llevó a Olivier de regreso al aeropuerto desaparece y usted le deja pasar. Matan a Morel en París y usted se cree la versión de Breton. Y lo hace porque, como Paul, tiene miedo, en su caso a investigar. No creo que sea porque piense que le puedan liquidar, es más por no perder el trabajo.

—No se pase de listo, siempre me dan los casos más difíciles, y muchos los resuelvo.

—Le dan los casos que no quiere nadie y tiene un índice de resolución menor del treinta por ciento, sin duda encomiable, pero no para alardear. Presume de no plegarse a los mandos, de investigar en profundidad cada caso. Lo puede hacer porque al comisario Stivala sus ademanes de rebelde le encajan a las mil maravillas. Deja que presuma de indómito para que se lo crea el resto de la Pulizija, pero usted y yo sabemos que hace exactamente lo que él le ordena. A cambio, eso sí, de una gratificación cercana al cincuenta por ciento del sueldo.

—¿Qué dice? —afirma Bonello sorprendido, sin mucha energía.

Fred, con los dedos índice y pulgar, se abre lentamente el lado izquierdo de la chaqueta y con los mismos de la mano derecha saca del bolsillo interior una hoja y se la entrega.

—¿Cómo ha conseguido una copia de mi nómina?

—Un espía nunca deja de serlo y nunca trabaja solo. —Fred lo mira, ahora sí, desafiante y pasa al tuteo buscando ser más persuasivo—: Tenemos todos tus datos y tus comportamientos documentados, también los de tu comisario.

—¿Me han estado grabando, nos han estado grabando? ¿Han pirateado el sistema informático de la Pulizija?

Fred no contesta, espera unos segundos antes de continuar:

—Se te acabó eso de hacerte —chasca los dedos para acordarse de la palabra adecuada— el inocente. Eres el responsable del asesinato de Morel y el culpable de que sus asesinos y los de Olivier sigan libres.

—No soy culpable de nada, no sé lo que está pasando.

—Claro que lo sabes, al menos lo intuyes. No vale eso de «Ojos que no ven, corazón que no siente».

—Denúncieme.

—¿Denunciarte? —A Fred se le escapa una sonrisa—. No te quieres enterar de que en mi mundo no buscamos justicia en los tribunales. No eres mala persona del todo, te has vendido por dinero, mucha gente lo hace, no seré yo el que te juzgue. Pero te hemos descubierto, y el juego, tal y como lo entendías, ha cambiado.

—El comisario me protege, los dos estamos en el mismo barco, con la ventaja de que él sabe que desconozco el tema de los féretros.

—Él puede creer que eres corto y tonto, yo no. Lo sé porque has llegado a tal nivel de hastío con los trabajitos que le haces que has intentado calmar tus remordimientos de conciencia.

—No sé de qué me habla.

—Ayer te pedí una relación de los objetos que Olivier tenía en su poder cuando encontrasteis su cadáver. Incomprensiblemente habían desaparecido del depósito de pruebas, quizá tú mismo los robaste, ni lo sé ni me importa. Uno de ellos no debía estar allí. El comisario te pidió que los hicieras desaparecer todos, sin darte detalles, justo tras el asesinato de Morel. Te fue sencillo juntar piezas: habías hecho unas fotos para el capitán, decidiste quedarte con una copia y me la mandaste para que yo descubriera lo que tú ya habías encontrado: el comisario quería hacer desaparecer un fajo de billetes.

Bonello pone las manos en el volante, gesto serio, mirada de disgusto.

—¿Por qué lo hiciste? —Fred no espera a que conteste—: Ha sido demoledor para tu conciencia. Stivala no te cuenta los detalles, y tú, tipo listo, no preguntas. Pero el desasosiego te llevó a pasarme las fotos.

—¿Qué quiere de mí, Leblanc?

—De momento, que te quedes tan pancho. El comisario debe seguir sintiéndose tan feliz contigo como hasta ahora. En un momento concreto, no sé cuándo, te pediré un favor y tú me lo harás, sea lo que sea, sin rechistar. Si lo haces, me olvidaré de ti para siempre.

Bonello no lo rebate.

—Si me traicionas y sigues traicionando al capitán Morel y a mi sobrino Olivier, me quitaré de en medio y no podré evitar que mi primo actúe. Durante muchos años trabajó para un capo de la mafia francesa que le debe algunos favores. Ese capo está esperando su llamada para actuar. No tengo ni idea de a quién encargará la resolución del caso, dará igual, ya nadie podrá salvarte.

—Menos mal que no me iba a amenazar.

Fred sale del coche, da vueltas sin sentido durante diez minutos, mira la pantalla de su móvil y ve la notificación de una llamada perdida de Paul. Se sienta en la terraza de un bar y saca un segundo móvil que tiene en la chaqueta.

—Soy Fred.

—¿Dónde está?

—Cerca de cualquier sitio.

—El martes 12 llega un nuevo envío de féretros.

—¿Te han contratado?

—No, pero sí a mi nuevo compañero, el que sustituye a Olivier. Me lo ha contado hace un rato.

—¿Tienes los datos del vuelo?

—No me costará conseguirlos.

—Mándamelos en un mensaje de voz a este número y luego lo borras de tu aparato. Nadie sabrá que hemos hablado.

38
El que sabe no es inocente

Madrid

Ninguno de los vecinos pudientes de Aday Santana en la lujosa urbanización podría llegar a sospechar que la elegante cena de ese sábado en su casa tiene como objetivo fijar los detalles de una incursión en el puerto de Barcelona. A Mikel le advirtieron que el protocolo de la cena exigía etiqueta, por lo que lleva un traje gris marengo, corbata roja y en el bolsillo interior de la chaqueta una pluma con el dispositivo de transmisión activado. Álex, en su coche, permanece a unos minutos del chalet por si ocurre algo inesperado. Tras detectar la presencia de un equipo del Mossad, cualquier precaución les parece escasa. Hay una vinculación entre ese grupo mafioso y los organizadores del tráfico de divisas a Malta, pero tienen que identificarla. Solo han llegado a una certeza: Chema no está involucrado. En la lista de sospechosos permanecen el padrino, la señora y el tesorero. Uno, dos o los tres participan en una operación más colosal y brutal de la aparentemente menor que esa noche se traen entre manos.

Mikel aparece el último, lleva encima la pistola con la intención de depositarla en la caja fuerte y así aprovechar para controlar las armas que hay en el chalet. No hay variación, están las dos que Aday guarda y una más de Iwao. En la entrada del salón ve al coordinador del grupo, zapatos relucientes, raya perfecta en los pantalones, camisa de seda con el lado delantero derecho por fuera de los pantalones y corbata de Gucci. Junto a él está sentado Ismael, misma elegancia, solo que con un pañuelo anudado al cuello. Más adelante, junto al cuadro de Botero, Aiko está sentada en su sofá habitual con un quimono rosa y un cinturón ancho esmeralda. A la derecha, su hijo con vaqueros y chaqueta añil, y, a la izquierda, Chema con traje azul de Armani. El Lobo se acomoda en el sofá junto a la japonesa, lo que pone en tensión a su hijo.

—Tranquilo, chico, no voy a hacerle nada a tu madre.

—Los hijos se preocupan por sus padres —justifica Aiko—, es lo normal.

—Claro, y los maridos se preocupan por sus mujeres e hijos.

—Muy cierto.

—¿Usted tiene marido?

—Está en Japón, hace muchos años que no estamos juntos.

—¿Iwao no lo ve nunca?

—Es mayor de edad, él decide. A veces va a verlo.

—Un amigo me comentó el otro día que hace años estuvo en una cena en su casa —dice Mikel mientras se atusa la perilla, hoy más oscura y recortada que en días anteriores.

—¿También es amigo mío?

—No volvió a verla. —Pasa por encima de su pregunta—. Le dejó impactado el fin de fiesta.

—¿Por qué?

—Apareció muy guapa, con un quimono de color rojo. No solo le impresionó su elegancia, también la forma tan experta que tenía de tocar…

—El *samisen*. Es un instrumento con raíces en la historia más profunda de mi país.

—¿Su hijo también lo toca?

—No —sonríe—, requiere una disciplina y tesón de las que carece.

—Cuando mi amigo me lo contó, me cambió la imagen que tenía de usted.

—¿No le encajan mis poderes sensitivos y mi amor por lo poético? —pregunta Aiko sin crispación, mantiene sus modales exquisitos y la espalda muy estirada, el porte de una bailarina.

—Me sorprende que sea tan fuerte como para haber abandonado su país en solitario con un hijo y que celebrara cenas en las que no tenía inconveniente en actuar para sus invitados.

—¿Le parezco extraña?

—Me parece singular. ¿Era actriz en Japón?

—Algo así. Siempre me gustó cantar y bailar.

—¿Por qué lo dejó? —Mikel la provoca en un intento de conocerla mejor.

—Hay que cumplir con nuestro deber, y mi hijo era lo primero. A lo que no podemos renunciar es a lo que llevamos dentro. Bueno, usted sí que lo intenta.

—No se equivoque. Mi abuela y mi madre poseían dones que les cayeron del cielo sin explicación, con los que ayudaban a los demás. Yo no los he heredado, a veces siento algo, veo algo, sueño algo. No me hubiera importado que el del cielo se fijara en mí y me diera poder para ayudar a los demás, pero no soy uno de sus elegidos.

—Por Dios, Mikel —interviene Chema—, han tratado de matarte unas cuantas veces y has salido indemne.

—Pero a Aiko la alertan de los peligros previamente para que pueda hacerles frente.

—No sé si es un ignorante o lo simula —sigue la japonesa sin alterar su tono de voz—. Tiene conexiones con el más allá y no quiere reconocerlo.

El ruido de un descorche interrumpe la conversación. Aday tiene en una mano el tapón y en la otra una de las selectas botellas de vino que ha llevado Chema. Invita a todos a sentarse a la mesa. Rellena las copas estilizadas de Baccarat, colocadas sobre un mantel de ganchillo y delante de una vajilla con platos de flores pintadas a mano. Mikel va al cuarto de baño, cerca de la entrada del salón, y al salir se encuentra con Iwao, que lo está esperando.

—No te hagas líos —le dice acelerado, sin tocarlo pero mostrando agresividad.

—Para ser japonés, hablas muy bien mi idioma.

—Tampoco te pases de listo, llevo toda mi vida aquí, veintitrés de veinticuatro años. Yo también tengo presentimientos. —Su mirada está llena de cólera.

—No me digas.

—He soñado que te mataba. —Se acerca hasta hacerle sentir su aliento.

—¿Lo de la posterior cárcel y los abusos que sufrirías no te dio tiempo a soñarlo antes de despertarte? —pregunta Mikel flemático, sin rehuir la proximidad.

—No iré a la cárcel.

—Que no hayas ido hasta ahora no quiere decir que no vayas a ir.

—Tengo la sensación, tío, de que sabes más de lo que dices.

Mikel percibe los gestos de Chema, junto a la mesa de comedor, para que se dé prisa.

—Sobre ti sé algunas cosas. —Acepta su envite sin disponer de ninguna información, dispuesto a soltar mentiras para sacar verdades.

—¿Qué sabes, tío?

—Lo que tú callas y tu madre no quiere que cuentes.

—Si lo sabes, deberías tener cuidado conmigo.

—Yo ya he estado en la cárcel... varias veces.

—Mi madre nunca permitiría que entrara.

—¿Ni tu padre tampoco?

—Mi padre y mi madre confían en mí.

—Debe ser complicado para ellos cuando te metes en líos. —Otro tiro al aire.

—No permito que nadie ataque a mis padres, deberías tener cuidado.

—Quizá los amigos de tus padres algún día dejarán de protegerte y pagarás por lo que hiciste.

—Volvería a repetirlo.

—Entonces tendré cuidado contigo.

Mikel deduce que ha atacado, quizá matado, a alguien, ya lo investigará. Le deja y se une a los demás. Todas las copas están todavía llenas menos la de Aday, que procede a rellenarla mientras llama a Iwao para que tome asiento. Sin más preámbulos, pone sobre la mesa el tema de la noche y le pide a Chema que explique su plan.

Mientras este empieza a hablar, Mikel piensa que el padrino tiene prisa por dejarlo cerrado lo antes posible, dada su demostrada tendencia a convertirse en una esponja en cuanto tiene a su lado una botella de alcohol. Observa a Ismael: cuando visitó su finca en el campo tenía un punto de exceso descontrolado en todo y esa noche está muy comedido. Mide la cantidad de vino y apenas habla, como si no se encontrara a gusto en el terreno por el que se deslizan.

La japonesa ha cocinado la cena en su casa para evitar la presencia del servicio y mientras todos se sentaban les ha servido sopa de miso en unos cuencos. Parece centrada en comer, al igual que su hijo, pero ambos, sin mirar, escuchan a Chema.

—Dos barcos zarparán mañana desde Ecuador. Está previsto que lleguen dentro de un par de semanas al puerto de Barcelona. Tenemos un contacto colocado estratégicamente, le pagamos para que no vea el material cuando entre el barco que nos interesa. Es una ayuda bastante cara, pero nos será muy provechosa. Poco antes arribará el barco que hará de liebre, cuya tripulación desconoce que les hemos colocado material, no mucho, lo suficiente para que la policía tenga que poner patas arriba cada uno de sus rincones. Se montará un follón y centrarán su atención allí. Por si acaso no lo ven, habrá una filtración a un policía amigo contándole lo que lleva y más o menos dónde.

Aiko y el padrino ya conocían las gestiones de Chema. La japonesa es el enlace de los traficantes de droga de Ecuador, socios del marido, que unos años antes decidió diversificar el negocio y desviar parte de sus actividades a España. Takabashi, el yakuza, siempre había centrado sus actividades en Japón y decidió aprovecharse de sus buenas relaciones con otras mafias internacionales y sumarse a operaciones que no pasaran por su país. Corre menos riesgos y le permite aumentar el saldo de sus cuentas bancarias en el extranjero, por si algún día los negocios no le marchan tan bien en Japón. ¿Quién mejor que su familia para cuidarle las transacciones y las ganancias? Aiko se había ganado la respetabilidad en Madrid, nadie sospechaba de ella y poco a poco Takabashi había accedido a que emprendiera su propio camino. Una libertad que ella cree ilimitada y no lo es tanto: su hijo informa a su padre de sus movimientos, y dos de los principales mafiosos europeos, socios del yakuza desde hace tiempo, la cuidan y vigilan.

El padrino conoció a Aiko en esas fiestas en las que bailaba sin que los asistentes supieran que había sido una maiko. Alcanzaron tanta confianza que ella le propuso el plan de importar droga desde Latinoamérica, asumiendo la maternidad de los contactos y ocultándole la identidad de su marido.

Todas las miradas se dirigen a El Lobo. La reunión de esa noche le parece un despropósito, original sin duda, pero fuera de lugar. No le ve ningún sentido a montar una cena elegante para discutir los extremos más secretos del plan. Cada grupo del hampa tiene sus propias normas, algunas sorprendentes, y sus propios códigos. Compartir cada detalle con el resto, aunque se reserven los nombres, supone exponerse demasiado a una traición, a un doble juego como el que él está protagonizando.

Chema le explicó que fue Aiko quien impuso esta ceremonia, relacionada con un concepto vital para ella: el honor. En su país, la yakuza respeta escrupulosamente unas normas morales, y sus ancestros, los samuráis, podían cometer graves delitos, pero antes de traicionar o implicar a otros se arrebataban la vida con su propia katana.

Ismael Vázquez no cree en esos valores, no quería acudir a las cenas y preferiría estar al margen de los detalles operativos. No le dieron alternativa: aceptar o quedarse fuera. El tesorero sabe que es una forma de mantenerlo atado pensando en el día en el que aparezcan problemas: no podrá desmarcarse alegando ignorancia.

Todos están por el dinero, pero si algo falla cada uno buscará su propio salvavidas. Que floten adecuadamente solo dependerá de la astucia que a todos les sobra.

—El plan de Chema es muy adecuado, bien planteado —interviene Mikel mirando a su amigo—. No lo habíais compartido conmigo, y lo que yo he trabajado es bien distinto. Pero el tuyo me parece perfecto.

—Adelante, Mikel, aporte su experiencia —lo invita Aiko.

—Bien, ahí va. Cuando el barco cargado de material esté a varias millas de la costa, me acercaré a él en una patrullera de la Guardia Civil acompañado por su tripulación habitual.

Todos dejan de comer el buey de Kobe que Aiko ha llevado, cocinado en una piedra que ha colocado sobre la mesa, vuelta y vuelta, una delicatessen única importada de Japón, que se derrite en la boca y cuyo precio es para carteras bien repletas. El más sorprendido de todos es Iwao, empieza a pensar si ha podido infravalorar a ese hombre.

—Pasaremos el material a la patrullera, un proceso que deberá durar lo menos posible, y nos iremos hasta un punto de la costa que ya tengo estudiado, donde gente que contratéis lo desembarcará.

Aday aprovecha el silencio general para levantarse a por otra botella de vino, que finalmente son dos. Abre una y reparte a los hombres, Aiko solo bebe agua con gas.

—Corremos el riesgo de que cualquiera de los guardias civiles nos delate —interviene preocupado Ismael.

—Siempre hay ese riesgo —responde Mikel.

—¿Cuánto nos va a costar? —lo interrumpe Aday.

—Nada, me deben un favor muy gordo. Y tranquilos, no saben quién está detrás de mí.

—Eso es muy irregular —añade Ismael.

Mikel sonríe al notar su preocupación.

—No has dicho nada del policía que ha comprado Chema, ni de tus amigos políticos y espías.

—Una propuesta sorprendente —interviene Aday—, nos has descolocado.

—Os dije que Mikel era muy bueno —añade Chema.

—¿Podremos utilizarlos en más ocasiones? —pregunta Iwao.

—Esta vez, y si te he visto no me acuerdo.

Ismael se excusa para ir al baño y a fumarse un pitillo, para lo que les muestra el paquete de Winston y una caja de cerillas. Antes de abandonar la mesa, se dirige a la japonesa:

—Aiko, lo que decidas tú está bien.

Terminan de comer la carne y todos la miran.

—Mikel, ¿estamos arriesgando mucho?

—Nada. Yo me salté la ley por ellos y ahora me lo cobro.

—¿De qué estamos hablando?

—Tráfico de armas, les hice un trabajo de infiltración. —Se mete el último trozo que le queda en el plato, lo mastica poniendo cara de placer y concluye—: Gratis.

—No les gustará.

—Están en la lucha contra delincuentes de alto copete —nota que la japonesa no lo entiende y matiza—, de grandes delincuentes. A veces hay que saltarse alguna norma para conseguir tus objetivos.

Aday abre otra botella, y tras el primer sorbo Mikel nota que se le está subiendo a la cabeza, menos que a los demás, pero sus efectos son innegables: hablan más alto, tocan más al de al lado y cuando surge algún tema gracioso ríen con exageración. Decide ir al baño, vaciar el cuerpo de líquido lo ayuda a mantenerse sereno. Se cruza con Ismael, atufa a tabaco, se ha debido fumar unos cuantos pitillos.

Al regresar a la mesa, tiene la copa llena hasta arriba. Bebe y piensa en las bodas de Caná, en la que el mejor vino lo sirvieron al final gracias a que Jesucristo les hizo el favor a los novios sacándolo del agua. Por muy bueno que esté, se dice, tiene que dejarlo, aunque sopesa que todos están extralimitándose y llamaría la atención que no los acompañara. Aiko se levanta, va a la cocina a por una botella de sake de yuzu que ha importado con la carne y lo sirve en un vasito pequeño en el que pone Miyajima. Después de un rato, le pide a su hijo que llame a un taxi, al día siguiente volverá a por el coche, no quiere que conduzca. Iwao empieza a protestar hasta que se siente fulminado por una mirada asesina de su madre.

El resto hace gestos de retirarse y el padrino lo impide alegando que acaba de abrir una nueva botella y hay que acabársela. No hablan de negocios. Ismael se va de la lengua y cuenta que un amigo le ha contado que Iwao fue sospechoso del asesinato de un japonés al que habían encargado matar a su madre. Mikel se interesa y el tesorero explica que la policía archivó el asunto porque nunca encontraron el cadáver. Aday se aburre y menciona a la amiguita de Ismael a la que Mikel conoció en la finca, y acaban diciendo necedades y riéndose a gritos. A las cuatro de la madrugada salen a la calle, están tan bebidos que pasados veinte minutos todavía siguen diciendo tonterías, dándose abrazos, buscando las llaves de los coches y deseándose que no se topen con un control de alcoholemia de la Policía Municipal.

Mikel se sube a su Chrysler y hace un ejercicio de contención. Sale de la urbanización y, antes de entrar en la autovía A-6, Álex pone su coche en paralelo y le indica que pare en el arcén. Aparcan y el antiguo guardia civil se acomoda en el asiento del copiloto.

—¿Pasa algo? —le pregunta Mikel.

—Nada, jefe. Es mejor que deje mi coche aquí y te lleve a la oficina en el tuyo.

—He bebido demasiado. ¿Cómo crees que ha ido?

—Tu plan para meter droga me ha dejado alucinado, sí que tienes buenos amigos en la Guardia Civil.

—Los tengo, en ellos me he inspirado.

—¿Te has inspirado?

—¿No te habrás creído que me van a ayudar a meter droga?

—¿Te lo has inventado?

—Pues claro. —Le entra una risa floja incontrolable.

Álex lo mira primero serio y luego se suma a Mikel.

—¿Qué harás dentro de dos semanas cuando lleguen los barcos?

—No tengo ni idea —empieza a reírse de una forma desbocada—, ya veremos.

Álex sale del coche, lo saca, lo coloca en el otro asiento, le ata el cinturón de seguridad y emprende la marcha. Tras llegar, le lleva un rato meterlo en el baño y tumbarlo en la cama. Cuando le está quitando los zapatos, le habla muy bajito:

—El micrófono que llevabas ha sido muy útil para divertirme con tu actuación, pero hoy hemos triunfado gracias al sistema de interceptación telefónica de la policía. Ha habido una llamada al teléfono fijo de la casa procedente de Malta.

Levanta la cabeza y se da cuenta de que se ha quedado profundamente dormido.

—Bueno, te lo contaré mañana.

CUARTA PARTE

La confusión lleva a la traición

39
El Conglomerado

10 de febrero, París

El comandante Duval ha vivido los últimos veintitrés días como si se hubiera caído por una inesperada e interminable catarata, y una vez con todo el cuerpo sumergido en el agua intentara desesperadamente salir a flote. Cada vez que lo conseguía, alguien volvía a empujarlo hasta hundirle de nuevo la cabeza. Harto de tanto esfuerzo sin resultado, había decidido quedarse a vivir con los peces, lejos de los seres humanos.

El 18 de enero mataron a su amigo Simon Morel. Una noria de acontecimientos se había sucedido. Estaba acostumbrado a bregar con presiones, mentiras, manipulaciones, cuerpos reventados a balazos, sueños perdidos, miradas indiscretas. Sin embargo, nunca había sido aplastado por tantos intereses y abusos de superiores, inferiores e iguales, conducidos por fuerzas desconocidas con un poder sin límite.

Ese fatídico 18 de enero ordenó personalmente al capitán que regresara de Malta de inmediato. Para apaciguar sus quejas, le recordó quién mandaba, lo reconvino en su despacho para que abandonara la investigación del asesinato de su colaborador en Malta, le reconoció las intimidaciones que le habían arrojado en nombre del ministro, y veinte minutos después le pegaron un tiro frente a la sede policial.

Era evidente que lo habían matado por algo que descubrió en Malta. Duval dio por sentado que la tradicional solidaridad entre policías llevaría a dar prioridad a la caza del maldito asesino, nadie pararía hasta meterlo entre rejas.

Veintitrés días después ya ni siquiera recuerda cuántas escasas horas duró la lealtad con el compañero caído. A las palabras de pésame, ánimo y venganza procedentes de diversos estamentos —«Quédate al margen, nosotros nos ocupamos»—, siguió un continuo ir y venir de policías, o lo que fueran, a los que no había visto en su vida. En ¿dos días?, armaron con rapidez inusitada un caso con varias detenciones, entre las que no estaban el tipo que apretó el gatillo, el que pagó para hacerlo, el que lo organizó todo, ni siquiera el compañero o compañeros que le pudieron traicionar. Los interrogatorios y las pruebas no buscaron esclarecer el asesinato de un policía, sino sacar a la luz su pertenencia a un grupo mafioso, al que llevaba unido un montón de años, y limitar el lance a un ajuste de cuentas entre bandas rivales. No se lo pudo creer: de la noche a la mañana Morel pasó de ser el gran policía capaz de tejer redes antimafia, por las que fue condecorado en varias ocasiones, a convertirse en un delincuente peligroso.

Los acontecimientos lo superaron. Dijo no, no y no muchas veces en pocos días. Le era imposible creérselo, carecía de sentido. ¿Cómo podían encontrar tantas evidencias en tan pocas horas? ¿Habían caído del cielo? Todo el mundo pareció aceptar las novedades con una celeridad injustificable: los que no podían ni ver al duro e independiente capitán y los que podían considerarse sus amigos. Detectó la presencia de una viscosa mancha negra inundando la sede policial, nadie quería pringarse apoyando a un policía intachable que, de la noche a la mañana, había dejado de serlo.

Se puso al frente de una minoría que, incomprensiblemente para el resto, negaba verosimilitud a la declaración de un traficante de drogas, mujeres y armas, lo peor de lo peor, que atestiguaba tener a sueldo a Morel desde hacía años. «No es solo lo que ha cantado —le explicaban—, son todas las pruebas demoledoras que ha aportado y hemos podido verificar; entre ellas, fotos de los dos juntos». Siguió peleando —«No me lo creo»—, cada vez más aislado, mientras agentes desconocidos continuaron aportando más evidencias que dibujaban a un policía corrupto, vendido al sucio dinero negro, capaz de las mayores atrocidades.

Cuando le descubrieron cuentas secretas en Francia y varios países, entre ellos Malta, el comandante Duval era ya una isla en mitad del océano defendiendo una causa perdida, y no quedaba un alto mando del cuerpo y del ministerio al que no se hubiera enfrentado. Parecía que habían pasado varios meses, pero la destrucción moral del capitán Simon Morel apenas había tardado diez días.

Algunos compañeros le expresaron con prevención sus dudas sobre ciertos aspectos del caso, no podía ser verdad todo lo que contaban. Otros, conocedores del aprecio que se profesaban el comandante y el capitán, le susurraron palabras animosas: «Un amigo lo es siempre, aunque nos decepcione». Los más evocaron el aprecio que habían tenido por su labor profesional, pero se sentían engañados, pasarse al lado de los delincuentes no tenía perdón. Estos últimos fueron los más entusiastas defensores de la solución sorpresa propuesta por los responsables policiales con el respaldo de las autoridades políticas: olvidarse de los descubrimientos siniestros y enterrar las pruebas en alguna caja perdida sin dar acceso a los jueces. Era la forma de evitar que todos los casos en los que el capitán había participado fueran revisados, con la consiguiente puesta en libertad de muchos indeseables. Y, como objetivo secundario que demostraba la humanidad de la Police Nationale, permitir que su exmujer y sus hijos cobraran la pensión. No tenían la culpa de lo que había hecho el cabeza de familia.

Abandonado por sus colegas, tachado de demasiado mayor como para reconocer el engaño de un amigo, desprestigiado como policía por no ser objetivo y negarse a aceptar la conclusión que atestiguaba fuera de toda duda la doble vida de Morel, y, para colmo, invadido por una depresión galopante, decidió distorsionar su forma de comportarse: poco a poco admitió los hechos a todas luces fabricados por algún organismo especialmente potente, posiblemente el servicio secreto, y pidió el traslado urgente a un destino vacante desde hacía meses que no quería nadie. La mezcla de ambas decisiones debía alejarlo de los focos de los conspiradores y permitirle observar la realidad con unas lentes menos empañadas.

A la pequeña comisaría de barrio solo se llevó un fantasma que se negó a quedarse atrás. Uno de esos que cada vez que intentaba sacar la cabeza del agua para ver lo que pasaba, tras caerse por la catarata, se la volvía a meter sin darle tiempo a examinar nada. Era su forma de visualizar la pregunta que se hacía desde que comenzaron a levantar la montaña de historias increíbles que sepultó la hoja de servicios ejemplar de su amigo: «¿De quién puedo fiarme?».

La incomprensible externalización de la investigación del asesinato a una Unidad ajena a la Police Nationale le pareció mal, pero no le costó aceptarlo. Lo que le inquietó fue llegar al convencimiento de que alguien escuchaba sus conversaciones en la oficina y en casa. No podía andar por la calle sin detectar seguimientos y, lo que era aún peor, le invadió la idea, quizá paranoia, de que quienes habían asesinado a Morel y después fabricaron las pruebas para desprestigiarlo pudieran provocar un accidente a su mujer o a sus hijos para que él aprendiera la lección y se estuviera quieto.

Como no podía confiar en nadie y empezó a ponerse nervioso por la indetectable amenaza física imposible de afrontar, pasó a mostrarse públicamente enfadado por la traición de su amigo, él era la principal víctima. Empezó a cortar las conversaciones en las que le preguntaban por su compañero fallecido: no le agradaba hablar del caso, le hacía daño, quería mirar hacia delante. No guardaba dudas sobre que alguien en su nuevo destino lo vigilaría y que sus comunicaciones continuarían intervenidas. Desconocía quiénes eran, pero empezó a llamarlos el Conglomerado, una masa formada por fragmentos de diversas rocas o sustancias minerales unidas por el cemento. Detrás de lo que estaba pasando había diversos intereses muy activos, entrelazados por una causa superior. Disponían de la fuerza y los medios económicos necesarios para garantizar que nadie perturbara sus historias, las vidas ajenas carecían de valor.

Al padre y al tío de Olivier les vendría bien alejarse de ellos, como había hecho él. Lo que fuera que llevó a su asesinato y al del capitán podría provocar que volvieran a matar. Sufrió cuando mostró pasotismo ante el interés de la familia por conocer lo que pudiera haber descubierto sobre el caso. Él también pensaba que las dos muertes estaban relacionadas. Había acumulado todos los documentos, grabaciones y testimonios a los que había tenido acceso en las veinticuatro horas siguientes al asesinato, mientras nadie puso en duda su mando sobre la investigación. Por suerte actuó con rapidez, lo copió todo en cuanto vio venir lo que podía pasar y lo puso a buen recaudo antes de que le exigieran su devolución.

Solo cedió en su postura radical cuando Leblanc apareció en comisaría. Era un tipo bastante pesado, lo obligó a recapacitar sobre su huida a ninguna parte y lo convenció de que no albergaba motivos ocultos, no pretendía hacerle una aguadilla para ocultarle la realidad o, quizá, para matarlo. Celebraron un encuentro rápido que tuvieron que abortar pero, al menos, le sirvió para catalogarlo como fiable.

Dos días antes había recibido un correo electrónico. Nada de nombres o apellidos, solo el icono de un sobre con un texto: «Este documento está protegido. Introduce una contraseña». Y una frase acompañando: «Hola, me viste y te vi. F.».

Se puso nervioso. Eso de las palabras claves no iba con él, ¿cómo se le ocurría a alguien esperar que a su edad pensara como una máquina? Disgustado y molesto por no poder acceder a la información, pulsó vista previa y, cuando le salió una ventana para escribir la odiosa clave, movió los dedos de las dos manos como si necesitara agilizarlos. Estaba claro que la F era de Frédéric Leblanc. ¡Qué rollo!, nunca leería el puñetero texto. Escribió lo primero que se le ocurrió, no tenía nada que perder: Leblanc y Duval. Lo miró, también podía poner en su lugar los nombres de pila de los dos o cualquier otra cosa. Envió su propuesta de contraseña y el sobre se abrió. Por primera vez en veintitrés días se echó a reír, era increíble. Algún informático muy inteligente se había metido en su torpe cabeza y le había enviado un mensaje que hasta él entendería. Lo leyó:

Estimado amigo:

Necesito con urgencia que me ayudes y te ayudes. Tenemos dos sospechosos del asesinato de mi sobrino, pensamos que también pudo matar a tu amigo. Tenemos fotos de uno, necesitamos contrastarlas con imágenes del día del asesinato. Conozco a una informática capaz de decirnos si es la misma persona. Las necesito YA.

Responde a este correo pinchando en la dirección que está al final, es un WeTransfer, una forma de mandar fotos y vídeos que pesan mucho, en el que podrás meterlo todo, es muy sencillo, muy intuitivo, está hecho para torpes como tú y como yo. Importante: cuando acabes envía a la papelera todo lo que tengas de intercambio conmigo y luego lo borras de la papelera.

Te doy el número de un móvil que no está a mi nombre, tú compra otro, mándame el número y nos comunicamos con más rapidez por ahí.

Resolveremos los asesinatos siempre que llegaras a comandante por méritos propios y no por pelota (ja, ja, ja).

Un abrazo

Duval dedicó el resto de la jornada a meditar cómo debía proceder. Leblanc era perro viejo como él, había deducido acertadamente que su alejamiento del caso era un paripé. Lo que le preocupaba era que, si Leblanc lo había intuido, también lo podían hacer los del Conglomerado. Terminó aceptando los riesgos, era el momento de sacar la cabeza del agua y ponerse a investigar acompañado de Leblanc y su gente, solo no conseguiría nada.

Al día siguiente telefoneó a su cuñado, el hermano de su mujer con el que siempre se había llevado a las mil maravillas. Le recordó que el domingo acudiría a comer toda la familia y, como trabajaba, iría directamente desde la comisaría. Esperaba aparecer un rato antes para echar una partida de ajedrez.

Llega pasadas las doce y su cuñado lo lleva directamente a su despacho, donde tiene las fichas de ajedrez y el ordenador. Se acerca a una estantería y de una carpeta que pone «Maquetas varias» saca un disco duro extraíble. Lo conecta a la memoria y le pregunta qué necesita.

—Las grabaciones de las cámaras de seguridad.

—¿Qué hacemos con ellas?

—Tengo que mandárselas a un amigo, he copiado aquí las indicaciones.

Un cuarto de hora después la operación sencilla ha finalizado con éxito.

—Te lo agradezco, no sé qué habría hecho sin ti, un cuñado programador y rey del ajedrez. No le cuentes nada a tu hermana.

—Tranquilo, aunque al menos podrías aprender a mover un alfil.

40
El descubrimiento

Madrid

La puerta está abierta y Vero entra en el dormitorio de Mikel con las dos manos ocupadas. En una lleva un vaso alto de cristal con zumo preparado en su casa con cinco zanahorias, un chorro de limón y una cucharada de miel. En la otra, una caja de ibuprofeno. Lo deja todo sobre la mesilla, sube un poco la persiana de una de las ventanas y consigue que el hombre de aspecto comatoso reaccione y mueva algún músculo. Se sienta en la cama y mira el reloj de la mesilla: la una y cinco minutos. Álex le pidió que lo despertara a esa hora. Le adelantó las novedades de la noche, le rogó que empezara a investigar y le anunció su llegada sobre la una y media. Entonces se reunirían los tres y Pablo, que se había quedado buscando datos en la sala de abajo.

El durmiente se frota los ojos con las manos, un esfuerzo desmedido ante la debilidad que siente. Cuando de madrugada Álex se fue, lo primero que hizo fue acercarse al baño a vomitar, un sufrimiento que le duró un buen rato. Consiguió quedarse dormido tras ingerir un remedio inapelable, una cucharada sopera de Primperan. Se incorpora en la cama, bebe con disciplina el remedio contra la resaca de la abuela de Vero y le arranca una pastilla de la mano, va a estallarle la cabeza. Le hace un gesto de agradecimiento y se mete en la ducha. Le despeja el chorro de agua fría sobre la cabeza, pero debe esperar un rato para notar el efecto del calmante.

Sale en albornoz, Vero le entrega otro vaso con zumo reparador, le anuncia que ha llevado una jarra y se va al salón. Diez minutos después están los dos sentados.

—Al menos tu borrachera ha resultado productiva.

—¿A qué te refieres?

—Álex no tardará en llegar, él te contará.

—¿Tú qué tal sigues?

—¿Ahora mismo?, mejor que tú.

—Eso ni lo dudes. ¿Te fastidia mucho la jueza?

—Está empeñada en conocer los detalles de algunos de nuestros clientes más importantes.

—¿Los del Ibex?

—Precisamente. Por ese camino no va a encontrar nada, todo lo que les hice es legal o casi, pero se ponen nerviosos. Si ellos guardan silencio, yo también.

—Otra cosa es lo de La Casa, imagino.

—La jueza se cabrea cuando le hablo de la ley de secretos oficiales y me chorrea como si no hubiera un mañana. Sé que el servicio ha mandado a unos agentes que conocen a muchos jueces para intentar limitar su hostilidad.

—¿Contigo o con ellos?

Mikel habla bajo, casi susurra. La contempla, siempre está con los brazos cruzados en actitud defensiva, sonríe aún menos que él, nunca la ha visto sin la coleta y no para de fruncir los ojos y la frente.

—Tenías razón cuando viniste a mi empresa: mi destino está unido al del servicio, pero en cuanto puedan me tirarán por una alcantarilla. Me han sacado todo lo que podían, y si no soy dócil, pasarán de mí.

—No te preocupes, a Álex, a mí y a muchos nos ha pasado lo mismo. Es su forma de trabajar.

—Siempre habían sido tan amables. —Suspira decepcionada encogiendo los hombros.

—Te necesitaban.

—Creía que con alguno mantenía una relación más allá del trabajo.

—Piensan que para funcionar tienen que comportarse de esa forma, sin sentimientos.

—¿También se portan así con sus propios agentes?

—Estar en nómina les hace creerse importantes. Tienen acceso a información secreta que no pueden compartir ni con su pareja.

—Les mete un buen chute de adrenalina.

—Yo no habría encontrado palabras más certeras. —Mikel sonríe débilmente, su mala cara apenas mejora—. El problema se les presenta a algunos cuando se jubilan.

—Les quitan el juguete.

—De la noche a la mañana les regalan un reloj y se quedan en casa. Ven a algunos privilegiados colocados en empresas públicas forrándose, mientras que a ellos, a lo más, los invitan a la copa de Navidad. Pero cuéntame, te veo un poco apagada...

—La experiencia de la cárcel nos ha distanciado a Pablo y a mí. Él solo quiere salir de copas, no hablar de su encierro, e insulta todo el tiempo a los amigos del servicio. Además, quería convertirse en James Bond y su participación en el secuestro de Chema le ha dejado el ánimo por los suelos.

—Algo me ha comentado.

—Llevo mal que no quiera hablar, decirme lo que le preocupa. Pasa de todo, es horrible, no me ha preguntado ni una vez por lo que yo siento. —Empieza a emocionarse, a respirar entrecortadamente.

—Si Fred estuviese aquí —dice Mikel—, te haría una pregunta muy importante: las pecas de tu cara ¿desaparecen cuando lloras?

La informática se queda descolocada un momento y luego ríe abiertamente.

—Mi marido es un petardo. Mi madre me decía que no me casara con un chico diez años menor. Según ella, valía menos que yo.

—Si lo hiciste fue porque pensaste que era el amor de tu vida.

—No estoy segura, Mikel, somos tan distintos... Él es guapete, divertido, tiene un punto de descuidado muy atractivo.

—¿No me dirás ahora que tú eres un desastre?

—Es que lo soy. Tengo la boca pequeña y los labios finos, el pelo rizado, ando de una manera brusca, poco femenina...

—No digas chorradas, simplemente estás un poco triste. El primer síntoma es que no te gustas, te ves despreciable, no sales de casa...

—Soy esa misma. Era una pelirroja mona hasta que pasé de cuidarme, me volqué en el trabajo, y Pablo se enamoró de una mujer triunfadora que ganaba un montón de dinero.

—¿Me estás diciendo que en los últimos días Pablo se ha desenamorado de ti?

—He vuelto a la juventud: ya no tengo una empresa de éxito, no puedo comprarme un abrigo porque tengo las cuentas bloqueadas y se me ha pasado la edad, como diría mi madre, de ser coqueta.

—Estás decaída, desanimada, es normal.

—Dilo, no pasa nada: estoy deprimida, y Pablo está deprimido.

—El trabajo ayuda a sobrellevar las malas rachas. —Mikel sabe de lo que habla—. Hay que darse tiempo a uno mismo para superarlas, y si pasan los meses y no se consigue, ir al psicólogo.

Vero lo mira en silencio. El zumo y la pastilla han empezado a hacer su efecto.

—He ido varias veces, conozco a uno muy bueno, cuando quieras te paso su teléfono. Tampoco sería mala idea que Pablo también acudiera.

Mikel la mira con seriedad. No ha ido una sola vez en toda su vida al psicólogo, siempre ha pensado que tras su infiltración en ETA le habría venido fenomenal, aunque el servicio no lo llevó. No sabía qué decir, solo se le ha ocurrido esa mentira.

—Tu vida laboral, la que tenías antes, solo se ha paralizado. Los clientes volverán. Esta pequeña empresa también nos dará dinero, de hecho Fred ha establecido unos sueldos. Mientras nos llegan, te puedo adelantar algo, ahora apenas tengo gastos. Y si os animáis a ir al psicólogo, podrás pagarlo.

—Me vendría bien, la verdad.

Les llega el ruido de la puerta principal al abrirse. Unos segundos después entra Álex, tampoco ha dormido mucho, pero va cargado de energía. Detrás de él aparece Pablo y poco después Fred, sorpresa para Mikel y Vero, que desconocían su regreso.

—Imaginaba que me echabais de menos y he decidido volver antes. En Malta hace un montón de calor. —Se acerca a Mikel y bromea—: ¿No te levantas a darme un abrazo bien fuerte? Ah, que estás de resaca.

Todos ríen.

—¿Qué tal si vamos a la planta baja?

—Yo preferiría que nos quedáramos aquí —sugiere El Lobo.

—Venga, hombre, que quiero enseñaros algo abajo, no seas perezoso.

Los cinco bajan las escaleras con Fred delante. No va a la sala de trabajo sino que se dirige a otra puerta cerca de la entrada con un cartel que alerta: «Circuitos eléctricos». Saca una llave y la abre. Entra y aprieta un interruptor que enciende una bombilla desnuda colgada de un cable del techo. Lo que desde fuera parecía un cuarto de luces un poco más grande de lo habitual, resulta ser un espacio diáfano de doce metros cuadrados, ambiente húmedo, paredes de yeso y suelo de porcelana. Una obra inacabada. Les pide por gestos que entreguen sus móviles a Álex igual que hace él, los invita a entrar y cierra la puerta. Extrañados, se colocan en círculo, cerca del único foco de luz.

—Me encantaría ofreceros una silla, especialmente a ti, Mikel, pero como veis, no hay mobiliario. Estad tranquilos, no estoy chiflado. Os he traído aquí porque este cuarto es el más seguro de la casa para hablar. Álex, tienes la palabra —concluye ante la sorpresa de Mikel, Vero y Pablo.

—Ayer por la tarde hice un barrido electrónico. Lo hago cada tres días por encargo de Fred. Encontré un micro en la oficina y otro en el salón de la parte de arriba. Los he dejado donde están para que los escuchantes no se mosqueen.

—Me telefoneó por una línea segura para contármelo —sigue Fred—. Tenía dudas sobre si nuestros móviles han sido hackeados, lo que confirmará después. Ahora vamos a compartir información importante. He regresado para garantizar que quien sea que nos intenta controlar no tenga acceso a nuestros siguientes movimientos, los más transcendentales, los que deben decidir el final de esta historia.

41
Salvarle la vida

París

Duval no se esperaba esa visita en la comisaría, y menos un domingo por la tarde. La teniente Stella Breton había sido una de sus subordinadas más afectadas tras la muerte de Morel, se sentía atraída por él, aunque no fuera correspondida. Lloró desconsoladamente tras su asesinato y al día siguiente, como seguía desatada, empeñada en participar en la investigación y pegarle dos tiros al asesino, Duval la mandó a casa.

La actitud de Breton evolucionó con una celeridad sorprendente. Dio pábulo a la versión que desacreditaba al capitán y se convirtió en su principal propagadora: Morel había sido una mala persona, un narcotraficante que no hacía ascos a ningún tipo de corrupción y había escondido en bancos cientos de miles de francos de dinero sucio. Pasó a intentar convencer al comandante Duval del engaño. En el colmo de la insolencia, se atrevió a aconsejarle que se olvidara de él porque podía perjudicar el futuro de su carrera.

Ha recibido su llamada a las tres, nada más acabar la comida en casa de su cuñado. Breton tenía el día libre e iba a estar cerca de la comisaría: ¿le apetecería charlar un rato con ella? Duval ha respondido con indiferencia, estaba hasta el cuello de trabajo persiguiendo a delincuentes de poca monta, pero no ha cerrado todas las puertas, solo ha mostrado indiferencia para que tuviera que insistir. Han quedado en que se pasaría por su oficina a las cuatro.

Duval incluye a Breton en el grupo selecto de hombres y mujeres que se saben atractivos y sacan partido de ello. Simpática, atenta y tremendamente sugestiva, se pone pocos límites para alcanzar sus objetivos. Por eso le extraña tanto que abandone la moqueta de su destino de alto nivel y pise con sus deportivas de moda el suelo sucio de una comisaría de segunda fila.

Se estrechan la mano y se sientan uno a cada lado del escritorio. La teniente Breton no muestra curiosidad por cotillear el pequeño y vulgar despacho acristalado, en parte porque no le interesa, en parte por centrar su atención en el comandante, al que dirige una de sus miradas felinas, esas que muchos interpretan como de interés desmedido.

—Gracias por venir a ver a este humilde servidor del Estado —dice Duval serio mientras se pasa la mano por el pelo gris cortado al estilo recluta.

—Tenía ganas de hablar con usted desde hacía tiempo.

—Ya no quiero saber nada del monotema. Alejarme me ha sentado fenomenal.

—Perdone si soy muy directa, ha pasado tiempo suficiente como para sincerarme.

—No soy la persona adecuada, fui tu jefe pero ya no lo soy.

—Comandante, estas últimas semanas han sido una pesadilla —explica Breton lejos de su habitual carácter jovial.

—¿Qué te ha pasado? —Duval pone cara de sorpresa.

—Me interrogaron muchas veces lejos de la comisaría sin permitirme que lo contara. Me sentí muy presionada, me arrastraron los acontecimientos —dice apesadumbrada, con la espalda encorvada lejos del respaldo de la silla.

—Como a todos.

—No estoy contenta con mi comportamiento, me alejé de Morel, tenía miedo a que haber sido su compañera fuera una rémora en mi carrera.

Acalorada por el recuerdo, se pone de pie, con gestos rudos se quita la cazadora y se queda con una camisa beis y unos pantalones negros de cuero. Duval no dice nada, lo que escucha lo descoloca.

—He sido una cobarde. —Estira la espalda para intentar mantener el decoro—. Vinieron los de la división de Asuntos Internos a hacerse cargo del caso, aseguraron que lo llevaban siguiendo desde hacía tiempo y por eso tras el asesinato consiguieron las pruebas con rapidez.

—No todos pertenecían a Asuntos Internos.

—Sí, los de la DGSI también lo habían investigado por sus contactos con mafias extranjeras.

—A mí vinieron a verme los de Asuntos Internos y los de espionaje interior, incluso dos agentes de espionaje exterior, aunque no se identificaron.

—También me interrogaron los de la DGSE. Nunca pude imaginar que todos estuvieran detrás de él.

—Yo no vi ningún comportamiento del capitán que me hiciera sospechar. ¿Tú quizá sí?

—Nada de nada.

Breton tiene el baile de san Vito en las piernas. Duval la nota agobiada, pero no quiere intervenir activamente en la conversación, ser partícipe de nada. Solo desea escuchar lo que le quiera transmitir.

—Intentaron implicarme en sus trapicheos, tenían vídeos de los dos riéndonos, decían que nos habíamos acostado, manipulaban el sentido de la palabra «compañera», debía de ser su confidente, encubrir sus actividades. Luego empezaron con que, si no lo sabía todo, algo me diría. «No eres tonta», repetían, «algo sospecharías. Una policía tan lista detecta esas cosas».

Mira a Duval con los ojos acuosos, vuelve a encogerse, le han salido coloretes en la cara, entrelaza las manos. El comandante detecta su sentimiento de culpa y opta por seguir en silencio.

—Negué a Simon Morel un montón de veces, me convencí de que había sido la mayor desgracia de mi vida. Explicaba sus engaños a todo el que me cruzaba, había tantas pruebas de su culpabilidad que la mejor opción era borrarlo del mapa. Cuando me contaron que alguien de arriba se había apiadado de su familia y quería evitarnos el ridículo a todos con la reapertura de sus casos, me convertí en la principal propagadora de la necesidad de olvidar y de establecer un punto final.

—No sé a qué viene esto ahora, ya he pasado página. Me costó creer lo que había hecho, pero las evidencias son las evidencias —dice Duval con frialdad y distancia.

—Necesito sincerarme con alguien, y usted me parece la persona más adecuada. Cometí la osadía de decirle a usted cómo comportarse y me arrepiento muchísimo.

El comandante no interviene.

—He vuelto a analizar lo que nos contaron esos días intensos, me lo creí todo, estaba muy bien argumentado. Ahora le digo, con distancia: muchos de los datos que aportaron no encajan. Es fácil manipular una foto sin que se note o pedirle a un banco el favor de que le abra una cuenta con fecha de un año antes.

El comandante no solo calla, tampoco demuestra interés en conocer esos descubrimientos. Stella se recuesta en la silla y la mirada se le endurece.

—Creía que le interesaría conocer mis indagaciones. —Su rostro anguloso se tensa.

—¿Por qué lo creíste?

—Era su amigo, el mejor que tenía en el departamento.

—Me sigue doliendo su traición, y apareces tú en mi despacho a remover la mierda —dice Duval en tono agresivo—. Solo hay una cosa que no entiendo, quizá está entre tus descubrimientos. A pesar de ser culpable, ¿qué sabemos del asesino? ¿Lo han cogido? ¿Se va a pudrir en la cárcel?

—Debía ser extranjero y abandonó el país, nunca mencionaron nada.

—¿Por qué no acudiste a ayudarlo antes de que lo mataran?

—No pude hacer nada —Stella pone cara de asombro—, no sabía que él estaba en la calle, todo pasó muy rápido, sí recuerdo que me retuvo el guardia de la puerta, me preguntó algo, cuando salí el asesino se había largado y él estaba muerto.

—¿Qué coño quería el puto guardia para retrasarte? Si no te entretiene, quizá no lo habrían matado.

—No lo sé —está cada vez más confundida—, no lo recuerdo, ¿es importante?

—¿Cómo no lo va a ser? Era mi amigo y me gustaría saber por qué no pudiste salvarle la vida, aunque no se lo mereciera y ahora estuviera pudriéndose en la cárcel.

—Bajé, iba con prisa, estaba cansada. Morel se había comportado de un modo especialmente desagradable conmigo en Malta, quería coger un taxi e irme a casa, el policía de puerta me preguntó algo, y cuando le estaba contestando oímos los disparos. Salí corriendo, lo vi tirado en el suelo, la sangre brotaba, me mareé, vomité.

—¿No habías quedado con él? ¿De verdad me quieres hacer creer que salió a la calle y se sentó en un banco en lugar de irse a casa? ¿Crees que soy gilipollas?

—Es cierto, es cierto —chilla; se da cuenta de su descontrol, mira por la cristalera y ve a otros policías simulando que no han oído nada—. No lo dije cuando me interrogaron, pensé que me haría parecer culpable.

Duval se recuesta en la silla y esconde las manos temblorosas encima de sus piernas, lejos de la vista de la teniente.

—Me estaba esperando, me dijo que podíamos coger el mismo taxi para ir a nuestras casas. Fue culpa mía, es verdad, llegué tarde. Si no hubiera sido por el de la puerta, quizá no lo habrían matado.

—También os podrían haber matado a los dos. —Duval se vuelve a activar, posa las manos sobre la mesa—. ¿Y qué pasa con el informante imprescindible que tuvo el asesino para saber dónde estaría Morel?

—¿Informante?

—Venga, Breton, no te hagas la tonta conmigo. ¿No le mencionaste a ninguno de los muchos que te interrogaron que alguien lo había delatado? Yo se lo dije a todos y me di cuenta de que les importaba un bledo, solo querían echar mierda sobre mi amigo. Lo traje a París desde Malta en unas horas, incluso para saltarme su resistencia le envié los billetes. Vinisteis aquí directamente, Morel habló conmigo veinte minutos y se fue.

—Lo siento, comandante, tiene razón, no lo he pensado. ¿De quién sospecha?

—¿Yo? De nadie, ya me da igual. Solo me preguntaba por qué nadie lo investigó. Especialmente tú, su compañera. Esto es lo que debería darte remordimientos, no que le negaras cien veces para salvar tu culo. —El comandante mueve sus largas manos en dirección a la teniente para recalcar sus palabras—. No eras su amiga, nunca lo fuiste, y le caías mal. Yo era su amigo y ya lo he aparcado. No quiero saber nada más de ese delincuente. Lárgate de aquí y no vuelvas nunca más. Morel está bien muerto, y tú, para mí, como si lo estuvieras.

Cuando se va, Duval abre del todo el primer cajón de la mesa y apaga la grabadora digital. Después entra en su ordenador en el servicio de WeTransfer y le envía el archivo a Leblanc. Se siente feliz consigo mismo por primera vez en mucho tiempo. La investigación sigue progresando. Es mejor no fiarse de nadie.

42
Mentiras y simulaciones

Madrid

Todos los integrantes del equipo menos Lorna, que sigue en Malta, están aislados en una fría habitación sin uso del chalet que desprende olor a agua estancada, sin las garantías de protección de una jaula de Faraday, pero seguros de que nadie ha instalado allí micrófonos gracias a que han realizado una revisión previa. Están desconcertados, su intimidad ha sido violada. El agresor ha descubierto su escondite, ha entrado sin pedir permiso y les ha colocado equipos de grabación. ¿Quién ha podido ser?

El más evidente, se les ocurre, es el Mossad por su implicación en el asunto de Malta. Álex plantea dudas: los aparatos no son familia del que robaron en la nave de los féretros. Mikel defiende que no deben cercenar ninguna vía, cree que, de momento, no hay pruebas de que los israelíes puedan vincularlos con Lorna e incluye en la lista a los yakuza, relacionados con el grupo que investiga.

—Aiko me mira mal desde que le dio un repelús al estrecharme la mano. Takabashi, su marido, está bastante loco, es una amenaza para cualquiera y mantiene buenos contactos con otras mafias.

—Puede ser —interviene Álex mientras aprieta la bombilla desnuda parpadeante colocada en el centro del círculo que han formado—, pero te falta un dato que todos conocemos menos tú, que has estado durmiendo la mona. Durante la cena de ayer en casa del padrino, sonó el teléfono de la casa, yo diría que apenas un segundo. El destinatario conocía la hora exacta de la llamada y estaba con la mano pegada al auricular.

—No me enteré, ni yo ni nadie. Fue Vázquez, ¿verdad? Se levantó a fumar durante la cena y tardó un buen rato en regresar.

—Sí. Intercepté el contenido de la llamada gracias a Sitel. El mensaje fue breve: el envío de esa noche había llegado sin problemas y esperan el próximo cargamento. Deduzco que el anterior llegó desde París y el próximo es el de Madrid.

—El tío se protege bien, va a ser complicado implicarlo.

—El sistema de interceptación ofrece los datos referidos a España, algo importante para demostrar su participación —dice Álex optimista y luego recula—, siempre y cuando los pudiéramos presentar como prueba, pero carecemos de orden judicial. Se sabe fuera de los focos, a pesar de lo cual extrema la precaución: responde con un brevísimo «Entendido», apenas audible. Saqué que era él porque me he familiarizado con las voces de los que estabais allí, nada científico.

—Eso saca de la trama al padrino. La que sí puede ser socia de Vázquez es Aiko. —Mikel piensa un momento y vuelve al tema—: ¿La llamada la hizo Curmi?

—Al proceder del extranjero, la información está más limitada. Ahí entra Vero —dice mirándola mientras ella mantiene la vista en el suelo—, ha confirmado que el número coincide de nuevo con el de la casa del ministro y la voz con la que le grabamos en Malta.

—Actúa con total impunidad —interviene Fred envuelto en una bufanda de lana tejida por su mujer—: se levanta del sillón, coge el teléfono, marca el número que corresponda y envía el mensaje.

—Ahora la clave es Vázquez —dice Mikel, al que a pesar de la poca luz se le ve demacrado—, su grupo debe ser especialmente influyente como para tener acceso a billetes del Banco de España.

—Me quedo alucinado con vuestra conversación —interviene Pablo—. Habláis de mafias con una naturalidad que me pone los pelos de punta.

—Es peor de lo que piensas —dice Álex—, estos son especialmente peligrosos y cercanos al poder. Incluso podría ser el propio poder.

—Estás diciendo que quien ha matado gente y trafica con dinero del Estado ¿es el propio Estado? Eso no tiene sentido.

—El Estado lo forman personas —matiza el guardia civil— y miran por sus propios intereses.

—¿El Estado y las mafias son lo mismo?

—A veces sí.

—¿A dónde quieres ir a parar, Álex? —se mete Mikel.

—Los micrófonos de aquí no los ha colocado cualquier aficionado. Ha sido un trabajo de expertos, no es material judío, pero sí de alta calidad.

—Concluye, Alejandro, concluye.

—Los puede haber puesto vuestro servicio.

Un silencio incómodo se apodera del cuarto durante unos segundos.

—¿Puede ser, Fred? —pregunta Pablo con tono de preocupación—. El servicio que nos ha hundido a Vero y a mí ahora nos está espiando.

—Habla por ti —dice Vero dirigiéndole una mirada adusta—, a mí no me han hecho nada y siempre me han ayudado.

La discusión entre la pareja la zanja el silencio de Pablo. Las miradas buscan al organizador del equipo clandestino. Al inicio de la aventura les había asegurado que La Casa les dejaría trabajar en paz y no se acercaría.

—Repito lo que dije: no saben a lo que nos dedicamos. Es fácil deducir que si yo estoy, también estará Mikel. Pero de vosotros —dice señalando a Vero, Pablo y Álex— no tienen ni idea.

—Te equivocas —añade Álex con rictus de amargura—. Esto huele a servicio que apesta. Nos están controlando, Fred, y si te paras a pensarlo me darás la razón.

—No lo sabemos —intercede Mikel con tono suave—. Los japoneses y los israelíes tienen mucho más interés en nosotros, especialmente en mí. Aunque —concede— no vamos a desechar a los nuestros.

—Serán los vuestros, no los míos —apostilla el guardia civil.

—De momento, tened cuidado con lo que habláis, ya sabéis dónde están los micros —les advierte Fred—. Los podremos manipular si lo necesitemos. Ya tendremos tiempo para identificarlos.

—Hay otro problema —sigue El Lobo—. En Malta esperan el envío de féretros con dinero desde Madrid y desconocemos fecha, aeropuerto…

—Lo sabemos —lo corrige Fred—. Me telefoneó Paul y me dio todos los datos, se hace pasado mañana.

—¿Dentro de dos días? ¡Madre mía! No tenemos tiempo para reaccionar —dice Álex.

—¿Qué podemos hacer? —suelta Vero, poco habladora hasta ese momento, con la voz agobiada, casi desesperada, al mismo tiempo que cambia la postura de las piernas y de repente se cae al suelo.

Pablo, a su lado, es el primero en agacharse; la coge por la cabeza, la nota un poco mareada. La besa con ternura en la frente y le pregunta si está bien. Entre Mikel y él la levantan, y la sientan en la silla que ha traído Álex.

—Últimamente está muy nerviosa —explica Pablo.

Vero recobra las energías suficientes como para defenderse del comentario de su marido:

—No digas tonterías, nervioso estás tú desde que viste a Álex torturar a aquel pobre hombre, yo estoy fenomenal, se me ha dormido una pierna, ya está. Ahora te crees que por hacer algunas misiones en la calle e irte mañana a París eres James Bond.

—Me voy a París porque hablo francés.

La escasa potencia de la bombilla facilita que los gestos queden más ocultos. Pablo se siente en evidencia y no mira a Álex mientras coloca más sillas. Mikel y Fred han notado en la respuesta de Vero una tensión exacerbada, le ha salido contra su marido, el de mayor confianza, pero algo le pasa. Álex hace como si no hubiera escuchado el comentario, piensa que el novato está un poco verde.

—Os estaba preguntando por lo que se podía hacer. —Vero habla como si no hubiera pasado nada—. Nosotros podemos investigar la vida del tesorero e intentar entrar en sus mails mientras esperamos nuevas llamadas y Sitel nos permite recabar más datos.

—No lo podemos fiar todo a esas cartas —explica Mikel—, quedan menos de cuarenta y ocho horas para el movimiento del dinero. Hay que echar leña al fuego. —Piensa en el siguiente paso y antes de que diga nada Álex se adelanta—: Propongo que Fred filtre la operación de tráfico de drogas al comisario Ventura y los detenga. Nosotros nos encargamos del interrogatorio del tesorero y le sacamos la información sobre el envío de féretros.

Mikel le dirige a Fred una mueca para animarlo a participar, y su oficial de caso le cede la palabra.

—Necesitamos mantener nuestra autonomía, no ponernos en manos de nadie, y menos de la policía, aunque sea un amigo de Fred.

Nuestro objetivo es descubrir por qué han asesinado a su sobrino y al policía francés. Al principio no era una misión tradicional de espías, pero los últimos descubrimientos apuntan a que detrás hay una conspiración internacional en la que está uno de los servicios de inteligencia más poderosos del mundo, bandas mafiosas que normalmente no operan en este lado del globo y, sin duda, gente muy poderosa en España, Francia, Malta e Israel.

Los demás asienten.

—Eso nos exige ir con pies de plomo. Estoy de acuerdo en dar caza al tesorero, pero nosotros no, se lo dejaremos a un grupo especial de la Guardia Civil que estará encantado de investigar el motivo por el que Vázquez, y la gente que lo apoya en varios países, sacan billetes de 5.000 pesetas empaquetados por el Banco de España. Son amigos míos, tengo confianza con ellos para que nos ayuden a tirar del hilo. A cambio, les podemos permitir que se apunten el tanto de la operación. Dejando a un lado, claro, al Mossad.

—Conseguí que Ventura nos diera acceso ilegal a Sitel —recuerda Fred— porque iba a poder efectuar las detenciones.

—Mañana la Guardia Civil detendrá al tesorero, y cuando haya desembuchado, avisarás a la policía para que vayan a por el resto del grupo del padrino.

—Si montamos un lío en España —interviene Pablo—, quizá Lorna se quede en una situación complicada en Malta y puedan sospechar aún más de ella.

—Bien visto, por ese motivo —Mikel se dirige a Álex— te vas a ir a Malta. Lorna necesita protección, aunque ella crea que no. Van a pasar muchas cosas como para que esté sola.

—No obstante —matiza Fred—, tus amigos de la Guardia Civil deben evitar dar publicidad a la detención, tienen que darnos tiempo para actuar en Malta.

—Luego diréis —concluye Pablo— que nosotros violamos las normas en internet, pero lo vuestro es mucho peor.

—Las operaciones clandestinas, como la vida de cada uno de nosotros —matiza Fred—, son un juego de mentiras, simulaciones y secretos. El que mejor lo hace gana.

43

Pacto de silencio

11 de febrero, París

El comandante Duval sale de la comisaría a las cuatro de la tarde y mira la bandera de Francia colgada del mástil, siente que es la suya pero no de otros que la están mancillando. Coge el coche y va hasta su casa. Entra por la puerta principal y se marcha por una trasera. Camina hasta la parada del metro de Saint-Mandé, pasa al cuarto de baño y cuando sale le ha dado la vuelta a la cazadora reversible, se ha puesto un gorro de lana calado hasta las orejas y unas gafas oscuras: se ha convertido en una sombra sin facciones.

Recorre unas cuantas estaciones de la línea 1 y un rato después sube a la calle, deambula veinte minutos parándose en los escaparates y en la calle Louis Blanc toma el autobús 7, se baja tres paradas después y pasea ahora aceleradamente, ahora con lentitud. A las seis llega a la conclusión de que, si continúan los seguimientos, por muy buenos que sean, es muy probable que los haya despistado. Camina por la acera de enfrente de la sede de la Police Nationale, fuera del alcance de las cámaras que graban los movimientos en su perímetro. Ve aparecer al policía vestido de paisano con el que quiere hablar, el que estuvo en el puesto de seguridad de la entrada el día que asesinaron a Morel. Se hace el encontradizo.

—Hombre, Hermel, cuánto tiempo sin verte. —Duval se queda parado delante de él.

—Comandante, no le había reconocido. ¿Cómo le va en el distrito 10?

—Bien. No es una casualidad que nos hayamos cruzado —se sincera desde el primer momento—, te pido que retrases tus planes de hoy veinte minutos y me acompañes a un bar cercano. Necesito ayuda.

—Por supuesto, siempre se portó bien conmigo, se lo debo.

El bar, coqueto y elegante, diseñado sobre tonalidades verdes, más caro de lo habitual, se sale de la ruta de los policías cuando paran a tomarse algo. Duval lo lleva a una mesa del fondo rodeada de sillones mullidos, en uno de los cuales espera Pablo con un ordenador portátil, y los presenta:

—Albert —falsea su identidad— es un informático que trabaja con un viejo amigo. También le he pedido ayuda y discreción, lo mismo que a ti. Que quede claro: esto no es una investigación ni oficial ni extraoficial. Nada de lo que hablemos se utilizará ni judicial ni policialmente.

Por debajo de los cuarenta, cuerpo escasamente musculoso y un punto de timidez, Hermel levanta el pulgar de la mano derecha.

—Ha quedado fuera de toda duda lo que hizo el capitán, fue mi amigo y me traicionó. ¡Que le den! —exclama Duval—. Lo que me preocupa es que su asesino haya quedado libre.

—No dormí en varios días, me dolía pensar que lo mataron tan cerca de mí y no hice nada.

—No pudiste —se calla durante dos eternos segundos—, creo. Por favor, cuéntame lo que pasó aquel día.

—No tengo datos relevantes, comandante. Estaba en mi puesto, detrás del mostrador, atendiendo a la gente y echando un vistazo a las cámaras.

—Recréamelo con detalles, es importante.

—Claro, comandante. Cuando sonó el disparo, estaba hablando con la teniente Breton.

—Es atractiva, ¿eh? —Le guiña un ojo.

—No está nada mal, es muy simpática. Oímos el tiro, ella salió a la calle y yo fui a dar la alarma.

—¿Llevaba tiempo allí?

—Bajó unos minutos antes.

—¿La teniente salió a la calle de inmediato?

—Creo que sí.

—¿No crees que tú debiste salir también?

—Todo fue muy rápido. Ella me dijo que alertara y me pareció bien. ¿Me equivoqué, comandante? En el interrogatorio, los de Asuntos Internos no me lo recriminaron.

Duval percibe la mirada nerviosa del policía.

—Ni yo lo estoy haciendo, solo necesito conocer hasta el mínimo detalle. Otra cosa, ¿sabías que Morel estaba en la calle sentado en un banco?

—Al salir se despidió con la mano, no era muy hablador. No le podría decir si paseó por delante de la entrada o si se fumó un pitillo, porque no estoy mirando las cámaras todo el rato, pero sí lo vi sentado.

—¿A quién esperaba? —pregunta, con mirada incisiva y sonrisa conciliadora, para introducir un nuevo tema sabiendo que el interrogado desconoce la respuesta.

—No me dijo nada.

—¿Breton había quedado con él?

—No me dijo si el capitán la estaba esperando.

—Gracias. ¿Te enseñaron las imágenes del asesinato?

—¿Durante el interrogatorio? No. —Duda un momento—. Pero como de esto no se va a enterar nadie, le confesaré que las vi en el disco duro antes de entregárselo a usted.

—¿Algo te llamó la atención?

—No hago calle, comandante.

—Seguro que tienes buen olfato —lo anima.

—Me sorprendió que el capitán estuviera leyendo unas hojas, y cuando salí no estaban junto a él. El asesino no se las lleva y parece que quedan debajo de su brazo. Pero luego no aparecieron.

—Muy bien visto, Hermel. Ahora vas a entender por qué le he pedido a Albert que viniera.

Pablo habla francés desde pequeño, lo que facilita que Hermel crea que es parisino o lleva mucho tiempo en la ciudad.

—Le voy a enseñar esa pequeña grabación que ya vio, solo que he añadido abajo a la derecha un cronómetro. Arranca en el momento en el que el asesino aparece en pantalla.

—Por favor, Hermel —le pide el comandante—, ¿te importaría narrarme lo que ves?

Asiente con la cabeza y Albert da al *play*.

—Aparece el asesino, el capitán está absorto en sus cosas, no le presta atención. Al asesino no se le ve bien la cara, lleva una gorra, barba y grandes gafas. —Pablo para la imagen para dar tiempo a su descripción—. Lleva la pistola desde que aparece, la oculta entre la mano enguantada y la cazadora. La blande en el mismo momento en el que pasa al lado del capitán —el vídeo vuelve a ponerse en movimiento—, dispara, se frena un instante para mirarlo, sigue andando, no corre, aparece el coche en cuya matrícula han echado el líquido ese que evita que pueda ser leída por las cámaras de Tráfico. Se sube y desaparecen. Un momento, ¿puede echarlo para atrás? Corrijo: el coche se pone a su lado y no puede abrir la puerta, quizá tenga el seguro echado —mira el contador de la imagen—, el asesino espera un par de segundos, se sube y desaparecen.

—Gracias, Hermel. Lo dicho, no se te ha escapado ni un detalle.

—Ahora le voy a poner un segundo vídeo —añade Pablo—, el grabado por la cámara en la planta baja de la sede en el que aparece usted y lo que pasa a su alrededor. Es algo más largo. Al principio no hay cronómetro, aparece después.

—Esto lo viviste personalmente —matiza el comandante.

Hermel aspira hondo, le inquieta cobrar protagonismo.

—Estoy sentado en mi puesto, observo las cámaras de seguridad. Se acerca la teniente Breton, me habla.

Duval hace una seña a Pablo para que pare y se dirige a Hermel:

—Por favor, descríbeme lo que ves con más detalle. Es importante para tener tu relato completo.

—Comandante, no tengo relación con el asesinato —se defiende.

—Lo sé, estate tranquilo, lo que buscamos no va contigo. Ve al principio, Albert.

—Miro las cámaras —retoma Hermel—, aquí no se ve, pero en una de las pantallas aparece el capitán sentado en el banco.

—Gracias, así está genial.

—Se acerca la teniente al mostrador, se apoya, echa su cuerpo para delante y me dice algo, lo que me hace salir.

Pablo para la imagen porque intuye que Duval va a formular una pregunta:

—¿Qué fue lo que te dijo?

—No lo sé —suspira—, no me acuerdo.

—Adelante, sigue con la narración.

—Salgo de mi rincón, no lo suelo hacer excepto que sea imprescindible. Hablo con la teniente.

—Descríbeme los gestos. —Duval suena imperativo.

—Nos estamos riendo.

—Te susurra algo al oído y luego tú a ella. Te toca el brazo. Continúa.

—Suena el tiro, miro a todos lados, me dice algo, hago gestos de no estar de acuerdo, entro en mi cubículo, miro la pantalla, le hablo y hago una llamada.

—Cuéntame los detalles de lo que ha hecho ella.

—Está junto a mí, primero me ha pedido que mire en las pantallas qué ha pasado y luego me ha exigido que dé la alerta. Después desaparece del plano porque sale a la calle a ayudar al capitán.

—Hermel, se te ha pasado contarme algo. Tras el disparo, la teniente te dice algo y tú no estás de acuerdo. ¿Qué es lo que te dice?

—No lo recuerdo, comandante.

—Hemos pactado que lo que hablemos no saldrá de aquí, mi palabra es sagrada. ¿Y la tuya?

—También, comandante.

—Cuéntame qué ocurrió en ese momento.

El policía se pasa la mano por la boca, mira a Albert y luego a la pantalla del ordenador que se ha puesto en bucle repitiendo las imágenes.

—La teniente es joven, a veces no controlamos las reacciones.

—Lo entiendo. Dime qué te dijo.

—Iba a salir a la calle a ver lo que había pasado, me pidió que no lo hiciera, que mirara antes las pantallas. Era una reacción provocada por el miedo.

—Pero le hiciste caso.

—Sí, me equivoqué.

—¿Erais novios, os habíais acostado...? —pregunta Duval.

—No, la teniente tontea con todos.

—¿Y después?

—Unos días más tarde sí, estaba muy agobiada, asustada, pensaba que podía acabar su carrera. Me costó un montón animarla y convencerla de que todo iría bien.

—¿Ya lo habéis dejado?

—Sí, ella quiere ser, como poco, ministra, y a mí me basta con ser feliz en mi trabajo de ahora.

—Antes de acabar quiero que veas algo que Albert ha montado.

—He partido la pantalla para que contemple al mismo tiempo dos grabaciones: lo que estaba pasando fuera y lo que pasaba dentro. Solo aparece un cronómetro porque sucedieron al mismo tiempo.

Esta vez Duval no le pide descripciones. Hermel pone cara de circunstancias, quizá no debía haberle revelado el momento de pánico de Stella, aunque tampoco ella se había portado tan bien con él como para merecerse su protección.

Cuando acaba el primer visionado, automáticamente vuelve a empezar. Hermel lo percibe la primera vez, lo ratifica la segunda y la tercera, y se queda espantado en la cuarta. Aprieta de golpe el botón de pausa. Mira fijamente a Duval.

—Lo siento, comandante, perdóneme, no podía imaginármelo. Me gustaría pensar que es una casualidad.

—El pacto de silencio debe ser total. Nadie va a enterarse por mí de lo que hemos visto, pero nadie, ni la teniente Breton, debe saber lo que hemos descubierto. Los mismos que mataron a Morel te matarán a ti, a mí o a Albert. ¿Entendido?

—Perfectamente.

—Ha roto contigo, así que pasa de ella. Tú no sabes, y nosotros tampoco, que te estuvo entreteniendo mientras llegaba el asesino y que luego te retuvo para darle tiempo a huir. Nosotros lo sabemos, nadie más. Asuntos Internos lo pasó por alto. Si queremos seguir vivos, debemos olvidarlo.

44

Cárcel eterna o muerte

Madrid

Seis guardias civiles adscritos a la Unidad de Tráfico de Armas, vestidos con el uniforme verde, detuvieron a las seis de la tarde a Ismael Vázquez en su finca de Guadalajara. Su primera reacción fue de estupor, después exigió conocer el motivo de la detención y, cuando nadie le contestaba, reclamó a voz en grito la presencia de un abogado. Las metralletas y las pistolas que le apuntaban, sujetadas por unos guardias malencarados, lo disuadieron de mostrarse rebelde mientras lo esposaban. En el coche patrulla con los cristales tintados fue subiéndole la indignación y no paró de quejarse hasta llegar al chalet donde trabaja la Unidad, en el pueblo de Alcorcón, Madrid.

Al pisar la acera, el tesorero empezó a chillar como un loco, lo introdujeron rápido en las instalaciones y lo bajaron al sótano, donde lo esperaba un cuarto casi vacío acondicionado como celda. Vázquez soltó una larga retahíla de improperios, pateó la puerta y golpeó con desesperación los dos únicos muebles, la cama y la silla. Intentaron apaciguarlo, pero tuvo que entrar uno de los guardias con los brazos más robustos que había visto en su vida y lo disuadió por las bravas: le concedía diez segundos para calmarse, después le daría una paliza y a continuación presentaría denuncia por atentado contra la autoridad con el respaldo de su compañero allí presente. Vázquez siguió caliente, pero cuando el guardia empezó la cuenta atrás con los dedos de una mano se calló. Enseguida recuperó el control y pidió educadamente que le dejaran llamar a su abogado o al ministro del Interior. Nadie le hizo caso.

No tardaron en trasladarlo a una estancia en la planta baja, habitualmente cerrada y llena de polvo, que habían adaptado como sala de interrogatorios sacando los muebles, a excepción de una mesa amplia y dos sillas de madera, aunque para el detenido habían elegido una desvencijada. Le dejaron unos minutos solo, con las esposas apretándole las muñecas más de lo necesario, no querían que se sintiera a gusto. Una cámara con el testigo rojo encendido estaba sobre la mesa transmitiendo su imagen a un cuarto cercano en el que se encontraban Mikel, el capitán Peñarroya, jefe de la Unidad, y dos guardias.

El Lobo mantenía una estupenda relación con Leo Peñarroya. Hacía tiempo había ayudado a su Unidad en la interceptación de armas españolas con destino a países de Europa del Este. Estuvo varios meses en Marbella controlando los movimientos de un italiano que resultó ser un colaborador del espionaje de su país: jugador a varias bandas, no hacía ascos a traicionar a quien hiciera falta por una suculenta participación en los beneficios. Mikel convirtió su casa en el cuartel general de la operación, donde nunca faltaba una botella de whisky. Fue el paño de lágrimas del capitán Peñarroya, empeñado en arrastrarse y perder su dignidad para que su novia volviera con él a pesar de que estaba liada con el profesor de pilates. Cumplidos los objetivos, los integrantes de la Unidad consiguieron medallas y él no exigió nada, ni que le abonaran los gastos.

Peñarroya siempre decía que, si El Lobo le pedía que lo siguiera con los ojos vendados por una fina cuerda atada a dos rascacielos, lo haría sin dudarlo. Lo que nunca pudo imaginar es que esa situación tuviera una traslación casi literal a la realidad: Mikel le había pedido que se metiera en un berenjenal al que era totalmente ajeno. Lo había sacado de casa el día anterior, domingo, cuando el sol se había ido a dormir varias horas antes, y paseando por un parque le anunció que lo necesitaba, palabra clave motivadora.

Disponía de datos contrastados sobre un grupo mafioso dedicado a sacar de España miles de millones de pesetas escondidos en féretros con destino a Malta. Habían muerto dos personas por intentar descubrirlos y el siguiente envío lo harían el martes por la tarde. Importante: ese dinero procedía directamente del Banco de España. El sucio negocio estaba comandado por Ismael Vázquez, el tesorero del principal partido de la posición. Peñarroya no pestañeó, estaba acostumbrado a moverse por arenas movedizas, sabía el revuelo que esa detención montaría no solo en la opinión pública, también en la clase política. Encontró el lado positivo: una destacada presencia mediática podría ser el revulsivo que necesitaba su Unidad para no desaparecer. Últimamente no habían cosechado éxitos y los altos mandos sopesaban la posibilidad de integrarlos en otra Unidad. El tráfico de divisas no era de su competencia, pero si se lo daban todo hecho al director operativo de la Guardia Civil, no podría hacer otra cosa que felicitarlos y posar con ellos en la foto del éxito, en la que Mikel nunca aparecería.

El infiltrado le ofreció una versión distorsionada de los hechos: había descubierto la trama del tráfico de dinero mientras estaba metido en un grupo de narcotraficantes. Colaboraba con la Comisaría General de Información de la Policía y estaban a punto de desarticular el grupo. La actuación de los policías contra el tesorero estaría supeditada a lo que ocurriera durante su interrogatorio. La principal misión de Peñarroya sería sacarle información sobre los organizadores y el destino de los billetes, y después tendría libertad para informar a sus mandos. Si todo iba bien, le dejaría explotar las ramificaciones en otros países, aunque en Malta él necesitaría disponer de un tiempo para ajustar cuentas personales.

El capitán no formuló preguntas complicadas. La operación era un regalo caído del cielo al que pretendía sacar el máximo rendimiento. También era un barullo, muchos aspectos podían salir mal, pero prefería afrontar los obstáculos según fueran apareciendo. Defendió judicializar la historia desde el primer momento. Mantenía buenas relaciones con el juez que estaba de guardia al día siguiente y había que aprovecharlo. Mikel no se mostró muy partidario, pero dejó la decisión en sus manos.

Los dos se hallan en un cuarto cercano al de Vázquez, desde donde lo observan en una pantalla de televisión. Le están dejando debatir consigo mismo, darles vueltas a los motivos de su detención y a las pruebas incriminatorias. Seguro que no entiende en qué ha podido fallar. El sudor que le empapa el pelo lo han provocado ellos al subir la calefacción de la habitación como un acelerador más de su incomodidad.

El mando de la Guardia Civil entra en la sala con una carpeta caqui en la mano. Se sienta enfrente del detenido. El tesorero lo mira a la cara, se detiene en una cicatriz que le recorre el pómulo y la mejilla del lado derecho. Unidos a la mirada gélida, el uniforme impecablemente planchado y el bigote poblado le resultan turbadores.

—Soy el capitán Leo Peñarroya...

—Quiero ver a mi abogado —le corta.

—Por supuesto. —Saca un folio en blanco y un bolígrafo, y se los pasa—. Ponga el nombre y el teléfono. Le avisaremos, y lo que tarde en llegar.

Mientras escribe, Peñarroya sigue hablando:

—Le voy a relatar los cargos por los que le hemos detenido. Tenemos pruebas de su participación en un delito de tráfico de drogas, modalidad agravada por ser una sustancia de las que causa graves daños a la salud, la cocaína. Agravada también porque la cantidad es de notoria importancia, hablamos de cientos de kilos, y agravada de nuevo por pertenecer a una organización delictiva en calidad de jefe, encargado o administrador, en su caso como jefe.

Vázquez va a replicar y el capitán lo frena esgrimiendo la palma de la mano en señal de alto.

—Estamos hablando de una pena de entre doce y dieciocho años. La instrucción del juez suele durar dos o tres años, tiempo en el que permanecerá en prisión preventiva.

—No tienen nada contra mí. No he hecho nada. Nunca he consumido ningún tipo de droga, ni he estado cerca de ningún alijo.

—Tenemos pruebas de su participación en al menos dos envíos, y de un tercero que está viniendo desde Ecuador y que, en las próximas horas, será requisado por nuestros colegas ecuatorianos.

—No sé de qué me habla —responde el tesorero al mismo tiempo que frunce el entrecejo.

—Le tenemos fotografiado hace dos días en una reunión con sus socios, dentro y fuera de un chalet perteneciente al empresario Aday Santana.

El capitán abre la carpeta y le muestra varias imágenes. Una es de su salida del chalet, otra de la mesa mientras está cenando y varias del resto de los comensales, excepto Mikel.

—Este hijo de puta —dice escupiendo cada letra y dirigiendo la mirada a la cámara que tiene delante—, sabía que no eras de fiar. Repito, no he hecho nada. Quiero a mi abogado.

Peñarroya coloca la palma de la mano encima del folio escrito y lo arrastra por la mesa hasta el capitán.

—Por favor —pide a sus hombres sin dejar de mirarlo—, venid a recoger los datos del abogado. Aunque le advierto: cuando aparezca, caducará la oferta que le voy a hacer, que tampoco valdrá en el momento en el que la policía detenga a sus socios.

—¿Cómo? ¿No han detenido a nadie más? —dice con incredulidad y se detiene a reflexionar—. Ya lo entiendo, quieren que sea el soplón, disminuir mi condena y que el caso se base en mi testimonio. ¡Qué huevos tienen! —Se dirige de nuevo a la cámara—: Joder, Mikel, qué mal has hecho tu curro. ¿Crees que te voy a sacar las castañas del fuego? Vas apañado. —Arrogante, le enseña la mano derecha estirando el dedo corazón.

—No le necesitamos para meter en la cárcel a los cuatro comensales de la cena, tenemos suficientes pruebas para que se pudran al menos dieciocho años en la cárcel. La oferta es únicamente para usted, puede evitar sumar más años por otra serie de delitos —Peñarroya abre la carpeta y lee de un folio mecanografiado—: apropiación indebida, robo, blanqueo de dinero, y otros que el juez pueda meterle. A su edad, sumados los dos casos, no volverá a pisar la calle.

Esta vez Vázquez duda un momento.

—Maté a Kennedy, lo reconozco. Métanme en prisión por ese y cien delitos más. Pero llame a mi abogado ya —suelta en tono soberbio mientras se mira las uñas perfectamente tratadas con una manicura profesional.

Peñarroya hace un gesto delante del objetivo de la cámara, entra un guardia y se lleva la hoja con los datos.

—Acaba de poner el reloj en marcha. En estos momentos mi gente está comunicando a la policía su negativa a colaborar y darán la orden para proceder a detener a sus cómplices en el tráfico de drogas. Alguno querrá reducir su pena pasándole su responsabilidad a usted, lo que sumado a las pruebas que ya tenemos le aseguro que le va a joder la vida.

Vázquez lo mira con escepticismo, seguro de sí mismo. El capitán continúa:

—Lo primero que vamos a hacer en cuanto todos estén detenidos es llamar a mis amigos de la prensa, estarán encantados con la exclusiva: el tesorero del principal partido de la oposición forma parte de una mafia del narcotráfico con ramificaciones en Japón y Ecuador. Ha ganado decenas de millones de euros...

—Mentira —dice receloso.

—Y existe la sospecha, que se está investigando en estos momentos, de que su partido haya estado financiándose en los últimos años con dinero de la droga.

—Cochina mentira —grita poniéndose en pie y echando las manos esposadas detrás del hombro derecho para soltar un golpe al capitán.

Entra uno de los guardias, hunde su puño en el estómago del tesorero, que cae de rodillas al suelo. Después le coge la cabeza y se la empuja hasta restregársela por el suelo y tenerlo totalmente inmovilizado. Mira a su capitán, que le señala la silla, donde el guardia lo sienta con la cara descompuesta por la falta de aire.

—Gracias, puedes irte —le ordena Peñarroya a su hombre y vuelve a dirigirse a Vázquez como si nada hubiera sucedido—: La consecuencia de su vinculación con el narcotráfico será de momento su cese en el cargo, la expulsión del partido y que ninguno de sus amigos influyentes reconozca haberle conocido. El trato que le ofrezco es muy ventajoso —dice en tono amistoso—: hablamos con la policía y le contamos que apenas sabía nada de los envíos de droga. A cambio nos explica la historia del dinero que envía a Malta en féretros, y en ese sumario, que depende de mí, buscamos una solución que le beneficie. ¿Me entiende, hijo de la gran puta?

—No saben ni usted ni Lejarza el lío en el que se están metiendo, esta guerra les queda grande —dice enfurecido—. Soy un simple peón, si les cuento algo de los féretros me matarán y después les cortarán los huevos a los dos y a todos los que hayan escuchado mi declaración. Me ofrece cárcel eterna o muerte. ¿Usted qué elegiría?

—Podemos protegerle.

—No pueden.

—Falsearemos la fuente para que no sepan que ha sido usted.

—Se enterarán igualmente.

—Sabemos cómo tratar a los grandes mafiosos.

—No me está escuchando, se cree alguien y es un simple capitán, un mierda. No voy a colaborar, impútenme todos los delitos que quieran, ya he reconocido que disparé a Kennedy, o sea, que lo tienen fácil. Esperaré a que llegue mi abogado. Llévememe de vuelta a mi celda.

Peñarroya se levanta y abandona la sala.

45

Te lo digo al oído

Peñarroya llega descorazonado al cuarto desde el que Mikel está siguiendo el interrogatorio. El capitán no se esperaba una resistencia tan tenaz, lo pueden agotar con tiempo, pero no es un objetivo fácil. En sus veinte años de carrera ha conocido muchos casos enmarañados, y quebrar a Vázquez va a ser complicado. Sin contar con que, en cuanto pase a disposición judicial y su abogado descubra la intrahistoria de la detención, los van a crujir. Mikel añade dudas: es urgente que el tesorero hable lo antes posible, en caso contrario perderán la posibilidad de actuar en el siguiente envío de dinero, que podría ser el último. Tienen que cambiar de táctica y de interrogador. El capitán se frota la cicatriz. Mikel se lo ha visto hacer muchas veces, siempre cuando no controla alguna situación.

Cinco minutos después El Lobo entra en la sala de interrogatorios, se sienta en la silla que ocupaba Peñarroya y no hace caso al desafío que el tesorero le lanza con la mirada. Busca un botón de la cámara y lo aprieta, la luz roja se apaga. Le pide que le muestre las manos, le enseña una pequeña llave y le quita las esposas.

—Lo que hablemos es entre tú y yo. Siento la situación en que te encuentras —afirma con seguridad—, este es mi trabajo.

—Toda la vida mintiendo, engañando, traicionando, forrándote por simular ser quien no eres, viviendo de la trampa. Eres un puto mercenario resentido —le espeta enfadado.

—Hago cualquier cosa con tal de sacar de la circulación a terroristas, narcotraficantes o lo que sea que eres tú.

—Yo creía que hasta los espías teníais líneas rojas.

—Nuestras líneas rojas no son una prohibición, sino una palanca para saltárnoslas de forma placentera —le responde agresivo Mikel.

—Aiko te pilló desde el primer momento, tenía que haber dejado que te matara.

—Es tarde para eso, puedes odiarme lo que quieras. Ahora se trata de que nos ayudes a resolver el asunto de los féretros y así te ayudes a ti mismo para seguir disfrutando de tu riqueza, tus amantes, tus cacerías. ¿De dónde procede el dinero? ¿Para qué lo enviáis a Malta? ¿Qué tenéis que ver con Francia? ¿Qué pinta Israel en esta historia? ¿Quién dirige la operación? ¿Quiénes son los españoles que están contigo?

—Sigue sigue sigue. —Sonríe cínicamente—. Puedes hacerme todas las preguntas que quieras. Ya me has oído decirle al capitán que paso de tratos. Te veo tranquilo, eso está bien. Desde la misma tranquilidad te digo: no y no.

—Carecemos de tiempo. Te voy a plantear otra posibilidad. ¿Puedo?

—Adelante, hasta que llegue mi abogado, soy todo oídos.

—Te mantengo la oferta del capitán y a cambio solo quiero que me des tres datos que no aparecerán en el sumario.

—¿Cuáles?

—¿Para qué estáis sacando el dinero? ¿Dónde está escondido? Y el nombre de alguien en España metido en la operación.

—Descubrirán que he sido yo —dice en tono risueño poniéndole música a sus palabras—, me matarán.

—Sabemos que el dinero procede del Banco de España, son pesetas, dentro de poco dejarán de valer, todos estamos cambiándolas por euros…

—¿Y?

—Venga, dime las palabras claves.

—Piénsalo, Mikel, quizá no lo ves porque no lo has pensado, ¿es dinero nuevo o usado?

El Lobo desvía su mirada hacia un punto perdido de la pared.

—Nuevo no puede ser, ahora no van a emitir pesetas. Estáis sacando fuera de España dinero viejo, sin valor.

—¿Seguro que no tiene valor?

—Joder, claro, las pesetas siguen sirviendo. Vais a hacer algo con esos miles de millones, pero ¿qué?

—Siguiente pregunta.

—¿Dónde guardáis el dinero?

—Frío frío. Así no llegaremos a un acuerdo.

—Espera, seguro que se nos ocurre una forma en la que nos hayamos enterado sin que tú nos lo hayas dicho.

Vázquez piensa durante unos segundos y propone:

—Puede haber una forma, siempre que sea cierto que no estáis grabando nuestra conversación.

—No te engaño.

—¿Ahora o antes?

—Ahora no te engaño.

—Si te sigo respondiendo, la condena por tráfico de droga no supondrá en ningún caso que ingrese en prisión. Y lo quiero firmado por ese capitán tuyo en un papel con membrete oficial.

—Adelante, te escucho.

—El dinero está en mi casa de campo de Guadalajara. Lo puedes haber deducido tú perfectamente, has estado allí, es un lugar donde buscar, puede ser un escondite seguro al estar alejado del mundanal ruido.

—¿En dónde?

—Lo tendréis que encontrar solitos.

—¿Alguna pista?

—Ninguna.

—¿Y el nombre de un implicado?

El tesorero se levanta, mira la cámara, la mueve para que enfoque a Mikel, se acerca a él, coloca las manos junto a su oreja para que no le puedan leer los labios y le dice al oído algo muy breve.

46
No puedes contar lo que no sabes

A las seis y media de la tarde, cuando Mikel tuvo la certeza de que la Guardia Civil había detenido al tesorero y lo trasladaban a su base para extraerle información, telefoneó a Fred para activar la intervención policial contra el resto del grupo de narcotraficantes.

Su antiguo oficial de caso llevaba desde las cinco y media en el despacho de Ventura, en la Comisaría General de Información. Quería prevenirle con tiempo suficiente del final de la operación, adelantarle las pruebas acumuladas para intentar armar el caso con éxito y proceder a la intervención policial. Unos minutos antes de la llamada de El Lobo, Fred se había quedado de piedra al enterarse de la triquiñuela que le había montado el comisario con el objetivo de cubrirse las espaldas para que si algo salía mal no lo salpicara: les había dado acceso a Sitel de una forma totalmente legal, tras solicitar autorización al juez con un informe inventado que había elaborado él mismo. Fred lo miró quejoso, «Eso no se hace», y se topó con la cara de póker de un perro viejo.

—Es mejor no correr riesgos, los anacletos —le dijo Ventura en referencia al cómic del agente secreto— sois una jodida pandilla poco de fiar. Lo positivo es que advertí al juez de que utilizábamos como infiltrado a Miguel Bueno, una nueva identidad de El Lobo. Interpretará adecuadamente su doble juego en las conversaciones.

Fred le explicó los últimos detalles y le propuso que Mikel reuniera al resto de los implicados esa noche alegando un imprevisto urgente y peligroso, de tal forma que ninguno se escapara.

—¿Nos llevamos preso también a El Lobo?

—No hará falta disimular.

Mikel recibió un mensaje lacónico de Fred —«Adelante»— y telefoneó al padrino. Habían surgido problemas, sus amigos de la Guardia

Civil le habían advertido de filtraciones, convendría convocar una reunión para debatir si seguían adelante, lo retrasaban o introducían cambios para poner a buen recaudo la droga procedente de Ecuador. Le propuso celebrarla en su casa sobre las once de la noche, todos tendrían tiempo de llegar, y lo invitó a avisar a los demás. A pesar de que su voz sonaba aguardentosa, confiaba en que se controlara y la situación desbocada no lo apremiara a acelerar la ingesta de alcohol.

Poco después lo llamó Álex, iba a embarcar en su vuelo a Malta. Mikel estaba preocupado, habían destapado sus cartas y los acontecimientos cobrarían vida propia, era imposible controlar todas las derivadas. En Malta podía generarse una actividad sísmica cuando descubrieran que habían perdido el dinero del siguiente envío procedente de España y que las policías europeas iban a ir a por ellos. Le pidió a Álex que transmitiera confianza a Lorna y le dejara libertad de movimiento. Y le trasladó el viejo principio del espionaje: nada de pasarle información que no necesitara conocer. Era más seguro para ella y para todos.

Más tarde Mikel se implicó en el interrogatorio del tesorero. Percibió cómo se agobiaba cuando supo que lo habían pillado ensuciándose las manos en el negocio de la droga, observó miedo en sus ojos al guardar silencio sobre la identidad de los máximos responsables del transporte del dinero y le impactó su aureola de odio cuando se enfrentaron. Había algo extraño en su comportamiento, en la forma en que había evolucionado su forma de actuar tras sentirse descubierto, en el estilo de aceptar el peso de las pruebas que lo cercaban, en su decisión última de colaborar aunque fuera en dosis limitadas, en su reacción para tratar de salir ileso. No llegaba a entenderlo, algo en su interior le repetía que jugaba con cartas marcadas. Quizá era solo la desconfianza que se contagia en el espionaje sobre todo y sobre todos, donde el engaño está siempre rondando como un león a la caza de su presa.

Mantiene su costumbre de llegar antes de la hora a la reunión en casa del padrino. Al entrar en la urbanización saluda al guardia de la garita, más atento que en anteriores ocasiones. Le llaman la atención una pareja de novios hablando en un coche, dos chicos jóvenes corriendo en chándal y una pareja madura sentada en un banco. Aparca la Chrysler un poco más alejada de lo habitual. Llama a la puerta, le abre Aday y dentro solo ve a Chema.

—He hablado con Aiko, todavía no ha llegado —le informa el padrino mientras Chema lo observa con expectación—. Con Ismael no he logrado contactar, pero aceptará sin problema lo que decidamos.

Mikel va a dejar su pistola en la caja fuerte y, cuando el padrino se aparta para que la guarde, se encuentra con que no hay armas.

—Hace un rato ha venido Iwao a por ellas, no me ha dado explicaciones, tampoco se las he pedido, eran suyas.

Van al salón. Se sientan a la mesa de comedor.

—¿Qué pasa, Mikel? —pregunta Chema—. ¿Algo va mal?

—Esperemos a que llegue Aiko.

El padrino se levanta, va a la cocina y coge una botella de vino tinto con tres copas de cristal de Bohemia. Brindan y beben.

—¿Crees que nos pueden pillar? —pregunta el padrino.

—No lo sé, alguien se ha ido de la lengua.

—¿No nos habrá vendido Aiko?

—Lo desconozco.

—Ella siempre es puntual. Han pasado veinte minutos de la hora. Voy a volver a llamarla.

Saca el móvil, marca el número que encuentra en llamadas recientes y espera una respuesta que no llega.

—Es muy raro, a ver si la tipa se ha olido algo y se ha largado. O quizá nos ha traicionado.

Suena el timbre de la puerta.

—Será ella —dice Mikel levantándose—. Si queréis, voy yo.

Abre la puerta y no ve a Aiko y a su hijo, como esperaba. Un grupo de policías de la Unidad de Intervención, equipados como si fueran a asaltar a un nutrido grupo de mercenarios a sueldo, le hacen gestos para que se aparte mientras él les señala dónde están los objetivos. Invaden el salón en tromba dando gritos, repiten que son policías, aunque no hace falta, se distingue a distancia. Esgrimen metralletas disuasivas y van vestidos con chalecos antibalas que ese día no les van a servir para nada. Mikel se dirige al cuarto en cuya caja fuerte tiene guardada la pistola, la abre con la clave que le ha visto meter al padrino y sin pararse a contemplar la escena de la detención, con sus dos amigos tirados en el suelo recibiendo voces amenazantes, sale del chalet.

En el pequeño jardín están Fred, Ventura y algunos de los figurinistas que detectó a la llegada.

—Bien hecho, Mikel —le dice el antiguo espía.

—¿Dónde están los jodidos japoneses? —pregunta el comisario.

—Ni idea, no tiene sentido su ausencia.

—Alguien los ha avisado —afirma Fred categórico.

—Nosotros no —ratifica Mikel—. Comisario, ¿has sido tú?

—No los conozco de nada, me preocupa que haya habido una filtración. Vamos a tener que dar orden de busca y captura.

—Más vale que los encontréis pronto, han estado todo el tiempo creyéndome un traidor y amenazando con matarme. Ahora lo intentarán.

—¿Quieres que te ponga protección? —le ofrece Ventura.

—Me cuido solo, gracias.

47
El arma en la mano

Malta

Álex llega al aeropuerto una noche cerrada, sin luna y sin estrellas, de las que les gustan a los espías para actuar. Se quita el abrigo imprescindible para moverse por Madrid, se enfunda la gorra roja y se dirige al aparcamiento a recoger el coche comprado unos días antes. Pone un mensaje a Lorna: «¿Tienes canguro para esta noche?». No tarda en recibir la contestación: «Dos, los saco a pasear».

Se sube al taxi blanco, no enciende el cartel indicativo de libre y conduce lo más rápido posible hacia el piso que comparte con la policía. Aparca en una calle paralela cuarenta minutos después. Nuevo mensaje: «¿Voy?». Respuesta inmediata: «Sí, tardo veinte minutos».

Dedica la mitad de ese tiempo a dar una vuelta rápida por su calle y las más próximas. No detecta a más canguros. Sube, desactiva la alarma, deja la maleta en su habitación, saca un zumo de la nevera y se sienta en un sillón del cuarto de estar. Lee un mensaje de Mikel en clave, interpreta que el plan sigue adelante, el tesorero ha debido largar. Lorna no tarda en aparecer. Lo saluda sin aproximarse, coge una cerveza y se sienta en una silla.

—Creía que ya no volverías, Fred me dijo que tenías asuntos importantes en Madrid.

—Ha sido todo muy intenso, hemos progresado mucho. ¿Qué tal te ha ido a ti?

—Tabone no ha dado señales de vida.

—¿Lo has llamado?

—Álex, por Dios, las señoritas no llamamos a los chicos, esperamos a que lo hagan ellos, ¿no te lo explicó tu madre?

El guardia civil la mira sin disgustarse, se le habían olvidado las maneras de Lorna y cómo sus ojos se vuelven inmensos cuando se pone borde.

—Bien hecho, me alegro de que hagas caso a los consejos de tu madre. ¿Cómo te localizaron los canguros?

—El sábado acudí al pub donde Curmi va a tomar copas tras el trabajo.

—¿Hablaste con él?

—No mucho, iba con prisa.

—No te mintió, tenía que irse a casa para llamar a su contacto en España y confirmar el envío que llega mañana.

—Me contó que Tabone me había dado su visto bueno y que quiere montar un equipo de seguridad permanente conmigo al frente.

—Eso es bueno.

—Quizá sí, quizá no. En diez minutos de charla me colocó un mechón de pelo rebelde detrás de la oreja, me cogió un par de veces el brazo, al levantarse del taburete me abrazó, supuestamente porque se tropezó, y creo que me tocó el culo, de lo que no estoy muy segura. Sospecho que le pongo porque le doy un poco de miedo, pensó en tocármelo y se quedó a medias. Imagino que sueña con que lo ate a los barrotes de una cama y le dé latigazos.

Álex ha asimilado que disfruta escandalizándolo, lo trata como si fuera su abuelo. Unos días alejado de ella le permiten ver la relación con perspectiva.

—Con la que está cayendo, quizá tengas que atarlo a una cama y torturarlo para sacarle información.

—Estuve en varios garitos tomando copas —sigue hablando sin prestar atención a sus comentarios—, no detecté el seguimiento. Esta mañana los he visto, uno en coche y otro en moto. Por la noche han cambiado de vehículos y dos tías han sustituido a dos tíos. ¿Qué tal en Madrid?

—Complicado, hemos accionado las bombas, pero es imposible saber los efectos que pueden desencadenar.

—Cuéntamelo, no hagas que te lo suplique.

Álex evita que se le escape una sonrisa. Lorna utiliza un tono displicente, pero tiene su gracia.

—En estos momentos estarán desarticulando la banda donde Mikel se había infiltrado. Antes han detenido al tipo relacionado con Curmi, al que telefoneó tras el último envío. Han debido llegar a una especie de acuerdo con él, pero carezco de datos concretos. El objetivo es que señalara el lugar donde están escondidos los féretros para judicializar el tema y quitárselos. Lo de después no está claro. Por eso me han mandado a Malta. ¿El micrófono del coche de Tabone sigue operativo?

—Sí, pero el conductor varía, lo usan varios del Mossad.

—Imagino, solo imagino, que en Madrid esta noche no trascenderá nada. Lleva su tiempo convencer al juez, informar a los mandos de la Guardia Civil y mandar gente a decomisar el dinero. El problema se suscitará cuando sea de día. Alguien llamará a tus amigos aquí y habrá movimiento.

—Si sospechan de mí, lo mismo les da por interrogarme en algún sitio.

—Quizá.

—Registrarán este piso.

—Yo lo haría. Será mejor que mis cosas y yo nos vayamos al otro piso que alquilamos por si pasaba algo.

—¿Cuál será nuestro objetivo?

—Deberíamos tener bajo control a Curmi y especialmente a Tabone, al menos hasta que Mikel y Fred nos digan algo. Ya están buscando la forma de acabar con la red en Malta.

—La implicación de Curmi está clara. ¿También la de Tabone?

—Fue el último que estuvo con Olivier y desapareció tras el asesinato. Ese hecho lo pone en el punto de mira junto a uno de sus hombres, un tal Adam, del que el chico no se fiaba, y del que no tenemos fotos. Fred consiguió en Francia los vídeos de seguridad del asesinato de Morel, y Vero, utilizando no sé qué programa, ha podido demostrar que la figura del asesino encapuchado concuerda al 95 por ciento con la que captamos aquí de Tabone.

—Puede ser un error —matiza la impredecible Lorna con frialdad.

—No lo es, mató a los dos.

—El Gobierno israelí no permitirá que lo detengan, y si alguien lo hace mandarán a cien tíos, darán un golpe de mano y lo rescatarán. Si sigue aquí con su equipo es porque su Gobierno está implicado hasta el cuello en la mierda del tráfico de pasta.

—Entras en un servicio secreto pensando que vas a servir a tu país y te encargan matar a dos personas por un tema de dinero. Al final miras para otro lado creyendo que no te va a alcanzar el olor a podrido.

—Seguro que hay una poderosa razón de Estado.

—Sin duda —reconoce Álex al descubrir cómo la policía intenta encontrar algo bueno en esa gente—, si les dan la orden de matar no la cuestionan, matan y a otra cosa. Lorna, esta gente no pregunta y te liquida si, como Olivier, pasas por delante de ellos y les tapas la luz del sol. Y si alguien como Morel intenta descubrir por qué han asesinado a su colaborador, no se lo piensan, le revientan la cabeza de un tiro. El espionaje israelí protege a su país, pero también defiende sus intereses mugrientos.

—Como todos —señala Lorna cuestionando las palabras de Álex.

—Si Tabone descubre que puedes delatarlo, te meterá una bala donde tenga la certeza de que te arranca la vida —lanza sin alterarse, sintiendo lo que dice, más como un profesor que enseña que como un padre que pretende cambiar un comportamiento—. En Israel los forman para matar y les da igual que sean palestinos, malteses o españoles. Si llega el caso, no esperes una muestra de amor, dispara tú primero.

Álex se queda con dudas ante el silencio de Lorna. Desconoce lo que siente por el judío, le había pedido que no se implicara, que jugara su papel a distancia, como si fuera otra persona la que se relacionara con él. Pensaba que eso la ayudaría a verlo como un enemigo despiadado. También intuye que la presencia de agentes del Mossad puede llevar a Fred, si no lo ha hecho ya, a saltarse la norma pactada con el equipo e informar a los mandos de La Casa sobre lo que está pasando. En ese momento ellos dos pasarían a ser un obstáculo y los obligarían a dejar impunes a Tabone y a su gente.

Lorna se siente ofendida por las dudas de Álex, tiene la certeza de que mataría al *killer* del Mossad sin darle tiempo a apretar el gatillo. No le demuestra su malestar porque desconoce a ciencia cierta qué pasaría si es Izaskun la que tiene el arma en la mano.

48

El regusto amargo de la deslealtad

12 de febrero, Madrid

Mikel hizo la primera de las llamadas de la noche a Álex a las tres de la madrugada. Imaginaba a sus dos agentes en Malta en alerta y quería tenerlos informados. Le comunicó que el capitán de la Guardia Civil —omitió el nombre de Peñarroya— había informado a sus mandos de la implicación del tesorero del principal partido de la oposición en una operación de tráfico de divisas y de la posibilidad de que aparecieran más nombres con repercusión mediática. Imaginaba que a esa hora algún general habría salido abruptamente de sus sueños para ser alertado de la actuación en marcha.

También le contó que el capitán había conseguido la firma de un juez de la Audiencia Nacional para una orden de registro. Aceptó que no apareciera la identidad de la fuente en ese documento siempre y cuando, si hubiera algún problema durante el desarrollo de la operación, pudiera incluirla más tarde para no comerse el marrón de haberlo ordenado sin las suficientes pruebas incriminatorias. El capitán y él aceptaron porque si se demostraba que Vázquez los había engañado, no se sentían impelidos a cumplir el pacto.

Los seis guardias de la Unidad estaban en su sede, bien atiborrados de café, listos para desplazarse a la finca de Vázquez a la búsqueda del tesoro. Habían pedido refuerzos para que se quedaran custodiando a Vázquez, encerrado y aislado para que no se arrepintiera del acuerdo.

Mikel hizo la segunda llamada a las siete de la mañana, todavía eran imprescindibles las luces para conducir por la carretera y la calefacción para no quedarse aterido en el coche. Lo sabía porque media hora antes lo había llamado el capitán Peñarroya y había tenido que tirarse a la calle para intentar echarle una mano.

Llevaban dos horas inspeccionando la finca sin encontrar la menor pista. Buscaban un dispositivo escondido que sirviera para abrir un conducto que les diera acceso a un zulo lo suficientemente amplio para albergar decenas de féretros. Podía ser cualquier palanca, incluso una que estuviera a la vista, pero lo tocaban todo sin resultado. Estaban intentando localizar al funcionario del Ayuntamiento que les facilitara los planos de los dos edificios, habían presionado sin éxito al tesorero y solo habían recibido sus amenazas si no llegaba pronto su abogado; entonces habían pedido más gente para ampliar la búsqueda.

Mikel se había acordado de un amigo suyo, un físico y geólogo que trabajaba en la Universidad Autónoma de Madrid. «¿Le podrías pedir que nos prestara el georradar?», preguntó Peñarroya. Lo llamó al móvil, pero no respondió, lo tendría en modo noche. La tensión que notó Mikel en la súplica del capitán lo impulsó a ir a buscar al geólogo a su casa.

Durante el trayecto fue cuando telefoneó a su hombre en Malta. Se mostró animoso, le aseguró que darían con el almacén camuflado antes o después. El inconveniente residía en que, según pasaba el tiempo, más gente accedía a la información y más riesgo había de una filtración.

Se despidió con un «Tened cuidado» y de inmediato se arrepintió. No deberían habérsele escapado esas dos palabras, mostraban la preocupación que lo había asolado esa noche. Durante las horas pasadas en soledad, le había dado vueltas a una información compartida con el resto del equipo y a otra que solo él poseía. El descubrimiento de micrófonos en el chalet operativo era un mal presagio, los habían detectado. Alguien con amplios medios y alta dosis de osadía conocía a lo que se dedicaban y había dado el primer paso para neutralizarlos. Cuando Álex anunció la penetración, pensó en la yakuza. Luego sus cábalas se derrumbaron cuando el tesorero le susurró al oído quién estaba metido en la operación.

Durante el órdago final que le lanzó a Vázquez en la sala de interrogatorios, no tuvo en cuenta dos argumentos que lo envalentonaron: su voz no iba a quedar grabada y él no compartiría esa información con el interrogador de la Guardia Civil. Cabía la posibilidad de que le hubiera mentido para vengarse por aportar las pruebas para su detención, pero el brillo intenso de sus ojos lo indujo a creerlo, estaba disfrutando al darle un dato que lo embarraba hasta el cuello. Desde ese momento no habían parado de retumbarle en los oídos las dos palabras: «Tu servicio».

No se puso en contacto con Fred, todo apuntaba a que formaba parte de una operación turbia del servicio en la que el principal manipulado era él. Se le agarró a la garganta el regusto amargo de la indignidad, esa incómoda sensación física que lo atacaba cada vez que sufría una alevosa violación de la lealtad. Le costaba confiar en las personas porque siempre buscaban algo de él que le ocultaban. Una y otra vez se dejaba llevar, nunca aprendía la lección. La gente actúa pensando exclusivamente en sus intereses: dinero, poder, influencia, posición o chantaje. Para conseguirlos, dejan en la estacada al mejor de sus amigos, sin remordimientos, sin echar la vista atrás. Lo de Fred era especialmente grave, nadie le había dado tanto ni había estado tan pendiente de él. Le había mostrado cómo protagonizar enredos, huir de persecuciones, desconfiar de cualquiera y, al final, le había montado la gran farsa.

Se le habían apagado las luces por culpa de un pensamiento obsesivo: lo había traicionado la persona de la que nunca pudo imaginarlo. Si en ese momento lo estaba manipulando, quizá llevaba tiempo haciéndolo. Lo peor es que había estado tan ciego que no lo había visto llegar. Solo le quedaba agarrarse a la lejana posibilidad de que también a él lo hubieran engañado. No alcanzaba a entender que los hubiera metido a todos en ese embrollo por su sobrino si conocía que detrás de su muerte estaba La Casa. Por el momento, no comentaría a nadie del equipo que estaban trabajando para los malos de la película.

Charló con Álex hasta el momento de aparcar cerca del piso de su amigo, quedó en que le llamaría en cuanto supiera algo concreto, o al cabo de tres o cuatro horas si no había novedades.

La tercera llamada la hizo pasadas las once de la mañana. Lo primero que oyó Álex fue el ruido difuso de los truenos y de la intensa lluvia. No entendió la razón por la que tardó tanto en llegarle la voz vacilante y agobiada de Mikel, con la respiración entrecortada.

49

Una sorpresa impensable

Guadalajara

Mikel sacó de la cama a su amigo Gelu, le hizo entender la gravedad y urgencia de lo que estaba pasando, lo convenció para que pusiera su georradar al servicio de la Guardia Civil y lo invitó a acompañarlo, a pesar de tener que cancelar las clases de ese día. Durante los escasos minutos que le concedió para la ducha, telefoneó al capitán Peñarroya, le comunicó la buena nueva y lo que tardarían en llegar a Guadalajara, menos tiempo, bromeó, si le prometía retirarle las multas por exceso de velocidad.

Cumplidas las ocho de la mañana llegan a la finca en la que Mikel estuvo unos días antes con el tesorero y el padrino. Hay presentes muchos más guardias civiles de los seis que integran la Unidad. Mientras Gelu saca del coche el aparato capaz de localizar objetos y cavidades por debajo del nivel del suelo, Mikel se va a hablar con Peñarroya cerca del río. El cielo plomizo lleno de nubes grisáceas augura un día complicado con precipitaciones.

—En el interior de la vivienda y de la discoteca no hemos encontrado nada —dice intranquilo el capitán—. Acabo de poner a buscar a los agentes que nos han mandado de refresco.

—Más apoyos, ¡qué bien!

—No tanto, han venido con un comandante dispuesto a apuntarse el tanto y no tardarán mucho en pasarse por aquí uno o dos coroneles.

—Tú lo has judicializado y te llevarás la medalla, si también se las dan a otros te da igual.

—No es eso, es que tampoco estoy muy convencido de que el tesorero nos haya contado la verdad. —Peñarroya está embutido en la cazadora reglamentaria verde oliva y su mirada habitualmente fría se ha hecho distante.

—Seguro que los féretros están por aquí.

—He tenido que avisar a su abogado, el magistrado ha descubierto que no lo había hecho y se ha cabreado.

—No esperarías que te tocara las castañuelas. —Mikel le da un palmetazo en el brazo como si pretendiera hacerle reaccionar—. ¿Te dará problemas?

—Me cubrí las espaldas, anoche le dejé un mensaje en el contestador automático del bufete alegando que no encontraba el número de su móvil.

—Si lo escribió Vázquez en la hoja.

—Vaya —esboza una sonrisa maliciosa—, se nos perdió.

El capitán, que no para de frotarse el puente de la nariz, le informa que desde la dirección les van a mandar un helicóptero para buscar por la orografía de los alrededores algún movimiento de tierras. Mikel le pregunta que por dónde empieza su amigo con el georradar y Peñarroya le contesta que lo mejor sería buscar por los alrededores de los edificios.

Gelu está junto al coche y con una mano sujeta una especie de portería negra sin red, de menos de un metro de altura, que en el poste superior tiene una pantalla de ordenador. Le explica a Mikel que transmite ondas electromagnéticas de banda ultraancha que van atravesando las capas del subsuelo, provocando una reflexión de parte de esa energía, que es captada por el receptor y genera un registro en el dispositivo para realizar un análisis posterior. Después le pregunta por el tiempo del que dispone, y El Lobo, que no ha entendido muy bien el funcionamiento de su extraña máquina, señala a varios uniformados:

—La Guardia Civil nunca descansa y nosotros tampoco. El primero que lo encuentre se lleva los aplausos, y si eres tú te invito a comer.

Las siguientes dos horas pasan con demasiada rapidez. Aparecen más guardias, entre ellos los responsables unos años atrás de la exitosa liberación del funcionario de prisiones José Antonio Ortega Lara, al que ETA mantuvo secuestrado en condiciones inhumanas cerca de dos años. Si no hubiera sido por la intervención de esos agentes, que descubrieron el zulo enano donde estaba preso, los secuestradores tras ser detenidos le habrían dejado morir de inanición.

El paso de las horas no parece un obstáculo insalvable para la Guardia Civil siempre que al final encuentren la cueva de Alí Babá. El objetivo de Mikel es ocultar el mayor tiempo posible que conocen el paradero del dinero y a sus propietarios en España. Antes solo le preocupaban sus dos agentes en Malta, pero tras descubrir el doble juego de Fred está en peligro todo el equipo.

Cerca de las once empieza a chispear y decide dar un paseo por la naturaleza salvaje, le pareció un remanso de paz cuando estuvo con el tesorero. Piensa en Vero, le pasa algo, fue extraño su desmayo en el cuarto oscuro mientras estaban reunidos. No se ha recuperado del abatimiento por el final inesperado de su vida exitosa como hacker y de la ruptura con el servicio y otros poderosos e influyentes clientes. Está insegura, molesta, y se siente sola. Se ha distanciado de Pablo. El chico debió sufrir mucho en prisión, la sensación de agobio le superó. Al salir se protegió negándose a pensar y huyendo hacia delante, alejándose de la mujer de su vida, a la que quizá culpa de sus males. Se ha desequilibrado, debería haberse sentado a hablar con él y, en su lugar, le ha dejado volar en operaciones que lo han traumatizado más.

Mientras sigue el curso del río, las gotas de agua caen con más intensidad. Absorto en sus pensamientos, no se da cuenta de que los pantalones vaqueros y la cazadora se le están empapando. Sobre Lorna, carece de suficiente información. Es a la que ve con mayores contradicciones internas, con el trauma más agarrado al corazón. Trabaja bien, es osada, imaginativa y con dotes para la interpretación. Su problema está en que tiene la necesidad de vivir situaciones extremas. Ojalá se equivoque, pero cree que ansía volver a experimentar ese punto álgido y límite en el que pones en juego la vida y desaparece la línea divisoria con la muerte. Su reacción cañera en contra de Álex la retrata como alguien celosa de su intimidad. Curioso que no haya reparado en que el antiguo guardia civil tampoco ha superado su propio desaliento, distinto al suyo, pero igual de enraizado en su alma: se siente culpable de la muerte del mando militar al que traicionó con su infiltración y no es capaz de salir de ese túnel. Lorna lo mira con gafas distorsionadas y no quiere ver lo que tiene delante: no es diferencia de edad, Álex no la quiere proteger porque pudiera ser su padre, la cuida porque necesita evitar un nuevo fracaso en su vida, no está dispuesto a perder a nadie más por su culpa.

«Todos están mal de la cabeza», piensa. En ese momento aparece el helicóptero de la Guardia Civil. El ruido lo pilla inmerso en sus reflexiones y del susto mete los pies en el agua y se cala las deportivas. Nota con incomodidad la humedad y el frío, y lo interpreta como una colleja del ángel de la guarda por su anterior pensamiento negativo dirigido a sus compañeros. Le da la razón con una sonrisa: «Yo tampoco estoy muy cuerdo». Aceptó dirigir un equipo de trastornados confiando en que la valía demostrada en el pasado los llevaría a culminar con éxito cualquier reto. Para ponerlos a prueba, se metió en la investigación de dos crímenes y los acontecimientos se le han resbalado de la mano como si fueran esa agua que le cae del cielo. Calado de pies a cabeza, tiritando de frío, se da cuenta de que debería centrarse más en su propio comportamiento, ha traicionado uno de los principios fundamentales de su carrera: solo alguien que conoce su papel a la perfección es capaz de improvisar.

No está siendo un buen jefe, tantos frentes abiertos lo han desbordado. Está esperando acontecimientos sin tener idea de cuáles deberían ser sus siguientes pasos. Se siente a gusto en su papel como infiltrado pero el corazón se le acelera cuando el equipo necesita que adopte decisiones rápidas que los impulsen. Necesita planificar, inventar y duda por primera vez en su vida. Le gustaría apoyarse en alguien que lo ayude a recuperar la perspectiva, pero está solo. Fred se ha metido en un peligroso juego, ya no es de fiar.

La tormenta cae sobre Mikel como si fuera un árbol ansioso por recuperar la energía perdida por la sequía y temeroso por esos relámpagos que se acercan con peligro. Un guardia civil aparece corriendo, lo envía el capitán, le urge a regresar de inmediato. «¿Han encontrado el zulo?», pregunta Mikel sin obtener respuesta. Corre con ansia para huir de la tromba que finalmente lo ha revivido, hasta notar que se queda sin aire poco antes de tener a tiro de piedra a Peñarroya. Cerca de treinta guardias permanecen delante de los edificios empapándose en silencio. Parecen desconcertados, como si les hubieran dado una orden y la contraria.

—Tenemos que irnos —dice el capitán.

—¿Qué dices? ¿Estás loco?

—Lo que has oído —añade al mismo tiempo que lo agarra por el codo, lo aleja de los guardias y lo acerca a la silla plantada en mitad del campo para cazar.

—¿Qué ha pasado? —pregunta Mikel inquieto mientras los dos actúan como si la tormenta eléctrica no fuera con ellos.

—Órdenes de arriba, del ministro del Interior.

—¿Lo habrán presionado?

—Alguien con mucho poder y mucha prisa.

—Espera un momento, tengo que hacer una llamada urgente, debo poner a salvo a dos de los míos.

Marca con ímpetu el número de teléfono de Álex, todavía no se ha recuperado de la carrera, siente angustia por no haber previsto que esa situación podía producirse, ni se le había pasado por la cabeza. El enemigo desconocido es bastante más poderoso de lo imaginado. No puede ser solo el servicio, también debe estar detrás el principal partido de la oposición, el Gobierno... Escucha la voz de su agente. La fatiga le dificulta la respiración; cuando al final le salen las palabras, titubea.

—Volved a los cuarteles de invierno ya —dice con la intención de transmitirle que se acantonen lejos del enemigo y suspendan cualquier operación en marcha.

—Entendido, una cosa...

—Nos han bloqueado la búsqueda, no tenemos nada contra los malos.

—Entonces, ¿esta noche llega el material?

—Imagino que sí. Seguro que saben que hemos intentado quitárselo, bueno, que yo he intentado quitárselo. Sospecharán de Lorna.

—No tendrán certeza.

—Voy a enterarme de lo que ha pasado.

—¿Nos hemos quedado fuera de juego?

—Espero que no. —Mikel nota pinchazos en el estómago y cómo su corazón bombea con celeridad—. Vuelvo a llamarte.

Deja de mirar al campo y se gira hacia los dos edificios de la finca con una sensación de terror incrementada por los truenos. Los guardias civiles están sentados en dos autocares esperando la orden de partida. Peñarroya le hace gestos desmesurados desde la terraza techada de la casa para que se ponga a resguardo con él. Está tan calado que se lo toma con calma, sobre todo cuando ve a un coronel junto a su amigo.

—Soy Marcos, es un placer conocer a una leyenda como El Lobo —dice y le estrecha la mano apretando con energía—. Siento que sea en esta tesitura. Nunca debimos autorizar esta operación, todo se ha hecho mal. Cualquier investigación requiere tiempo y no creernos lo que nos cuentan sin confirmarlo. Tampoco podemos fiarnos de testimonios extraídos bajo presión.

Habla de carrerilla, sin dejar hueco a la réplica, consciente de que las tres estrellas de ocho puntas le otorgan el poder de sentar cátedra. Mikel, sin embargo, no está bajo sus órdenes.

—No sé de lo que hablas, este registro está autorizado por un magistrado de la Audiencia Nacional...

—Magistrado que ha revocado su anterior orden —matiza el coronel con gesto serio dirigiéndose a esa leyenda que tiene delante, chorreando agua por todas partes.

—La investigación está perfectamente hecha, contamos con llamadas...

—¿A eso le llamas pruebas? ¡Venga, hombre! Una llamada en la que le cuentan a Vázquez que el envío ha llegado bien y que esperan el siguiente. El envío ¿de qué coño, Lobo? ¿De piruletas, mandarinas o qué? Una llamada grabada en otra investigación para otro tema.

—Vázquez lo reconoció, nos mandó hasta aquí.

—No ofendas mi inteligencia, Lobo, te creía más listo. O tal vez es que ser espía no es lo mismo que ser guardia civil. Aquí buscamos delitos y requerimos pruebas de peso. Los espías deducís las cosas porque estáis seguros —se para un momento para cambiar a un tono de voz ridículo—, es más que evidente, está más que claro... ¡Anda ya!, no tenéis nada de peso.

Mikel renuncia a seguir la conversación, no le gusta su tono ni la chulería ni la manipulación, aunque sus argumentos son complicados de refutar. El coronel continúa:

—Peñarroya era un capitán con futuro y ahora veremos cómo le afecta esta cagada. Veo que tu profesor y su georradar se han subido a uno de nuestros autocares. Nos vamos, y te aconsejo que hagas lo mismo. Lo dicho: un honor haber conocido a El Lobo.

Los ve alejarse, respira hondo, tiembla, está roto. Le duele haber metido en la operación a su amigo Peñarroya, no solo no le impondrán una medalla, tampoco podrá impedir la desaparición de su Unidad. Se han dejado abierta la puerta de la casa, entra a resguardarse. Los muebles están descolocados, los adornos revueltos, pero no hay ningún desperfecto irreparable tras el paso de un ciclón de guardias a la búsqueda de una pequeña palanca que les abriera la puerta a una gruta camuflada.

Se acerca al mueble bar y saca una botella de whisky. Coge una copa de coñac de cristal tallado, la llena casi hasta rebosar y del primer sorbo vacía la mitad. Por donde pasa, deja el suelo de madera mojado, nota el calor y comprueba que la calefacción está encendida. Se quita toda la ropa, incluidos los calzoncillos, y la pone a secar en los radiadores. Se frota con una toalla enorme que encuentra en el baño y se acomoda en el sofá. Está en el fondo del pozo, ha fallado vergonzosamente, no sabe cómo reaccionar, nunca debía haber aceptado encargarse de montar un equipo. Ha implicado a unos agentes que han vivido experiencias intensas que los han traumatizado, a los que convenció buscando sus puntos débiles y utilizándolos para atraerlos al grupo.

En la casa del tesorero, desnudo, todo le importa un bledo. Quiere irse, estar en otra parte, lejos de allí, tomarse un tranquilizante, echarse a dormir y no despertar en meses. Les ha fallado, incluso se ha portado mal con Fred. Debía haberle preguntado directamente desde el primer momento qué había de cierto en que el servicio estaba detrás del envío de los féretros a Malta. Seguro que había una explicación y, aunque lo hubiera engañado, después de tantos años juntos, desviviéndose por él, se había ganado el derecho a explicarse. Él se lo había negado.

Para colmo, su papel protagonista en la trama madrileña ha centrado la atención de los evasores de capitales. A una persona como él cuesta bastante poco eliminarla si no cuenta con el respaldo de su servicio. Antes o después lo encontrarán, una tarea silenciosa para el mismo *killer* del Mossad que ya ha acabado con el sobrino de Fred y el capitán de la Police Nationale.

Cada nuevo pensamiento negativo intenta remarcarlo con un sorbo de whisky, dado sin mucho esfuerzo, porque ha envuelto la copa con la mano derecha y no la suelta para nada. Se levanta para rellenársela, ve un relámpago y cuenta los segundos que tarda en oír el trueno. Está de espaldas a la entrada cuando oye el ruido de la puerta al abrirse y a alguien que entra. Un estremecimiento le recorre la columna vertebral. No piensa en taparse, solo quiere recordar dónde ha metido la pistola.

50
La mentira

Fred había estado alarmado toda la noche, no había recibido noticias de Mikel desde las detenciones en la vivienda del padrino. ¿Cómo podía ser que estuvieran viviendo una crisis y no compartiera información con él? Álex lo había telefoneado una hora antes acrecentando su inquietud porque lo había encontrado abrumado por los últimos reveses.

Fred le pidió que lo pusiera al día. Se enteró entonces de que habían conseguido el apoyo de los mandos de la Guardia Civil y la firma del magistrado para el registro. Intentaron localizar los féretros cargados de dinero pero aún no habían dado con ellos cuando llegó una contraorden para abandonar la búsqueda.

Mientras escuchaba el relato, el desconcertado Fred dejó paso al organizado analista que siempre había sido capaz de controlar cualquier caos. El revés sufrido en los planes debió pillar a su pupilo en un mal momento. Tranquilizó a Álex y, en cuanto colgó, salió corriendo hacia la finca del tesorero. Ni se le ocurrió llamar a Mikel, mejor no alertarlo.

Durante el trayecto, mientras conduce con precaución por la lluvia persistente, le da vueltas al hecho de que si Mikel no lo ha llamado es porque debe haber hecho algo que lo ha molestado. Para cuando llega, no hay gente en la finca, convertida en un barrizal. Sale del coche y se percata de que se ha puesto los mocasines pijos con borlas y los ha metido enteros en el barro viscoso junto con los bajos del pantalón de franela.

Se dirige al edificio más parecido por fuera a una casa, presiona la puerta con ímpetu y se encuentra a Mikel de espaldas, desnudo, con la cabeza girada, mirándolo sobresaltado.

—¿Qué te pasa? ¿Qué haces? —pregunta sin entender nada.

—¿Por qué has venido?

—¿Te importaría ponerte algo? Me resulta raro hablar contigo de esa guisa.

Mikel va al dormitorio, abre el armario, busca entre la ropa de Vázquez, encuentra unas bermudas, se las pone y sale más disgustado de lo que estaba.

—¿Quién te ha dicho que estaba aquí? Quizá prefiera estar solo.

—¿Te parece que nos sentemos? Vengo helado y te agradecería que me pusieras una copa de lo que estés tomando y me traigas un trapo o algo para quitarme el barro de los zapatos antes de que se solidifique y no pueda volver a andar.

El infiltrado lo mira con gesto incrédulo, le llena una copa de whisky, se la entrega y vuelve a sentarse.

—Esta no es mi casa y no eres un viejo. Si quieres limpiarte los zapatos para que tu mujer no te eche la bronca, busca algún trapo. O llama a tus amigos del servicio, que te los limpien ellos.

—¿Se puede saber qué te he hecho?

—¿Quieres no tomarme por gilipollas? —Levanta la voz incluso más de lo que le gustaría.

Fred bebe un sorbo e intenta calmarse, Mikel no va a cambiar de actitud hasta que obtenga respuestas a las preguntas que se está haciendo. Y no le va a dar pistas sobre los motivos de su ira.

—Me ha llamado Álex, está preocupado por ti.

—Un buen tipo.

—Ante tu silencio, me ha contado lo que ha pasado esta noche.

—Donde las dan, las toman. —Mikel lo mira a los ojos al hablar para que reciba toda la carga de energía negativa. El ojo derecho se le abre y se le cierra sin control.

—¿Qué crees que no te he contado de la operación? —pregunta Fred en un nuevo intento por descifrar el motivo de su malestar.

—Me has mentido —responde en tono agresivo y a continuación grita—: Puto mentiroso, me has manipulado.

Fred bebe otro trago, deja la copa sobre la mesa, se mancha las manos al quitarse los zapatos llenos de barro y se las limpia en las partes de los calcetines que no están sucias. Después las entrelaza a la altura de los labios, lo mira con cara de desasosiego y con voz suave insiste:

—Me gustaría que me contaras cuál ha sido el detonante de tu actitud.

—Y a mí me encantaría que, si tienes algo que contarme, me lo digas, y si no —de repente vuelve a chillar—, que te vayas a la mierda.

No es la primera vez que Mikel se cabrea con él, tiene un carácter fuerte que no suele mostrar habitualmente, aunque lo saca a relucir cuando se siente herido.

—El servicio no está detrás del equipo que hemos formado.

—¿Qué dices? —pregunta Mikel sorprendido, descolocado.

—No saben nada de que hemos montado un grupo de exagentes, me lo inventé.

—¡Joder!, eres peor de lo que imaginaba. —No puede evitar una mueca burlona y empieza a reírse abiertamente.

Se levanta, rellena las copas con lo que queda en la botella, una vez vacía la lanza con fuerza contra un aparador vintage del otro lado del salón y estalla en pedazos.

—Si siembras el suelo de cristales con los dos descalzos —le recrimina Fred—, tendrá que venir a rescatarnos la Unidad Antiminas del Ejército.

—¿Por qué coño me engañaste?

—Vamos, Mikel, estaba esperando el momento de contártelo.

—No me mangonees.

—Mi primo es mucho más que un primo. El día que me contó que habían asesinado a su hijo me pidió auxilio para descubrir al culpable.

—Eso me lo contaste.

—La primera y única persona capaz de ayudarme a desentrañar el misterio eras tú. Luego pensé en algo que los dos habíamos hablado algunas veces, esos agentes a los que el servicio desprecia después de haberse jugado la vida en infiltraciones arriesgadísimas. Siempre me decías que tenían sus talentos y deberían recuperarlos.

—No te pedí que crearas un grupo autónomo y te inventaras que era una idea del servicio.

—Creí que la presencia de la institución te impulsaría y te ofrecería argumentos para convencer al resto.

—Eres un poco enrevesado, has creado una realidad paralela para ellos y para mí.

—Necesitaban ayuda, tú mismo estabas fuera de juego. Dirigir el equipo te ha dado nuevos bríos.

—No digas chorradas, podemos acabar muertos en menos de veinticuatro horas.

—¿Cómo te has enterado de que el servicio no está detrás?

—Espera, una cosa antes: ¿quién pone la pasta que gastamos?

—Mi primo, perteneció a una mafia francesa durante muchos años. Nunca se lo dijo a su mujer maltesa cuando se casó con ella. Lo dejó todo, pero mantuvo escondido mucho dinero, más del que te puedas imaginar.

—Fred —dice Mikel echándose a reír a carcajadas—, ¿nos financia el dinero de la mafia?

—En su día lo fue, pero de eso hace mucho. Cuéntame cómo te has enterado.

—Lo acabo de saber.

—Entonces, ¿por qué estabas cabreado conmigo?

—Hicimos un pacto con el tesorero para librarlo de la prisión por tráfico de drogas a cambio de que me respondiera a tres preguntas, una de ellas era el nombre de un implicado. Pensé que se negaría en redondo y por eliminación me soltaría el escondite de los féretros. Con la cara de pánico que se le ponía cuando pensaba en sus jefes, nunca creí que me lo diría. Al oído, para que nadie se enterara, me lo contó.

—¿Te dio mi nombre?

—No, el del servicio.

—Habían matado al hijo de mi primo, y dedujiste que engañaba a mi familia y a vosotros.

Mikel guarda silencio sin apartar la vista de él, que añade:

—Así de mierda es nuestra profesión, nos creemos hasta las historias más miserables.

—Hemos visto cosas peores.

—¿De verdad pensabas que yo formaba parte de una operación en la que habíamos ordenado a un asesino del Mossad matar a mi sobrino? ¿Piensas que no tengo líneas rojas en mi vida?

—Si me hubieras contado la verdad desde el principio...

—No te habrías subido al carro.

—He engañado a Lorna, a Álex, a Vero, a Pablo.

—A cada uno le has contado la historia que quería oír, yo te ofrecí una base, pero tú solito los guiaste por el camino que querían que les abrieses para escapar de la mancha negra que estaban viviendo.

—Ahora voy a ser yo el que la ha montado.

—La responsabilidad es mía, pero te he dado la posibilidad de trabajar con agentes inmejorables, aparcados por sus servicios, aunque con algunos pequeños problemas personales.

—¿Pequeños?, venga.

—Si he podido convencerte de que no soy parte de la trama, tendremos que ver cuál es el siguiente paso que debemos dar.

—Estoy bloqueado. Un coronel me ha echado un sermón hace un rato por la cagada de investigación que hemos hecho. Pueden ir a por Lorna en Malta en cualquier momento, a mí me tienen perfectamente identificado después del interrogatorio al tesorero y el asalto a nuestro chalet operativo demuestra que el resto también estáis en peligro. Un desastre. Para colmo, ha quedado patente que el tesorero me ha manipulado, colaboró conmigo porque sabía que no íbamos a llegar a nada porque las fuerzas del mal lo invalidarían todo. No sirvo para esto, Fred, soy un agente de campo, no un oficial de inteligencia.

—No digas estupideces, Álex me ha telefoneado desconcertado, creía que tú nunca dudarías, eres don respuestas.

—Me vendo bien.

—Por supuesto que sí. Siempre las encuentras, eres el catedrático del engaño. ¿No dices que tienes la protección del cielo que les faltó a los Kennedy?

—No te lo tomes a broma. Me protegen, lo noto, pero solo para que no me maten. Ya quisiera que me ayudaran a resolver los puzles. Me gustaría tener los poderes de mi abuela, su sabiduría, su habilidad en la vida, pero valgo para lo que valgo.

Fred sabe desde que ha entrado que Mikel está deprimido, pero no es la primera vez que lo ayuda a salir de ese hoyo profundo y oscuro. Padece depresión crónica, le va y le viene.

—Los puzles que dices, como el de esta operación, se van montando pieza a pieza. Comienzas por una zona más accesible y desde ahí te vas extendiendo. Cuéntame cuáles tienes colocadas.

El Lobo se acerca al radiador donde está su camiseta blanca, la nota bastante seca y se la pone. Empieza a pasear por una zona alejada de los cristales esparcidos por el suelo y a reflexionar en voz alta. Imagina que la persona que ha conseguido parar la búsqueda de los féretros ha avisado a sus colegas de Malta de que él está investigando, obviamente no lo hace en solitario y pueden sospechar de Lorna. El servicio es candidato máximo, deduce, a haber entrado en su chalet, pero no descartaría al Mossad ni a la Yakuza. Fred lo frena, le pide que deje de gimotear y se centre en lo que él hace mejor, en la acción, en lo inmediato.

—¿Lo inmediato? —pregunta sin esperar respuesta—. Esta noche está previsto que salga de España a Malta un avión con los féretros que no hemos encontrado. Los llevarán al almacén, sacarán el dinero y, por arte de birlibirloque, lo harán desaparecer.

—¿Cómo nos podemos adelantar a ese movimiento del enemigo?

—Desconocemos si han cancelado el traslado, lo cual entra dentro de lo lógico.

—Un grupo capaz de frenar una investigación judicializada de la Guardia Civil, ¿crees que se va a amedrentar? Cuanto antes saquen el dinero, mejor. Esta tarde, con el caos que habéis montado aquí, nadie estará pendiente. Siempre que el tesorero te contara la verdad.

—Yo creo que sí.

—¿Qué hacemos?

—No sé.

—¿Qué harías tú, Mikel?

Siguen planificando media hora más. Después Fred telefonea a Vero y le encarga unas investigaciones para las que apenas le concede tiempo, y al comandante Duval, al que deja confundido con su petición un tanto extraña. Mientras, Mikel habla con Álex, su recado es casi imposible de cumplir, pero confía en él. El guardia civil le comenta que Tabone ha llamado a Lorna para cenar esa noche, la ha citado pronto, a las siete de la tarde, extraño si esperan un nuevo envío. Podrían no sospechar de ella o tenderle una trampa.

Más tarde El Lobo llama a Lorna, necesita escuchar su voz, notar cómo se siente, percibir si está lista para actuar en la situación especialmente peligrosa que se avecina. Intenta no darle consejos ni transmitirle inseguridades. El que está sobre el terreno es el que sabe mejor que nadie cómo actuar en cada momento. Si lo argumentaba siempre ante sus jefes en defensa propia, debe darle un voto de confianza, se lo merece. La policía no muestra nerviosismo, parece ansiosa por entrar en acción, le tiene ganas a Tabone, es un asesino sin escrúpulos.

El resto de la mañana es de una actividad frenética, no paran de hacer llamadas. A la hora de la comida, ya con el sol calentando y el arcoíris pintando el cielo a colores, salen de la casa del tesorero, Mikel con la ropa arrugada y Fred con los zapatos y pantalones echados a perder. Se dirigen a sus coches, vuelven a juntarse para darse un abrazo intenso, pausado, y parten a culminar las tareas arriesgadas que les quedan. No tienen ninguna certeza de que su plan vaya a salir bien desconociendo los movimientos de los contrincantes y las represalias que caerían sobre ellos.

Cuando Fred le lanza a Mikel un «Cuídate», el espía vasco no sabe si se refería a la Yakuza, al Mossad, a su propio servicio o a los nuevos enemigos que ese día van a surgir.

QUINTA PARTE

Renacer de las cenizas: astucia y manipulación

51

Evitar el escándalo

Malta

Stella Breton estaba en la oficina a la una de la tarde cuando le sonó el móvil. El nombre que aparecía en la pantalla era el de la última persona que podría imaginar: Duval. La última vez que se vieron, tras despreciarla e insultarla, le pidió que se olvidara de él.

—Buenos días, comandante.

—Hay un grave problema que se puede suscitar en Malta —le ha dicho sin más dilación—. El padre del chico asesinado, Olivier Leblanc, me ha telefoneado. Desconocía que estoy fuera del caso. Dice que ha tenido un equipo de detectives investigando y va a presentar una demanda contra la Police Nationale, contra ti y contra mí por el asesinato de su hijo.

—¿Cómo? —ha soltado Breton sin entender el sentido de las balas que le dispara.

—Dice que actuamos negligentemente, que no investigamos el caso. Tiene una prueba de nuestra implicación no solo en el asesinato de Olivier, también en el de Morel.

—Pues que presente la demanda, allá él.

—Amenaza con hacer mucho ruido, hará que reabran el caso, tendremos que declarar, el ministerio tendrá que explicar públicamente su investigación, aparecerá toda la mierda que encontraron del capitán, tendrán que explicar por qué no pillaron a su asesino, por qué decidieron que este caso y el de Olivier no tenían nada que ver...

—Vale vale, no se excite.

—No quiero volver a vivir esa pesadilla. Pero si me preguntan contaré todas mis dudas.

—Voy a hablar con mis jefes.

—No me has entendido. No sé si no eres tan lista como creía o te haces la tonta. Lo que tienes que hacer, con el permiso o no de tus jefes, es irte a Malta y hablar con el padre jodido por la muerte de su hijo. He charlado con tu apreciado amigo Frédéric Leblanc —ha soltado con sorna—, cree que si alguien va a hablar con él quizá desista.

—¿Por qué no va usted?

—Ya estoy fuera, alejado del mundanal ruido. Viaja cuanto antes, esta tarde. El viejo espía me ha prometido que intentará conseguir que hoy no presente la denuncia ni hable con los medios de comunicación.

Breton ha llamado de inmediato a un número grabado en su móvil bajo el nombre de «Fournier». Le ha respondido una mujer poco habladora que le ha ordenado coger el primer vuelo. Después ha hablado con su nuevo capitán en la Unidad Antimafia, el sustituto de Morel, y le ha pedido un par de días de permiso.

Su avión aterriza en Malta a las siete de la tarde. Toma un taxi y da la dirección de un hotel de tres estrellas en Balluta Bay. No tendrá tiempo para bucear ni para practicar otros deportes acuáticos, las principales diversiones de los turistas en la zona, pero allí cada uno va a lo suyo y tendrá más fácil pasar desapercibida.

Llama a Vincent Leblanc, oye la señal de conexión una y otra vez y al final salta el contestador:

—Soy Stella Breton, la policía francesa antigua compañera del capitán Morel. Acabo de llegar a Malta, he venido exclusivamente a hablar con usted. Traigo noticias. Este es mi número, por favor, llámeme o yo le volveré a llamar.

Telefonea a Fred, que descuelga rápido:

—Hola, amiga, ¿te has dado cuenta de que no puedes vivir sin mí?

—Lo sé desde que te conocí, pero te llamo porque he venido a Malta, no estarás por aquí...

—No me da la vida, mi hijo está enfermo y, como mi mujer sigue trabajando, me ha tocado quedarme a cuidar del nieto, un auténtico bicho. ¿Puedo ayudarte en algo?

—Me mandan para hablar con tu primo, lo he llamado y dejado un mensaje.

—Está decidido a arruinar la vida a todos los que considera que no habéis investigado la muerte de Olivier. Te contestará, tranquila. Disculpa que te deje, este niño va a acabar conmigo.

Breton va a marcar el siguiente número, pero se obliga a desacelerar y a mirar por la ventana. El mar y las fortificaciones son lo único que recuerda haber contemplado en directo del país. La concatedral de San Juan de La Valeta, la torre de Sant'Agata y la basílica Ta´Pinu en la isla de Gozo solo las vio en fotos antes de hacer el primer viaje con Morel. Poco más sabe de la tierra de los valerosos caballeros de la orden de Malta o de su pasado dentro del Imperio británico. Esta profesión suya le permite viajar, pero siempre sin tiempo para divertirse. Aunque lo tuviera, le importa bien poco su historia, sus problemas con la Iglesia romana o los monarcas británicos, solo piensa en frenar a Leblanc y volverse a París, no se le ha perdido nada aquí.

Antes de llegar a su destino todavía le queda tiempo para sacarle información al inspector Bonello de la Pulizija.

—Stella, me alegro de escucharte.

—Estoy en Malta. —Va a seguir hablando, pero prefiere que sea él quien lleve la iniciativa.

—¿Qué haces por aquí?

—Me mandan en secreto para hablar con Vincent Leblanc.

—Que tengas suerte, lo vi hace unos días y lleva un cabreo de mil pares de narices.

—Es lo que me toca. Voy al hotel a esperar a que me devuelva la llamada.

—Hoy salgo un poco más tarde, pero si no haces nada podemos quedar... como compañeros.

—Gran idea, cuando cierre con él te doy un telefonazo.

El taxi aparca delante del hotel Beach Garden, en cuya entrada hay un grupo de jóvenes en bañador. Mientras está pagando, suena la llamada esperada.

—Buenas tardes, señor Leblanc, soy Breton, acabo de llegar expresamente para hablar con usted.

—Benditos los oídos, no nos han hecho caso en un mes y ahora que voy a montar un follón vienen a silenciarme.

—Nada de eso, me mandan para pedirle disculpas porque tiene razón, deberíamos haber estado más pendientes de ustedes. Me gustaría explicarle los avances que hemos hecho en relación con la muerte de su hijo.

—Asesinato —matiza el padre con voz enérgica.

—Le contaré todo lo que sabemos y después podrá hacer lo que crea más conveniente. Lo respetaremos.

—No faltaba más. Soy ciudadano francés, conozco mis derechos frente a los abusos.

—¿Podemos hablar esta misma tarde?

—No lo sé, mi mujer se encuentra mal. Llámeme sobre las ocho y media o nueve. —Y cuelga sin esperar respuesta.

52
La última oportunidad

Lorna se siente especialmente atractiva esa tarde. Los botines negros comprados el día anterior tras horas de recorrer zapaterías, el maquillaje quizá un poco intenso pero luminoso y perfecto, la camisa de seda blanca pelín escotada, el perfume de mimosa con toques de mandarina y el bolso color arena que siempre la acompaña. Se ve como Jennifer Aniston, aunque con el pelo moreno, en los episodios de *Friends* que seguía en la televisión cuando vivía en San Sebastián, era Izaskun y pertenecía a ETA. En aquella época no se reía mucho y la serie la ayudaba a desenchufar frente al monotema de la lucha por liberar Euskadi. Sus compañeros decían que era para pijos y ella respondía que mejor eso a ser una cutre como ellos.

Sube al coche aparcado cerca de casa y no ve a sus perseguidores, algo lógico porque conocen su destino. No le importa sentirse observada, incluso le ha terminado cogiendo gusto. Durante su etapa terrorista, como Izaskun, notaba cómo la escoltaban los amigos policías de Lorna y también percibía el seguimiento por parte de sus compañeros etarras. La estimulaba que todos desconfiaran y al mismo tiempo la necesitaran, y palpar el riesgo de que las sombras de los dos bandos pudieran tropezarse y se liaran a tiros con ella en medio.

Conduce hasta Saint Paul´s Bay. Tabone le ha mandado la ubicación de un chiringuito de playa que le encantará. El judío mantiene con ella la tapadera de ser un maltés y que ese es su hogar, pero Lorna sabe que el lugar al que regresa para desconectar y ser feliz está en Israel. Es un Katsa, un oficial de inteligencia del Mossad implicado en operaciones de campo, recabar información y dirigir agentes. En el último mes ha matado a dos hombres, dos pequeñas muecas en su revólver entre otras que debe almacenar como *killer* liquidando a enemigos de su Estado.

Mientras ella trabajaba para la policía como agente encubierta, podía vulnerar la ley sin ser perseguida, debía alertar de cualquier pista que condujera a evitar un delito, todos los malos que se le acercaban eran controlados por su equipo a partir de ese momento y, como mal mayor, carecía de vida privada, no le dejaban abiertas ventanas de libertad, no podía relacionarse amorosamente o compartir amistad con quien quisiera. A la vera del grupo de Mikel, ahora asume la responsabilidad de la operación, sin controles ni limitaciones. Y lo va a hacer como Izaskun y aplicando su principio favorito: el que no arriesga no gana.

Aparca en el paseo marítimo, baja por una escalera a la playa y se encuentra con unas casas antiguas de pescadores con enormes puertas pintadas de azul que permiten guardar ahí los barcos. Al lado, unos barecillos a pie de playa, chiringuitos durante el día y pubs por la tarde noche. La vista del agua siempre cristalina del Mediterráneo en esta latitud está coronada al fondo por la isla de Comino. Las playas no le parecen tan bonitas como las de su Euskadi, pero el rinconcito es muy coqueto.

Tabone está sentado en una silla de madera como las que utilizan los directores de cine y se levanta al verla con ademanes de caballero antiguo. Intenta saludarla con un beso en los labios, pero ella le hace la cobra. Se queda sorprendido, mirándola de pie, mientras ella se sienta.

—Hoy venimos de mal humor, por lo que veo.

—Un poco cansada de que tus hombres y mujeres me sigan a todas partes.

—¿Qué dices? —pregunta Tabone poniendo cara de asombro.

—¿Te digo las matrículas de los coches —se detiene un momento— y de las motos?

—Creía que eso ya lo habíamos hablado.

Izaskun lo mira, el condenado es un pibón. Todo en él es un reclamo tentador: la mandíbula ancha, los bíceps rebosantes y esas camisas ajustadas que resaltan sus pectorales y abdominales.

—Eres un cínico. No sé qué quieres de mí, pero me he cansado. Mañana me largo.

—Pero si el ministro te va a dar trabajo.

—Promesas, tampoco lo necesito. Me estáis reteniendo aquí a cambio de algo que no me va a reportar los beneficios que esperaba.

No había preparado lo de abandonar Malta, se siente a gusto improvisando, provocando a ese matón que va de sobrado, le gusta confundirlo y demostrarle que no la controla.

—¿Por qué te vas mañana y no te has ido hoy o ayer?

—Esperaba que me llamaras. Si no lo hubieras hecho, habría lanzado una botella al mar con un mensaje triste —dice poniendo tono poético.

—Estoy en un momento complicado de trabajo.

—Lo sé, cuatro de tus hombres se pasan el día controlando mis movimientos, cuando me vaya te quedarás tranquilo.

—Quiero confiar en ti, pero nunca has sido sincera conmigo.

El camarero, un mulato en bermudas y con camisa de flores, los interrumpe para tomarles nota de la bebida y antes de retirarse le guiña el ojo a Izaskun. Tabone lo ve, hace ademán de levantarse y ella lo coge por el brazo.

—¿Qué haces? No eres mi novio.

—Estás conmigo.

—¿De verdad lo crees?

Él se siente molesto por su tono provocativo y pasa al ataque:

—Sé quién eres, bueno, en realidad sé quién no eres.

—¡Alegría!, al fin te sentirás relajado —afirma sin ponerse nerviosa, el corazón no se le acelera lo más mínimo.

—Debías imaginar que nos enteraríamos.

—¿Enteraríamos? ¿Quiénes? ¿Tu grupo al servicio de Curmi o hay alguien más? —insinúa disponer de información para desviar el tema.

—Izaskun Etxeberri es la identidad registrada de una militante de ETA que nunca existió. Has entrado en Malta con un pasaporte a su nombre y por lo tanto eres la policía que engañó a los terroristas.

—¿A ti qué más te da? ¿Acaso yo te pregunto para qué departamento del Mossad trabajas? —lo dice y de inmediato se arrepiente de su verborrea, pero no puede permitir que ese mequetrefe quede por encima de ella.

Tabone, sorprendido, se pone en modo pausa aprovechando que el mulato aparece con las bebidas.

—¿Desde cuándo lo sabes?

—No lo sabía, ha sido un tiro al aire. La gente con la que trabajas...

—No inventes —la corta—. Tenemos rasgos europeos.

—¿Quién te ha dicho que estuve infiltrada?

—Tengo amigos en muchos países, también en España.

—No presumas, que te pones muy feo. Tus compañeros destinados en España han hablado con sus amigos de la Ertzaintza o de La Casa, aunque no han conseguido toda la información que te hubiera gustado.

—No me has dicho cuál es tu verdadero nombre.

—Izaskun, y soy vasca —dice incorporándose en la silla y acercando su cara a la de él para lanzarle, ya muy cerca—: Tabone.

—Eres muy bonita, estás estupenda, tienes una personalidad arrolladora, eres lista, te manejas muy bien...

—¿Pero? Si hubieras visto la peli *10 razones para odiarte* podrías decirme eso de que «Odio no tenerte cerca y que no me hayas llamado. Pero sobre todo odio no poder odiarte porque no te odio ni siquiera un poco, nada en absoluto». —Pronuncia la perorata con retintín y se queda mirándolo con actitud burlesca.

—No conocía tu pasión por el cine.

—Me encanta, memorizo las escenas que me marcaron en algún momento.

—No sé a ciencia cierta qué haces en Malta.

—Sí que lo sabes, pero no quieres aceptar que te robé una cámara de seguridad y te podía haber quitado lo que hubiera querido.

—Lo sé —dice intentando suavizar el momento—, eres muy buena. Pero me gustaría saber qué hace en Malta una policía española.

—Que tus amigos se lo pregunten a sus amigos españoles.

—Ahí está el misterio, no lo saben.

—Tenéis malos informadores. Pero tranquilo, me voy mañana y punto final. ¿O me vas a pedir que no te abandone, como en los anuncios de desodorantes?

A Tabone se le escapa una sonrisa, le encantan las chicas que le hacen reír.

—Ok, te propongo algo. Aunque no lo creas, has acertado con la frase de la película: odio no poder odiarte. Me gustaría que no te fueras mañana, pero antes pasemos un rato juntos.

Lo dice convencido, buscando la complicidad en sus ojos esmeralda. Nota que Izaskun se debate entre creerlo o salir corriendo.

—Déjame que lo reformule. Vete mañana si quieres, pero pasa conmigo el tiempo que te queda. Tengo trabajo dentro de un par de horas. Iré al aeropuerto a recoger una mercancía para llevarla hasta el almacén de Curmi. Me acompañas y cuando acabemos nos vamos a tomar una copa.

Izaskun acepta sin mucho entusiasmo y vuelve a preguntarse si Tabone es un profesional del engaño y quiere tenerla cerca para controlarla mejor, o si hay una migaja de ternura en sus palabras. En cualquier caso, la ha invitado a la representación donde esa noche se va a dirimir la acción.

Tal y como están las cosas, debería avisar a Álex, aunque quizá la haya seguido hasta el chiringuito. Si no lo ha hecho, mandarle un mensaje podría ser arriesgado. Fija su mirada en el israelí y se niega a reprimir su instinto de dar una oportunidad a la aventura.

53
Una raya de coca

Guadalajara

Tres camiones articulados con base en un polígono industrial a las afueras del municipio de Algete, cerca de la carretera de Madrid a Burgos, han partido a las cuatro de la tarde con destino a la provincia de Guadalajara. En los últimos kilómetros del trayecto, un Mercedes último modelo se les ha colocado delante para guiarlos por la última desviación, complicada de encontrar. A las cinco y media han abandonado la carretera asfaltada y han tomado otra destartalada de tierra y piedra que desemboca en la finca de Ismael Vázquez.

Fred los divisa con unos prismáticos e identifica con facilidad el nombre de la empresa de transportes, Hermanos Sánchez. Le pone un mensaje de texto a Mikel con ese dato y después alerta de la llegada a Pablo. Forzados a improvisar, sin tiempo para demasiadas reflexiones, han priorizado el cumplimiento de la misión por encima de la seguridad.

Está escondido en la buhardilla de la discoteca, el edificio más cercano a la entrada, una estancia con baño, buenas vistas y escasos muebles: una cama de agua, dos mesillas algo horteras, una pequeña nevera y un único cuadro en las cuatro paredes, una marina de 30 por 40 centímetros. Un rincón para desfogar pasiones. Cuando lo descubrió por casualidad, le pareció improbable que alguien apareciera por ahí, las visitas no debían ser muy frecuentes si eran inversamente proporcionales a la gran cantidad de partículas de polvo que campaban por sus respetos.

Como necesita un agente de campo, ha recurrido a Pablo, que permanece dentro de su Volkswagen Golf, escondido detrás de un frondoso matorral próximo a la vía por donde en ese momento circulan los camiones con los remolques blancos.

Fred sigue sus movimientos con los prismáticos y los ve maniobrar hasta que se colocan en paralelo con la parte trasera mirando a la discoteca. En cuanto paran los motores, se bajan nueve estibadores que forman dos corros para conversar y fumar. Desvía su atención al coche de alta gama y ve bajarse a dos hombres vestidos de *sport* que se dirigen a la discoteca. Ajusta la imagen sobre el primero: es Ismael Vázquez. «No han tardado en soltarlo —piensa—, sí que deben ser influyentes quienes lo protegen, lo necesitarían en libertad porque debe ser el único que conoce el mecanismo para abrir la trampilla». Busca al otro objetivo, lo enfoca, un tipo grande, fuerte, aspecto elegante, por encima de los cincuenta, rostro corriente. Lo ha visto alguna vez, sin duda le suena, no da con quién es.

Deja de darle vueltas cuando los ve entrar en la discoteca. Siente el peligro, y alerta a Pablo mediante un mensaje. Busca un lugar donde esconderse por si suben a la buhardilla, solo está el pequeño y oscuro cuarto de baño sin ventanas. Los oye hablar, parecen dos viejos camaradas relajados, sin la mínima percepción de que alguien pueda estar vigilándolos. Oye cómo abren la puerta de la planta baja que esconde la escalera. Mientras la suben, Fred se mete en el baño, se parapeta detrás de la puerta y no la cierra del todo. Uno se sienta en la cama de agua, el otro va al extremo opuesto de la habitación.

—Esta columna está hueca. —Reconoce la voz del tesorero—. Si apartamos el cuadro, aparece el dispositivo de un sistema hidráulico que podíamos haber instalado abajo, pero habría sido más fácil de encontrar. Al apretar este botón, entra en funcionamiento el mecanismo. Ya podemos bajar.

—Voy al baño —dice el hombre no identificado—, no sea que mi próstata luego me dé problemas. ¿Es esa puerta?

Fred empieza a notar el sudor en las axilas, no tiene escapatoria, no lleva arma, nadie puede ayudarlo. Él, que siempre ha tenido salidas para todo, se siente bloqueado. Tampoco es un joven fuerte para liarse a golpes con los dos y salir corriendo. Y, aunque lo fuera, darían la voz de alarma y abajo hay nueve hombres que lo reventarían a puñetazos. El desconocido se acerca, busca el interruptor de la luz, lo aprieta, no funciona.

—Ve al de abajo —le recomienda el tesorero—, está en mejores condiciones, ese apenas lo usamos.

La incertidumbre ha provocado que Fred no se fijara en el ruido procedente de la discoteca que ahora advierte con nitidez. Con la amenaza alejada, manda un mensaje a Mikel. Carece de acceso visual a lo que pasa y no se atreve a mirar por la ventana por si lo detectan, pero por el alboroto deduce que están extrayendo los féretros de una cavidad en el suelo, el escondite que la Guardia Civil no pudo encontrar, y los están cargando en los camiones.

Recibe contestación: «¿Han partido ya?». Fred lo imagina cansado y tenso por la espera que le toca. Pasan cuarenta minutos antes de oír que los camiones se ponen en marcha. Le contesta entonces que acaban de partir y después escribe a Pablo igual de escueto: «Adelante».

Va a por su Ford Fiesta aparcado fuera de la finca, en mitad del campo. Emprende la persecución, no importa la ventaja que le sacan. Al principio conduce suavemente por el camino sin pavimentar y, en cuanto entra en la carretera, acelera, va al límite. Le suena el móvil, es Vero:

—Perdona que te llame, estoy preocupada por Pablo.

—¿Qué le pasa? —dice intranquilo.

—Está trabajando contigo.

—Lo sé, ¿qué te incomoda?

—Está como loco, sin control, ha superado sus límites. —La voz se le ahoga, no le sale, empieza a llorar.

—¿Qué tienes, niña? —pregunta en tono suave.

—Ha perdido el equilibrio, quiere arriesgarse, hacer lo que nunca ha hecho, se siente Superman —dice con desasosiego.

—Tampoco es que seguir a unos camiones entrañe mucho peligro —dice Fred para tranquilizarla.

—Lo hace para fastidiarme, para que sufra.

—¿Por qué quiere fastidiarte?

—Dice que hago lo que me ordena el servicio, que solo me falta fregarles el suelo.

—Tú ni caso.

—Prométeme que no le permitirás hacer tonterías.

—Te lo prometo. —Fred hace una breve pausa—. Tú tampoco las hagas.

—¿Por qué dices eso? —pregunta molesta cambiando la modulación de la voz.

Fred nota cómo se ha alterado. Recula.

—¿Hay algo que quieras contarme —hace una pausa— de Pablo?

Vero respira hondo.

—Lo había dejado hace años, pero la tensión lo ha superado.

—Suéltalo ya.

—Antes de ir para allá se ha metido una raya de coca.

—Vale, yo me ocupo.

Fred se queda mosqueado, la relación de la pareja va a peor y no alcanza a entender si hay más motivos personales de los que parece. Telefonea a Pablo y le pregunta cómo va el seguimiento.

—Mejor que bien, esto es alucinante.

—¿Los ves?

—Sí, a cierta distancia, con lo lento que van no hay forma de perderlos, imaginaba una persecución con derrapes y esas cosas, al límite.

—¿Van hacia el aeropuerto de Barajas?

—Sin ninguna duda. Lo único es que el Mercedes se ha desviado hace unos minutos.

—Mucho mejor, no es nuestro objetivo. Acuérdate de cumplir mis instrucciones a rajatabla: cuando el GPS marque la avenida Central, es la última en la que los seguirás, ellos girarán a la izquierda hacia la calle Charlie y tú debes continuar recto y alejarte. Me basta con confirmar que se dirigen a una empresa de servicios aeroportuarios llamada WFS.

Disponen de toda la información del envío a Malta, solo necesitan confirmar que no hacen cambios. Paul le informó del vuelo de la compañía privada de transporte de mercancía SolJets, que despegará esa noche de la terminal de carga de Madrid Barajas a las 20.45 y aterrizará tres horas después en la isla.

Fred valora que la raya de coca que se ha metido Pablo no supondrá problemas, pero algo tendrán que hacer con esa pareja, aunque deberá esperar. Lo que más le preocupa en ese momento es la misión arriesgada de Mikel. Duda si llamarlo y decide no arriesgar, quizá le ponga en un aprieto. La clave está en lo que pase en Malta y en la libertad de movimiento que consiga Álex, pero lo primero es garantizar que en la nave logística de WFS den el tratamiento adecuado a los féretros sin que alguien en el servicio de aduanas quiera abrirlos o ponga pegas a la salida. Al mismo tiempo Mikel tendrá que colarse en un vuelo al que nadie lo ha invitado.

Pensando en su pupilo, cae en la cuenta de quién es el hombre que acompañaba a Vázquez en la finca. Han podido pasar treinta años de la única vez que lo vio, pero a Mikel le puede dar un infarto cuando se entere: su viejo amigo del servicio, Marcos Galán, alguien de su máxima confianza, al que incluso acudió a preguntarle por las actividades de Aiko. El Lobo soporta mal el engaño, se puso de los nervios pensando que él lo había traicionado y ahora no cabe duda de que Galán está metido hasta el cuello en el caso como representante del servicio.

54

Melodía de pasión

Malta

Los compases de una melodía de pasión llevan sonando cuatro horas entre Izaskun y Tabone. Arropados por la luna y mecidos por una brisa estimulante, no han cesado las sonrisas, las miradas intensas y los roces juguetones. Han saltado por los aires los obstáculos que impedían actuar a la química que desde el primer momento ha existido entre ellos. Juntos se muestran más divertidos, risueños y traviesos. Son dos treintañeros con unas profesiones conflictivas, sometidos en las últimas semanas a la misma vida interior y los vaivenes que cualquier hombre o mujer que se siente atraído por otra persona. Unas semanas en las que ese otro ha presidido sus pensamientos y fantasías.

Viajan en el utilitario del agente del Mossad en el que Izaskun escondió el transmisor. Tabone la ha convencido para que lo acompañe esa noche en el traslado aparentemente simple de unos féretros desde el aeropuerto hasta el almacén de Curmi. No ha mencionado que vayan llenos, no de cadáveres, sino de miles de millones de pesetas. Es obvio que un equipo del espionaje israelí nunca se implicaría en garantizar el traslado de unos trozos de madera barnizada unidos por tornillos. Sabe que es policía, pero sus compañeros del espionaje israelí, al que llaman el Instituto, en España solo han alcanzado a descubrir que tras su salida de ETA estuvo destinada en la embajada en Perú, luego volvió a España asignada a la Comisaría General de Información y desde hace tiempo no se la ve por allí. Le corroe la duda de si está en Malta por algún tema relacionado con el transporte del dinero o si se busca la vida como investigadora privada deseosa de forrarse en el mundo de la seguridad. Ansía fervientemente que sea por lo último.

Izaskun no se ha puesto en contacto con Álex porque espera que esté activo el sistema de escucha y sepa que van hacia el aeropuerto, palabra que ha mencionado varias veces. Nadie le ha dicho lo que tiene que hacer esa noche, lo cual significa, según su infiltración anterior, que debe seguir actuando y acumulando toda la información posible. Si necesitara ayuda, solo podría contar con el antiguo guardia civil y no está segura de que esté pendiente de ella.

Tabone mete el coche en el aparcamiento del aeropuerto y se dirigen andando a la zona de carga y descarga de aviones, una explanada inmensa con grúas y escaleras, y una adecuada iluminación nocturna gracias a potentes focos. Izaskun distingue con nitidez a los peones vestidos con delgados jerséis esperando cerca de los camiones, y un poco más allá a los conductores con cazadoras para ocultar, sin mucho empeño, las pistolas. Piensa en chinchar al israelí comentándole que es el único que va sin arma, pero se contiene, prefiere no estropear la buena sintonía.

Él le pide que espere a una prudencial distancia y se acerca a sus nueve compañeros, a cuatro de los cuales reconoce porque han estado siguiéndola. Su presencia no los sorprende, quizá su jefe les ha puesto un mensaje sin que ella se percatara o, incluso, lo puede haber planeado por la mañana: el enemigo, cuanto más cerca, mejor.

El aparato de SolJets aterriza veinte minutos después. Durante la espera Izaskun se percata de una presencia que la deja pasmada. Entre los cerca de veinte ganapanes que esperan para ganarse unas monedas por el trabajo de esa noche hay uno al que reconoce a pesar del mostacho abundante, las lentillas azules y la ajustada y sucia gorra de una fábrica de cemento de la isla. Álex se ha colado y encaja a la perfección. Siempre va en medio del grupo y se ha hecho colega de un tipo, también mayor, que parece su mentor. Por la mañana debía saber el papel que iba a representar y prefirió no avisarla. Le molesta la falta de confianza, en realidad más a Lorna que a ella. ¿Qué tramará su compañero? Solo espera que no la ponga en ningún compromiso.

Cuando la grúa empieza a descargar los féretros, se cuelan en la cabeza de Izaskun pensamientos que pertenecen a Lorna. Le viene la imagen de una foto de Olivier, se lo imagina aquella noche de hace veintiséis días, vital, soñador, feliz, quizá un poco nervioso pensando en desentrañar el misterio de los féretros. No estaba directamente implicado en la descarga, al igual que ella, solo debía asistir a los operarios. Estaría pensando, como ella, en irse a tomar unas cervezas cuando acabara, compartir un rato de charla con amigos, incluso estar con alguna chica que le gustara a la que quizá había cogido del brazo con inocencia simulada como Tabone había hecho con ella.

Vuelve a la realidad al ver pasar por delante a Álex cargando un féretro y sin inmutarse ante su presencia. Por primera vez lo ve como guardia civil y se pregunta si antes de esa noche habrá llevado a hombros otra caja que contuviera el cuerpo de un amigo. Seguro que sí, ser guardia en los años setenta y ochenta entrañaba ver morir a compañeros a los que los terroristas habían arrancado sus sueños por el simple pecado de vestir el uniforme verde.

Tabone se le acerca cuando están concluyendo el trabajo.

—¿Quieres que vayamos en un camión? Yo conduzco y tú serás mi copiloto.

—Espero que tus habilidades nunca dejen de sorprenderme —responde burlándose.

Suben a la cabina del vehículo de cabecera y emprenden la marcha. Olivier retorna a los pensamientos de Izaskun. Estaba en su asiento, haciendo el mismo trayecto, conversando con Tabone, confiando en él. La diferencia es que ella sabe que se la está jugando con un *killer* del espionaje israelí y él desconocía que había personas a las que no debía engañar porque carecía de posibilidades de salir triunfante.

Tabone e Izaskun siguen conversando con la misma dinámica zalamera de las últimas horas. Hacen bromas, parecen ajenos a los problemas terrenales, y él la pilla dirigiéndole una mirada de esas que derriten. La noche lo oculta todo, excepto su relación.

Se aproximan a la cerca cuando Joseph, el encargado, la está abriendo para evitar que deban detenerse. Se sorprende al verla en la cabina. «Seguro que no se asombró —piensa Izaskun— cuando vio a Olivier, quizá ni se fijó en él, era un currante más».

Aparcan, los peones descargan y colocan los ataúdes en pilas ordenadas. Izaskun pasea por el terreno colindante y luego por dentro de la nave. Se pregunta cuál será la misión de Álex, aparentemente lo único que hace es descargar y colocar. Vuelve a figurarse la cara de un nervioso Olivier buscando allí mismo la oportunidad para abrir un féretro y descubrir su contenido. «Se creía James Bond y no lo era —piensa—. Lo intentó, lo pillaron y lo mataron, dicen que fue Tabone». No quiere imaginar su sufrimiento.

No ve acercarse a su alegre israelí.

—¿Llevamos el camión al aeropuerto y nos vamos a tomar la última copa?

Izaskun tiene que apartar de su mente a Lorna, no va a permitir que le estropee el plan, con lo que le ha costado llegar hasta ahí. Aleja el pensamiento negativo sobre si Tabone transportó a Olivier en el camión una vez que lo había asesinado en el almacén o si lo mató en otro sitio. En cualquier caso, luego lo tiró por un terraplén.

—No sé si me apetece mucho, pero haré un esfuerzo —contesta poniendo cara de pícara.

Son las tres y media de la madrugada cuando abandonan el terreno del almacén. Izaskun ha visto a Álex subirse con sus nuevos compañeros en un camión y se ha quedado sin saber lo que ha estado urdiendo. Desenchufa con rapidez de él y devuelve la atención a su compañero de cabina.

Recuperan el clima de complicidad, aparcan el camión en el aeropuerto, sin despedirse de nadie se dirigen a por el coche y, a mitad de camino, Tabone le coge la mano sin mirarla. Terminan en el café del Mar, en Saint Paul's Bay, tomando una copa en la barra. El club de playa, uno de los mayores de la isla junto al mar, dispone de una piscina impresionante. Encuentran dos taburetes vacíos, intentan hablar, pero no se lo pone fácil el DJ con la música a unos decibelios por encima del límite. Se levantan con la copa en la mano, allí mismo se ponen a agitar el cuerpo, no es bailar, pero se le acerca. Sus miradas destilan deseo, él la abraza por la cintura, ella amolda su cuerpo al de él, se besan. Sin hablarse, dejan sus combinados a medio beber en la barra y se van con cara de ansiedad y las manos entrelazadas en dirección a la salida.

A pesar de la locura del momento, Izaskun detecta en su compañero una mirada de sorpresa dirigida a una pareja sentada en un sofá pegado a la piscina. Se fija, ellos no la conocen, pero ella sí sabe quiénes son, los ha visto en fotos: la teniente Breton, de la Police Nationale, y el inspector Bonello, de la Pulizija. Mientras va en el coche a casa de Tabone, no es capaz de descifrar qué hace Breton en Malta y cómo es que están los dos a las cuatro de la madrugada en una discoteca. Tampoco es que la mano del israelí sobre su pierna le permita concentrarse demasiado.

55

Sexo y sangre

13 de febrero, Malta

Tabone e Izaskun duermen entrelazados en una cama amplia, piel con piel, cuerpos de costado enfocados hacia el lado derecho de la habitación. La intensidad de las últimas doce horas les ha dejado extenuados. Arrancaron a las siete de la tarde con malas sensaciones y cuando hace media hora se abandonaron al sueño, en la alcoba del chalet del espía israelí, sentían que nadie podría separarlos nunca, nada importaba más que ellos mismos, una relación complicada y conflictiva que había evolucionado como deseaban.

Ninguno ofreció una oportunidad a los pensamientos destructivos. Nada de ¿qué narices hemos hecho?, nos hemos dejado llevar por la pasión, esta historia de amor solo nos hará sufrir o no quiero que las manecillas del reloj avancen porque esta relación de ensueño se esfumará y todo quedará en un arrebato irracional.

El sueño los ha transportado a fantasías lejanas y difusas cuando el zumbido inconfundible de una llamada de teléfono los despierta. Tabone se despega de Izaskun, se da la vuelta con pereza, coge el móvil de su mesilla, mira el nombre de la persona que llama y descuelga. No dice nada, solo escucha. Unos segundos después, con la mano libre aprieta el interruptor de la luz. Izaskun se despereza y cuando lo mira somnolienta nota un bombardeo de ira. No sabe lo que pasa. Lo ve levantarse y salir del dormitorio para que no pueda escucharlo. Se viste aceleradamente, solo le falta ponerse las manoletinas cuando regresa, la mira fijamente y, sin mediar palabra, le cruza la cara. No se lo espera, no entiende, todavía nota sobre su piel el olor dulce del sexo de ese hombre. Lo ve ir hasta el vestíbulo, abrir un cajón de la cómoda y sacar un revólver.

—Levántate —ordena fuera de sí—. Ve al salón.

Va detrás de ella, coloca una silla en el espacio entre la cocina americana y un inmenso sofá con una mesita delante. La obliga a sentarse, primero le ata las manos por detrás y luego todo el cuerpo al asiento por la cintura. Se coloca de pie delante de ella y vuelve a pegarle en la cara con la mano abierta. Del impacto, Izaskun y la silla se caen para atrás. El israelí la deja tirada y va a vestirse.

Llaman a la puerta, es Adam, otro agente del Mossad. Entra en el salón, se quita la cazadora y deja al descubierto una cartuchera con una pistola cerca de la axila. Se le ve menos indignado que a su jefe, la levanta, saca un pañuelo de papel del bolsillo trasero del vaquero y le seca la sangre que le corre por el labio. Tabone aparece tras guardar la pistola en el aparador.

—¿Me puedes contar qué ha pasado? —pregunta Izaskun molesta al que hace una hora era su amante.

—Lo sabes perfectamente, cabrona.

—No lo sé, joder.

—La nave está en llamas —interviene conciliador Adam—, es imposible que podamos recuperar lo que guardábamos.

—Ahora me urge acudir allí —continúa Tabone—. Luego me ocuparé de ti. Vete pensando en contármelo todo porque te juro que si no te cortaré uno a uno los dedos de las manos y luego te mataré.

—Sexo y sangre, qué mezcla más excitante —le responde calmada, sin achantarse, con la intención de provocarle—. Primero me haces el amor y luego me matas, algún día tendré que probarlo. Ayer me quisiste tener cerca para que no hiciera nada sospechoso lejos de ti y ahora te incendian la nave y, como la has cagado, te cebas conmigo. Eres un puto cobarde.

Tabone se dirige a ella levantando la mano, pero Adam se interpone:

—Todo a su tiempo, haz lo que tengas que hacer y vuelve pronto. Mientras, yo me ocupo.

Izaskun trata de descifrar lo que ha pasado. Se le suscitan un montón de dudas: ¿quién ha podido incendiar la nave con los féretros llenos de dinero? Si antes de prenderle fuego han sacado los billetes, las cámaras habrían grabado a los asaltantes y la alarma habría alertado a la Pulizija, que los habría pillado in fraganti. No tiene sentido que Mikel haya ordenado quemar el dinero, pero ¿quién más puede estar interesado en cargarse la operación de tráfico de divisas y cometer la locura de que se evaporen miles de millones de pesetas?

—¿Quieres hablar conmigo antes de que vuelva? —pregunta Adam en tono conciliador—. Dicen que soy un chulo mal encarado, pero créeme, es mejor hablar conmigo que con él, cabreado es capaz de cualquier cosa.

Lo que le faltaba, a los del Mossad no se les ocurre una táctica más original para manipularla que la del poli bueno, poli malo.

56

El misterio del incendio

Izaskun desconocía lo que había pasado unas horas antes cuando se bajó del camión con Tabone y se fueron a la discoteca sin prestar atención a nada más. Álex sí la vio alejarse y tuvo un sentimiento mitad dulce, porque se desvinculaba de la acción que venía, y mitad agrio, porque la podían comprometer las consecuencias. La ventaja era que quedaba claro que no sabía nada sobre lo que iba a suceder.

Se despidió del peón que había sido su guía esa noche, se subió al taxi y tomó el camino de regreso al almacén. Apenas había tráfico y calculó que tardaría veinte minutos. Mandó un mensaje al teléfono de Vero. Solo escribió una letra, la primera sobre la que cayó su dedo índice, la «t». Era la señal para que iniciara un ataque contra el sistema informático Scada, que controla el operativo de la compañía eléctrica Enemalta, y hacer caer la luz en la zona.

Antes de que Álex asaltara el almacén en solitario once días antes, la informática sabía que las infraestructuras críticas como aquella están segregadas y desconectadas de las redes públicas como internet, pero el informe de un servicio de ciberinteligencia había inventariado una serie de sistemas expuestos indirectamente. El de Enemalta era uno de ellos: los técnicos que controlaban la infraestructura enchufaban sus ordenadores a los sistemas centrales y, si habían sido infectados previamente, podían traspasarles virus.

Vero consiguió infectar el ordenador de uno de los técnicos de la empresa, aunque la premura impidió que ese virus penetrara en el sistema de control de la luz. Como todo hacker apasionado, había seguido desarrollando el ataque durante sus ratos libres hasta conseguir su objetivo: había tomado posesión del sistema industrial de la empresa sin que nadie se hubiera enterado. Cuando esa noche recibió la orden de actuar, entró en el sistema Scada e hizo que dejara de funcionar la luz en el almacén y en sus alrededores.

Mikel recibió un mensaje similar, en este caso el azar le deparó la letra «h». Se le iluminó el teléfono que agarraba con la mano derecha dormida y despertó en su interior un gran jolgorio, aunque exteriormente apenas movió un músculo. ¡Al fin! Llevaba un montón de horas inerte, en algunos momentos casi sin respirar, para que nadie lo detectara. Notaba un cosquilleo molesto, apenas sentía algunas partes de su cuerpo. Lo peor había sido no soltar un quejido tras recibir varios golpes por el balanceo, los dos más dolorosos en la cabeza.

Subió las manos y empujó la tapa del féretro en el que se había colado en Madrid. No dudó de que Álex hubiera cumplido el encargo, pero solo se le pasó la preocupación cuando la mitad superior cedió sin problemas. Era importante que durante el viaje estuviera cerrada para evitar complicaciones y, ya en Malta, Álex debía abrir el cierre tras descubrir las pequeñas equis que llevaba pintadas arriba y en los lados. Más complicado era que la caja quedara colocada arriba del todo de uno de los montones, pero también lo había conseguido, ya descubriría cómo.

Sentir el aire directamente en la cara lo alivió, aunque menos de lo esperado pues no le llegaba ni un rayo de luz: la luna se había ido de vacaciones. Desentumeció los músculos lo poco que pudo, abrió la mitad inferior de la tapa, le resultó complicado ponerse de pie y luego miró para abajo iluminando con la linterna que se había llevado. Habría unos cuatro metros de altura, no era mucho, aunque la oscuridad le imponía desde pequeño, cuando sentía presencias y su padre lo animaba a no ser cobarde. Agarró fuerte con los brazos una bolsa pesada cuyo contenido era mejor que no se estampara contra el suelo, respiró hondo y saltó. Al aterrizar se magulló un tobillo y miró el reloj con urgencia, le quedaban ocho minutos.

De la bolsa sacó un recipiente de plástico rojo de diez litros de gasolina, le quitó el tapón de seguridad, vertió el contenido sobre los féretros más cercanos, caminó hacia la salida derramándolo, entró en la oficina, que estaba con la puerta abierta, y descargó el resto. Abrió la puerta principal con la llave robada por Lorna para la penetración de Álex. Sacó una caja de cerillas, prendió una y la lanzó sobre el combustible. Contempló cómo se propagaba, cerró la puerta y salió hasta la verja, que también abrió gracias a disponer de la llave del candado. Con el cuerpo todavía entumecido, intentó ir lo más rápido posible hacia el punto de encuentro con Álex, cercano a la carretera. El taxi con el motor en marcha lo estaba esperando, entró en la parte de atrás y se sentó.

A una velocidad moderada pasaron por delante del almacén y vieron una luz interior que refulgía con intensidad.

—Bienvenido a Malta.

—Gracias, estar tantas horas dentro de un féretro ha sido deprimente.

—¿Cómo conseguiste meterte?

—Habrá tiempo para contarte.

—Hoy eres el hombre de los misterios. Espero que me asegures que no estabas desvariando cuando tomaste la decisión de quemar tantos miles de millones de pesetas —dice mirándolo por el retrovisor—. Ya sé que ese era su destino porque van a perder su valor por la llegada del euro, pero podíamos habernos hecho ricos.

—Tú tienes que contarme ya cómo conseguiste poner mi féretro arriba del todo.

—¿En eso pensabas cuando estabas encerrado? Todo se consigue encontrando a la persona que te puede ayudar y pagándole bien.

—Vale —dice Mikel—, lo primero es ponernos todos a salvo antes de que contrataquen.

—¿Lo dices por Lorna?

—¿Dónde está?

—Se ha ido con el israelí, me temo que a su casa.

—¿Lo sabes a ciencia cierta?

—No te enfades, me pediste que confiara en ella, pero nunca le quité el localizador del bolso que le metí la primera vez que vinimos a Malta.

—Menudo cabrón estás hecho. —Mikel sonríe y mueve la cabeza de un lado para otro—. Me alegro de que lo hicieras.

—Tabone no ha descubierto la caja que le colocamos en el coche, así que podemos escuchar sus conversaciones, cuando las haya, porque está en silencio desde que me he subido al taxi. ¿Qué hacemos?

—He tenido muchas horas para pensar encerrado en el puñetero féretro. Debemos aprovechar que, por primera vez, llevamos la iniciativa y dar carpetazo a la operación.

57
Te quiero

Tabone ha estado un par de horas en los alrededores del almacén de Árbol de la Vida y se sube al coche para regresar a su casa. Pone el teléfono en manos libres y habla con su jefe en Israel.

—El fuego se ha desbocado, los bomberos todavía están echando agua a la nave. Los especialistas de la Pulizija, si es que los tienen —especifica despreciativo—, tardarán en dar un diagnóstico.

—¿Quién se beneficia?

—¿De quemar dinero? Nadie, es de locos.

—¿Alguna pista?

—Etxeberri, la policía, estuvo conmigo desde las siete de la tarde, no ha podido ser.

—¿Dispone de equipo?

—Al menos un tipo, el que asaltó la nave. Puede que más. Seguimos sin poder vincularla al movimiento del dinero.

—Quizá —propone el jefe— tenga alguna vinculación con el chico o el capitán muertos y no la hemos encontrado.

—Lo único extraño me pasó anoche, vi a la teniente Breton a las cuatro de la madrugada con un inspector de la Pulizija.

—Indaga por si acaso, el primer ministro no tardará en pedirnos explicaciones por la pérdida del dinero. Tenemos que contarle algo.

El agente del Instituto aparca en la puerta de su chalet alquilado, en la pequeña localidad de Pembroke, relativamente cerca del centro, uno de los sesenta y ocho consejos locales que conforman la república de Malta. Abre la puerta, todo está en penumbra, con las luces apagadas menos una suave en el pasillo. Llama a Adam y no responde. Recela, a tientas saca el revólver del cajón de la cómoda, se acerca al salón, ve a Izaskun desatada, sentada en una silla en el extremo derecho, junto a la ventana que da a la calle. A la izquierda, en la cocina, detrás de la barra, tirado en el suelo, con un capuchón en la cabeza y la cazadora vaquera de siempre, está Adam inmóvil. Va a acercarse a él y la policía lo frena:

—No lo hagas. Tiene una pequeña bomba con temporizador en el pecho que controlo con el móvil. —Se lo muestra—. Si aprieto la tecla para hacer la llamada, morirá; el mostrador nos protegerá, más a mí que a ti.

—Voy a encender la luz y a quitarle la capucha.

—¿Qué dices? Aquí ahora mando yo.

Tabone está cerca de la puerta, equidistante entre los dos. Sube la mano derecha y apunta la pistola hacia Izaskun.

—Si lo matas, te mato.

—No lo harás. Estás enamorado, te he gustado desde el mismo momento en el que me conociste. Creías que era atracción sexual, pero estás enganchado.

—No digas gilipolleces.

—Lo sé, a mí me ha pasado lo mismo. —Izaskun habla con pasión, convencida de cada palabra que pronuncia—. Siempre me han gustado los malotes, los cachas, los tíos con los que palpaba el peligro.

—Estás mal de la cabeza —dice el israelí mientras da un paso hacia ella sin dejar de apuntarla.

—Quieto, hombre —le grita altanera, apuntándole con el móvil como si fuera un arma—. ¿En cuánto valoras la vida de Adam? ¿Es un agente amortizado o un buen amigo? ¿Tiene mujer e hijos o está solo en la vida?

—¡Qué hija de puta eres! —grita con la boca llena de odio.

—Bien, he conseguido tu atención. No soy una mujercita débil a la que puedas chulear, te atraigo porque soy tan peligrosa como tú, quizá más. —Con la mano libre se coge un mechón de pelo y lo lanza para atrás.

—Tengo muy buena puntería, podría meterte una bala sin darte tiempo a detonar la bomba.

—Arriésgate, capullo, venga —grita y mueve el teléfono en el aire—. No dudaste cuando mataste a Olivier y a Morel, ahora la situación te escuece: vas a ver morir a tu agente, el de mayor confianza, y va a ser culpa tuya. Los remordimientos se apoderarán de ti y matarme no los reducirá.

Tabone enmudece, ella lo desconcierta, nunca ha podido controlarla.

—Matar es bien fácil cuando te crees esa milonga de que lo haces por tu puto país, ahora no es lo mismo, ¿verdad?

El israelí no contesta, empieza a creer que las palabras pueden salvar a su amigo, luego tendrá tiempo para meterle un cargador en el corazón.

—Trabajo para mi país, ¿tú para quién lo haces?

—Vaya mierda de servicio, ya solo falta que te tenga que dar los datos míos que habéis sido incapaces de descubrir.

Sentada en la silla, vestida con la misma ropa que él le quitó hace unas pocas horas, se cambia el teléfono de mano, pulsa unas teclas que el agente judío no ve y recupera la postura amenazante.

—He añadido un temporizador de cinco minutos. El juego es el siguiente: si contestas a mis preguntas, a todas, lo paro, me voy y Adam salva la vida. Caso contrario, hago la llamada y muere.

—Estás muy mal.

—Primera pregunta: ¿qué pinta el Mossad en un tráfico de divisas de países europeos hacia Malta?

—No juego.

—El tiempo corre, tú verás. Por mí puedes disparar y probar si eres más rápido que yo en detonar la bomba. Quedan cerca de cuatro minutos, ve despidiéndote de tu amiguito.

—Garantizamos el transporte del dinero, Malta carece de medios —Tabone habla todo lo deprisa que puede.

—¿Dónde lleváis la pasta?

—A un banco de Israel.

—¿Qué hacen en ese banco?

—Yo qué sé.

Izaskun mira el reloj digital del teléfono.

—Casi tres minutos.

—No es competencia mía, no tengo por qué saberlo.

—Dos minutos cuarenta y cinco.

—Lo reenvían a los países.

—¿Para qué lo mandan de vuelta?

El israelí se desespera. Da igual lo que le cuente, de ahí no sale viva.

—El dinero parte de España y Francia, procedente de sus bancos centrales. Con la implantación del euro, están destruyendo los billetes de francos y pesetas, una parte que no queman nos la envían sin que nadie se entere. Después regresa a sus bancos unida a las remesas de otros bancos extranjeros que quieren cambiar pesetas y francos físicos por euros.

—¿De cuánto dinero estamos hablando?

—No lo sé, miles de millones de euros.

—¿Israel qué saca?

—Dinero negro para el Mossad y para financiar operaciones encubiertas en todo el mundo.

—Joder, tío, es una cantidad enorme para repartir entre vosotros, Curmi y vuestros socios en España y Francia.

—Así funciona la vida, princesa.

—Queda un minuto y diez segundos, a ver si respondes rápido.

—¿Qué coño dices? —El israelí se impacienta, lo está llevando al límite, quiere que pare ya.

—¿Quiénes están implicados en España y Francia?

—Joder, no lo sé.

—Sesenta segundos.

—Gente de los gobiernos, financian las campañas electorales, sus gastos injustificables. Creo que también los principales partidos de la oposición, unos por otros guardan el secreto.

—Cuarenta segundos, ¿quién más?

—Los servicios secretos de los dos países.

—Treinta y cinco segundos, ¿los directores? —Izaskun parece serena.

—Pues claro, se llevan una parte para sus fondos reservados.

—Veintiocho segundos, ¿qué más?

—Tienen pequeñas unidades dedicadas a la operación.

—Veintitrés, dame nombres.

—No aprietes…

—Voy a hacerlo y tú no me dispararás.

—Lo haré.

—No acabarás con la mujer a la que amas, yo nunca te haría daño.

—Lo haré.

—Adam es prescindible, yo soy insustituible.

—Te mataré.

—No lo harás, ¡te quiero!

Izaskun pone el dedo en la pantalla y Tabone aprieta el gatillo. Primero suena el ruido de la bala que sale hacia el pecho de Izaskun y al momento el de la explosión. Tabone se acerca al cuerpo destrozado, le quita la capucha y su última esperanza se desvanece: es Adam. Se aproxima a la policía. Está tirada en el suelo bocabajo. Tiene la cara que tanto le gustaba mirando hacia un lado, los ojos cerrados, la sangre corriendo por el suelo. Le toca el pelo con dulzura.

—Maldita loca —dice en alto—, podría haberme casado contigo.

Se aleja y llama al comisario Stivala de la Pulizija. Le cuenta que en su casa hay un hombre y una mujer muertos.

—Te agradecería que de él no dijeras nada, es uno de mis hombres y tenemos que ver la forma de repatriar su cadáver sin que trascienda.

—¿Ella quién es?

—Una policía española, desconozco su nombre. Ha estallado una bomba de poca potencia y ha habido un disparo, imagino que los vecinos no tardarán en dar la señal de alarma, tendrás que actuar deprisa. Yo desaparezco. Te debo una.

—Por supuesto que me la debes.

58

Un encuentro inesperado

Tabone sale precipitadamente y lo deslumbra un sol turbador en lo alto de un cielo sin nubes. Sube al coche y abandona Pembroke con celeridad, sin mirar para atrás. Llama a su jefe en Israel:

—Adam ha caído, hay que extraer su cuerpo de mi chalet. He avisado al contacto de la Pulizija para que informe a su gente y no pongan impedimentos a nuestro equipo.

—¿Hay más muertos?

—Etxeberri, dejadla ahí; justifica el follón que los vecinos contarán a la Pulizija.

—Informarás con detalle al llegar. Pongo en marcha tu extracción, te doy la dirección de la casa segura para que esperes al equipo. —Tabone no mete prisa, está absorto por lo que acaba de vivir—. Memoriza la dirección, está en Marsaskala. No te muevas hasta recibir un mensaje del equipo, pueden tardar. No vuelvas a utilizar el móvil.

En la media hora siguiente conduce intentando demostrarse a sí mismo que no ha perdido la sangre fría que sus compañeros siempre han alabado. Marsaskala es un tranquilo pueblo marinero que no gusta demasiado a los jóvenes turistas porque carece de la marcha de otras zonas. Es una buena alternativa para no llamar la atención durante unas cuantas horas. La mayor parte del trayecto es por el interior de la isla, lo que le facilita centrarse en sus pensamientos contradictorios. Se pregunta si Izaskun tendría algún desequilibrio o si el desequilibrado es él. Se conocían de unos pocos días, no habían asentado nada, era una mera atracción sexual. ¿De verdad pensó por un momento en que no iba a matarla? ¿Qué la había llevado al convencimiento de que él le salvaría la vida antes que la de un compañero con el que llevaba años trabajando?

Al entrar en el pueblo y ver las casas tradicionales color tierra, se acuerda de los meses que pasó hace años en Túnez persiguiendo a terroristas palestinos. Entra en el paseo marítimo, decide aparcar y estirar las piernas, tiene tiempo de sobra y nadie lo persigue. Deambula veinte minutos a la sombra de las palmeras y del mar añil con franjas verdes. Contempla los *luzzi,* los barcos de colores que tienen pintado en la proa el ojo fenicio para que proteja a los pescadores de los peligros del mar. Le asaltan de nuevo los interrogantes sobre lo que ha pasado, no encuentra la tecla que le explique por qué le ha afectado tanto el comportamiento paranoico de Izaskun y no está dándole vueltas a la cruel pérdida de su amigo Adam.

Vuelve al coche, debería deshacerse del arma, pero no se siente seguro, lo hará cuando vengan a buscarlo. Se dirige a su destino, la villa Dorada, a escasos minutos de ahí. Aparca unos metros antes de la entrada, mete una clave numérica para abrir la puerta corredera de hierro que da a un extenso jardín y entra en un refugio aislado del mundanal ruido con todo lo que puede pedir un nutrido grupo de gente para pasárselo genial sin tener que salir. La piscina enorme con hamacas azules del mismo tono que el color del agua, tres plantas, cinco dormitorios, seis cuartos de baño, terrazas, y todo ello acompañado por el mar en el horizonte.

Abre la nevera, está llena de comida y bebidas. Saca una botella de lambrusco y se lo lleva al salón de la planta baja. Es tan grande y con tantos rincones que duda dónde sentarse. Elige uno de los sillones de una pareja de color turquesa con almohadones altos que parecen por estrenar. Contempla el mar tranquilo, pero nadie puede verlo a él. Descorcha la botella y bebe a morro. Le gustaría saber lo que está pasando fuera, si ya han recuperado el cuerpo de Adam, si han controlado el fuego, cómo lo sacarán de la isla. Le toca esperar sin hacer nada, solo ocultarse, aguantar y confiar en su gente.

Suena el timbre. Ha pasado poco tiempo, no puede ser el equipo de extracción, le habrían avisado antes de llegar y es poco probable que entren en la casa segura. Duda, se acerca a la cocina. Hay un dispositivo moderno para abrir la puerta con una cámara que enfoca a la entrada. Junto a la puerta está el ministro Curmi. Vuelve a tocar el timbre. Parece que viene solo, le abre el portón. La pantalla se oscurece, la activa de nuevo. Nadie lo acompaña. Sale a permitirle el acceso a la vivienda. Algo pasa, en su servicio jamás cometerían el error de facilitar la dirección de un agente en peligro a punto de ser extraído de un país.

—¿Qué hace aquí, ministro? —le pregunta antes incluso de estrecharle la mano que le ofrece.

—No tengo ni idea, dímelo tú. Me habéis sacado de una reunión importante —dice señalándose el traje de marca impecablemente planchado con rayas muy marcadas en los pantalones.

—¿Quién le ha mandado el mensaje?

—Un número sin identificar, como hacéis siempre.

—¿Qué le decía?

—Me pedía, casi me ordenaba, que viniera a esta dirección, que teníais información sobre el incendio y el dinero.

—¿Así de claro? —pregunta Tabone desconfiado.

—Sí —responde Curmi sin entender tampoco lo que pasa—. ¿No sabéis nada?

—No ha sido un accidente, eso seguro.

—Pues ya me dirás quién está tan perturbado como para quemar 1.200 millones de euros.

—Alguien que nos odia tanto que solo piensa en vengarse.

—¿Qué le hemos hecho?

—Eso querría saber yo.

—¿Y tu compañero muerto?

—Desconozco lo que ha pasado.

—El comisario Stivala me ha contado que también ha muerto una policía extranjera.

—Izaskun Etxeberri.

—¿Qué me dices?

El israelí va a la cocina a por dos copas para el lambrusco, invita a Curmi a ir al salón y se sientan en el rincón turquesa.

—A mí no me eches eso —dice el ministro con cara de asco—, el vino con burbujas no es vino. —Regresa a la cocina y saca un chardonnay de la nevera—. ¿Quién ha matado a mi admirada Izaskun?

—Imagino que Adam —miente Tabone, ahora tiene que preocuparse de su propia coartada y no fiarse de nadie.

—¿Qué hacíais los tres en tu chalet?

—Yo no estaba.

—¿Les dejaste tu casa para que se acostaran? —dice con sorpresa.

—Querías contratar a Izaskun y la estábamos preparando. Se ve que Adam se mosqueó por algo y se liaron a tiros.

—Ya le preguntaré a Stivala.

—Eso, que te cuente él. Yo me los encontré y lo llamé para que se hiciera cargo.

—Que yo me aclare, ¿qué haces aquí y por qué me habéis pedido que viniera?

—No te hemos pedido que vinieras.

—¿Quién me lo ha pedido?

—Ni idea.

—¿Por qué alguien querría que viniera a hacerte compañía? —dice Curmi un poco harto.

—Tampoco lo sé.

—Contéstame a una cosa que espero sí sepas: ¿qué haces aquí?

Titubea un momento, decide darle algo de información para aplacar sus recelos:

—Mi servicio ha decidido sacarme con urgencia de Malta, he sido visto paseando con Izaskun y temen que me impliquen en su muerte.

—La investigación la lleva mi gente, ¿me entiendes?

—Son medidas de precaución estándar.

—¿Qué hacía una policía española en Malta husmeando en mis negocios?

—Conocía detalles de la operación.

—¿Trabajaba para el servicio español?

—Estamos seguros de que no.

—¿Sabía que vosotros sois los organizadores de todo y que un judío como yo metió a españoles y franceses en la operación simulando haber tenido una gran idea que en realidad era vuestra?

Vuelve a sonar el timbre. Los dos se miran.

—Los tuyos han llegado para buscarte.

—No hacemos así las cosas. No se mueva de aquí.

Vuelve a la cocina y en la pantalla aparece la teniente Breton. Abre directamente y se acerca a la entrada.

—¿Qué haces aquí? —pregunta cuando todavía está en el jardín.

—Me has pedido que venga —responde extrañada—. ¿O no?

—Pasa, nos están tendiendo una trampa.

Hace que lo siga hasta el salón, donde Curmi espera de pie con inquietud. Cuando ve al ministro, Breton entiende que alguien está maquinando contra ellos.

—Ministro, le presento a la teniente Stella Breton, destinada en la Police Nationale, aunque en realidad trabaja para la Dirección General de Seguridad Exterior.

—Siento no haberla conocido en otras circunstancias —dice recorriendo sin disimulo su cuerpo de arriba abajo—. Soy el ministro...

—Curmi, lo sé, está al frente de la operación en Malta, he visto fotos suyas.

—Espero que saliera favorecido, ya me mandará una suya, a ser posible en biquini.

—¿No cree que es mal momento para flirtear? —interviene Tabone intranquilo—. Stella, ¿de quién era el mensaje que te convocaba aquí?

—Número sin identificar firmado por Ta. Me decías que era algo gordo y te creí porque me había enterado del incendio en el almacén.

—No te lo mandé y tampoco al ministro. Estoy esperando la extracción. —Les señala los sillones para que se sienten y coloca para él una silla de apariencia endeble enfrente de ellos—. Deben haber pinchado mi teléfono o instalado un micro en mi coche. Desde ahí hablé con mi superior y me dio la dirección.

—¿Quién te espía? —pregunta Breton.

—O Izaskun o alguien de su equipo.

—Leí en París tu informe pidiendo si podíamos identificar a Etxeberri.

—Ha muerto hace pocas horas en el salón de mi casa y se ha llevado por delante a uno de mis hombres —cuenta con frialdad.

—¿Para quién trabajaba?

—Sabemos que tiene un equipo y poco más.

Tabone se fija en que Curmi está trajinando con el móvil.

—¿Qué hace, ministro?

—Pidiendo a la Pulizija que venga a buscarnos.

—Ni de coña, no le dé esta dirección a nadie —le recrimina subiendo la voz.

—¿Por qué?

—Es un piso seguro, un equipo va a venir a recogerme.

—¿Y nosotros qué? Estamos metidos en una trampa, no quiero que me maten.

—No mande el mensaje todavía, espere, por favor —le pide en un tono más amable.

—Está bien, solo un rato. ¿Me entiendes?

Un crujido procedente de uno de los pisos de arriba suena justo en ese momento, que parece elegido intencionadamente para asustarlos.

—Es un ruido de la casa —justifica Tabone.

—¿Estás seguro? —pregunta incrédulo el ministro.

—Lo que no podemos es quedarnos aquí —añade Breton con mirada perspicaz—. No nos han juntado por casualidad y no creo que sea simplemente para asustarnos.

—¿Qué pensáis que pueden querer al hacernos venir? —pregunta Curmi asombrado por lo que está pasando.

—Puede ser la operación en sí —deduce el agente del Mossad—, o algo que nos una a los tres.

—Exacto —interviene Breton mientras chasquea los dedos al darse cuenta de algo—, hay un detalle en el que no hemos reparado. Ayer me hicieron venir urgentemente para hablar con el padre del chico muerto porque piensa presentar una demanda contra nosotros y, sin embargo, no me ha recibido hasta ahora.

—¿Qué tengo que ver yo con Olivier Leblanc? —dice el ministro.

—Tiene relación con su muerte y con la de Morel.

—¿Crees que tratan de vengarse de nosotros por los dos muertos? —pregunta Tabone desconcertado.

—Alguien que quema tanto dinero tiene un motivo personal —dice la francesa—. La muerte de un ser querido te puede volver loco.

—Yo no tengo nada que ver con esas muertes —se defiende Curmi y señala a Tabone agitando el dedo índice de la mano izquierda—. Fuisteis vosotros los que decidisteis matarlo por su empecinamiento en descubrir el contenido de los féretros.

—Pudiste avisar de que era colaborador vuestro. —Tabone aprovecha para recriminárselo a Breton.

—No lo sabía, el capitán nunca se fio de mí, en sus informes hablaba de una fuente sin identificar.

—Está bien, no discutamos sobre eso —dice Curmi, se llena el vaso de vino blanco y le da un trago largo—. ¿Puede estar relacionado con la muerte del capitán?

—También —responde Breton—, detrás de mi presencia aquí está el comandante Duval y el padre de Olivier. Y, cómo no, su primo, el exagente del servicio español.

—Informaste de que se jubiló hace tiempo —recuerda el israelí.

—Nos lo confirmaron los españoles, pero puede buscar una venganza personal.

—¿Contratarían a Izaskun?

—Es posible.

—Pues con Izaskun muerta tienen un argumento más para la venganza.

El ruido procedente de la planta superior vuelve a sonar, esta vez más cercano. Y, justo a continuación, lo hace el timbre. Tabone pone cara de desesperación.

59

No he sido yo

La imagen del inspector Bonello en la pequeña pantalla del portero automático le asombra a Tabone, cada vez más desconcertado, con la sensación de que otras personas mueven los hilos de los acontecimientos y él ha pasado a ser una simple marioneta. Cuando advierte a Curmi y a Breton, el ministro se levanta tan tranquilo.

—Lo he llamado yo.

—Le pedí que no lo hiciera.

—No estoy para esperas. Me voy, si queréis veniros, le pido que os lleve a donde queráis. Yo aquí no me quedo más tiempo.

—Tiene razón —confirma Breton incorporándose y dirigiéndose al israelí—. Tú tienes que esperar, nosotros no.

Tabone desiste de convencerlos. Quedarse le parece arriesgado, irse le parece arriesgado, hacer algo le parece arriesgado, no hacer nada le parece arriesgado. Bonello no entra, ha dejado el coche con el motor en marcha y lleva la pistola en la mano.

El ministro sale de la casa sin despedirse y se detiene en el jardín para decirle algo a Tabone:

—Esto no tiene que ver con nosotros. Están buscando al que mató a Olivier y a Morel.

—Yo trabajo para el Instituto y lo hicimos para evitar problemas en la operación, tan responsable como yo sois vosotros.

Breton pasa por su lado y se coloca junto al ministro.

—Te recuerdo —continúa el israelí dirigiéndose a la teniente— que no podría haber matado a tu capitán si no me hubieras guiado hasta él, incluso lo hiciste bajar a la calle a esperarte para darme tiempo.

No le contestan. Abandonan la casa, suben en la parte de atrás del coche y se alejan de allí con Bonello al volante.

Tabone cierra la puerta y mira el móvil, espera que no tarde el mensaje de sus rescatadores. Va a la cocina, abre la nevera, coge una manzana y vuelve al salón. Al ver de repente a un hombre, se le cae la fruta al suelo e intenta sacar el revólver.

—Yo no lo haría.

Mira al desconocido, ha superado la cincuentena, no parece un asesino profesional, más bien un policía o espía, francés o quizá español por su acento. Mikel Lejarza lo ha pillado en desventaja y no le queda más remedio que separar los brazos del cuerpo para mostrar sumisión.

—Me encantaría matarte, te lo mereces, pero antes te daré la oportunidad de redimirte.

—Mis compañeros llegarán en cualquier momento y les cabreará pillarte amenazándome. Huye ahora que puedes y me olvidaré de que has estado aquí.

—No te enteras, voy a vengar tres asesinatos.

El israelí nota que las pulsaciones se le aceleran, sus posibilidades de salir vivo de ahí se reducen.

—Traigo un mensaje de parte del padre de Olivier, quiere que te corte la cabeza y que se la lleve para disecarla y colgarla en el salón.

—No sé de qué me habla.

—También te manda recuerdos el comandante Duval, el jefe y amigo del capitán Morel, al que mataste en la puerta de la comisaría.

—No mato a gente.

—Claro que sí, es uno de tus trabajos. Y lo haces muy bien, enhorabuena.

—Está cometiendo un error.

El Lobo, sujetando la pistola con el brazo estirado, aprieta el gatillo. La bala le silba a Tabone en el oído, ni lo roza, por suerte no se ha movido.

—La próxima te acariciará si vuelves a decir gilipolleces. También te traigo recuerdos míos personales y de algunos amigos que queríamos a Izaskun.

—No he tenido nada que ver con su muerte.

El disparo esta vez le lame el hombro, nota una quemazón y no puede evitar una mueca de dolor.

—Soy un agente del Mossad, nunca perdonamos al que mata a uno de los nuestros —amenaza intentando recomponer el gesto.

—Nosotros tampoco.

—¿Quiénes sois vosotros?

—Gente muy diversa, una policía, un guardia civil, dos informáticos que han trabajado para Estados especialmente golfos y varios agentes del servicio español. Bueno, ahora somos uno menos porque has matado a una compañera.

—Le repito: no he sido yo.

El tiro esta vez le impacta de lleno en el muslo derecho, la bala entra y sale limpiamente. Tabone siente una especie de brutal picadura de avispa y cae al suelo taponándose el boquete con las manos.

—Quiero saber cómo te pones en contacto con el servicio español. Antes de contestar, piénsatelo.

Tabone lo mira con cara de «Esto no va a quedar así», aunque es consciente de sus escasas posibilidades de salir vivo si no aparecen rápido sus compañeros. La adrenalina lo mantiene a flote.

—Tengo un número de teléfono de alguien con el alias de Cercas.

Mikel se sienta a la mesa de madera que tiene detrás y queda de lado ante el israelí. Saca un bolígrafo y un papel, le pide el número y lo anota. Después se levanta y se encuentra con que el israelí ha sacado su pistola y lo está encañonando. No hace ademán de plantearse un duelo a ver quién es el más rápido. Da unos pasos para alejarse sin soltar su arma, la sujeta con el brazo caído y enfocada al suelo.

—¡Vaya, me has pillado!

—Nada te hace perder el humor o, a lo mejor, estás tan loco como Izaskun.

—Te he herido y vas a matarme. Siéntete feliz, tú ganas.

—¿Quién eres?

—Mikel Lejarza, he trabajado para La Casa y ahora voy por libre. Unos cuantos agentes nos hemos reunido para hacer justicia.

Tabone le pide que se acerque, se quite el jersey y con él haga un nudo fuerte encima de la herida de su muslo para controlar el escaso sangrado. Después vuelve a alejarlo, decide saltarse las normas y telefonea a su jefe:

—Me han disparado, estoy en peligro, venid ya a por mí.

Deja el teléfono en el suelo y mira a su enemigo.

—Veo que se me acaba el tiempo —dice Mikel sin preocupación.

—Que no te quepa duda, te mataré antes de que lleguen para buscarme.

—Primero Izaskun y luego yo.

—Solo es trabajo. Nunca había estado con una mujer tan segura de que estaba enamorada de ella. La próxima vez que vayas a contratar a alguien hazle un análisis psiquiátrico. Ah —suelta una risotada antes del comentario sarcástico—, ¿que no vas a volver a contratar a nadie porque dentro de unos minutos estarás muerto?

—Te equivocas, tú eres el que morirás hoy. ¿Sabes por qué? Porque nadie te ha engañado tanto y tan bien como Izaskun, y yo tampoco me quedo atrás.

—Eres un borde y ya no te sirve de nada.

—La conversación ha acabado, me voy, no querrás que me pillen aquí tus compañeros —dice al mismo tiempo que le da la espalda y se dirige al balcón con la intención de salir por detrás.

—No te muevas —chilla Tabone.

Mikel no le hace caso, abre las puertas, Tabone no se lo piensa y dispara dos veces. Tiene buena puntería, le impacta de lleno en la espalda, Mikel se da la vuelta y le sonríe. Sube el brazo y le apunta.

—Hija de puta —grita el israelí—, Izaskun me metió balas de fogueo, la muy cabrona está viva.

—Y tú, muerto.

Un solo tiro sale de la Sig Sauer de El Lobo.

Cuando los agentes del Mossad llegan a la escena diez minutos después, se encuentran con el cuerpo sin vida de su compañero. No hay rastro del atacante.

60

¿Qué será de ella?

El inspector Bonello lleva quince minutos conduciendo en dirección a La Valeta y no ha tenido la oportunidad de pronunciar una sola palabra. Siempre tiene algo que decir y más en ese momento, en el que está intrigado por los sucesos que se suceden, pero no se ha atrevido a romper el silencio impuesto por Curmi y Breton. Su paciencia se agota.

—Discúlpeme, ministro, ¿dónde vamos?

—Primero llévame a mí y luego acercas a la teniente a donde quiera.

—Si le parece —continúa el inspector—, de camino podemos parar en la de Tabone, allí está el comisario Stivala con varios agentes que pueden protegerla. Después le llevo a usted, en su casa hemos colocado protección.

No ponen pegas. Aparca en el chalet del espía israelí delante de un policía uniformado. Desde el coche, sin bajarse, le ordena que deje entrar a Breton y a esta le adelanta que más tarde volverá a verla. La teniente lo encandila con esa mirada de chica desprotegida.

Breton accede a la casa, las luces están encendidas y no se oye una voz. Esperaba encontrarse con la atmósfera enloquecida posterior a unos asesinatos y tras recorrer los cuartos comprueba que no queda un alma. En el salón le llega el olor a lejía de suelo recién fregado, se acerca a la ventana y se agacha para pasar el dedo por el zócalo, donde cree haber encontrado una pequeña mancha roja que podría ser de sangre.

—Una policía lista, ya le decía yo a Duval que de tonta no tenías ni un pelo.

Breton se pega un buen susto, no ha oído los pasos de Leblanc, a pesar de que va con zapatos de cuero con suela de madera, imprescindibles para acompañar a uno de sus mejores trajes azules. Se levanta y se sorprende aún más al ver aparecer detrás de él al que fuera su comandante.

—¿Qué es esto?

—Hemos tenido que improvisar —dice el antiguo espía—, los acontecimientos se han acelerado. De hecho, tu comandante y yo hemos llegado hace un rato con el único deseo de despedirnos de ti.

—¿Os vais a algún sitio o me estás amenazando?

—No, hija, amenazar es muy chabacano, eso es más de Duval, ahora que se pasa el día entre rateros y putas.

El comandante, al lado de Leblanc y enfrente de la teniente, aparece muy serio, no se le da nada bien disimular en situaciones desagradables.

—De madrugada, Leblanc…

—Llámame Fred, hombre —lo corrige con un golpe aparatoso en el hombro.

—Fred me ha llamado a París para informarme de que hoy iban a hacerlo estallar todo. —Habla sin crispación, aunque se le nota intranquilo—. De mí dependía tu futuro, yo te había hecho venir aquí engañada.

—Usted nunca dejó de investigar la muerte de su amigo, siempre lo sospeché.

—Por eso viniste hace unos días a pincharme para comprobar si seguía en mi empeño. Nunca lo he olvidado y nunca lo olvidaré. Lo triste, lo más triste, fue descubrir que murió por tu culpa. No apretaste el gatillo, es verdad, pero como si lo hubieras hecho.

—No me venga con lloriqueos —lanza Breton agresiva—. Morel se metió donde no debía y lo pagó, así es nuestra profesión, así es la vida.

—No fuiste sincera con él ni conmigo. Trabajas para la DGSE, hace un año te mandaron a espiar el trabajo de Morel en Malta y después te metieron en la operación del tráfico de divisas.

—¿Y qué si ahora lo sabe? Es mi trabajo, soy agente para lo bueno y para lo malo. Me encargan una misión por mi país y la cumplo, me guste o me disguste.

—Hay ciertas líneas rojas, hija —matiza Fred—, que no deben traspasarse ni por tu país.

—Has matado a un policía —Duval no puede evitar alterarse—

porque iba a terminar descubriendo una operación sucia del Gobierno y de la DGSE para robar dinero a Francia.

—Ningún servicio secreto del mundo funcionaría si sus agentes cuestionaran los objetivos de cada misión —esgrime Breton con seguridad—. Un país se defiende desde las alcantarillas, no discutiendo órdenes.

—Stella —matiza Fred—, he sido espía durante cuarenta años. He hecho cosas que prefiero no recordar. Me estimulaba que de mi actuación dependía la vida de muchos compatriotas. Nadie me lo pidió, nadie me lo iba a agradecer, lo hice porque era mi deber, no con el Gobierno, con mi país.

—Estamos hablando de lo mismo, esos francos franceses o las pesetas españolas no se los quitamos a nadie, se iban a convertir en papel triturado. Terminarán produciendo cientos de millones de euros para pagar el rescate de franceses o españoles secuestrados por yihadistas en África o para que espías rusos se conviertan en dobles agentes e impidan una tercera guerra mundial.

—No todo vale, Stella.

—El fin justifica los medios, Fred.

Los tres se quedan en silencio. Breton está convencida de que la beneficia conversar con esos dos viejos anticuados. «Dos canicas —piensa—, que si las empujas un poco las metes en el hoyo».

—El tiempo se acaba —dice Duval—. Cuando Fred me llamó para que tomara una decisión sobre ti, decidí coger un vuelo y ser yo el que la ejecutara. Es la ley bíblica del talión: ojo por ojo, diente por diente, mano por mano, pie por pie.

Se frena ante la mirada altanera que le dirige su antigua subalterna.

—Mira, hija —sigue Fred—, en los servicios tenemos una frase que mafias, terroristas y grupos criminales conocen a la perfección. La aplicamos siempre, a rajatabla, sin posibilidad de perdón, en caso contrario perdería su eficacia en el futuro.

Duval lo interrumpe:

—Quien nos mata muere.

Saca la pistola y le dispara dos balas al pecho, en la zona del corazón. Le entrega la pistola a Fred para que se deshaga de ella y desasosegado abandona la casa. Nadie sabe que ha estado allí, pues el policía que estaba de protección abandonó su puesto nada más entrar Breton.

Un cuarto de hora después aparece Bonello. Contempla el cadáver de la mujer en el suelo y a Fred sentado en un sillón.

—¿De verdad era necesario? —pregunta.

—Se ha suicidado.

—¡Venga!

—Créetelo, vivirás más a gusto contigo mismo.

—¿Qué había hecho?

—Pensar que todo vale para derribar cualquier muro que nos impida conseguir nuestros objetivos, soñar con llegar muy lejos sin importar los cadáveres que dejes en el camino.

—Eso lo piensan muchos y no justifica que los matemos.

—Pero ella asesinó a dos personas relacionadas conmigo y no puedo pasarlo por alto.

—¿Y el incendio?

—No tengo ni idea, sería un cortocircuito.

—¿Quién se hará cargo de las pérdidas del dinero?

—Tranquilo, a ti y a mí no nos iban a dar nada.

—Ya —suelta Bonello mientras se le escapa una sonrisa—. ¿Qué hago ahora?

—Lo hablado. Has permitido que el Mossad retire el cadáver de su agente y ahora tú retiras el de Lorna Aranda, ya te he dado la cartera con su carnet de identidad y su huella dactilar. La autopsia rápida certificará muerte por disparo de arma de fuego. La ropa que lleva quémala.

—¿Qué será de la teniente Breton?

—No tengo ni idea, la dejaste aquí y debió irse por su cuenta. Tú la apreciabas mucho. Imagino que sus colegas de la DGSE la buscarán durante una temporada.

—Estuvimos anoche de copas hasta las tantas.

—La apreciabas, pero aprecias mucho más tu vida. Mi primo olvidará cosas sobre ti y seguro que dentro de unos meses te recompensará.

Suena un claxon. El inspector mira por la ventana.

—Hay un taxi en la puerta.

—Viene a buscarme. Tardaremos en volver a vernos, Bonello.

61

Obsesionados contigo

17 de febrero, Madrid

Mikel y Fred acuden en la Chrysler a la sede de La Casa en la avenida del Padre Huidobro, próxima a la carretera de A Coruña, que forma un triángulo de poder con los cercanos palacios de la Zarzuela y la Moncloa. Acceden por la parte trasera, aparcan y un miembro del servicio de seguridad vestido de paisano los invita a pasar por el edificio de control. Enseñan sus carnets de identidad, meten sus teléfonos móviles en unos cajetines y entran en una de las pequeñas estancias.

Los dos saben que cualquier cosa que digan o gesto que hagan quedará plasmado para la eternidad por los equipos técnicos de grabación camuflados. No les hace falta comentar nada, llevan varios días diseñando su estrategia. Dos antiguos agentes se merecerían más camaradería y que los invitaran a acceder a los edificios de oficinas para celebrar el encuentro en algún despacho. Lo interpretan como un gesto premeditado de hostilidad.

Marcos Galán entra cinco minutos después, estrecha la mano de Fred con formalidad y después la de Mikel añadiendo una palmada en la espalda. Los invita a sentarse y él ocupa la tercera silla alrededor de una mesa redonda. Abre una carpeta con folios en blanco y saca del bolsillo interior de la chaqueta una pluma Montblanc. Todo muy formal, como los trajes azules y las corbatas discretamente conservadoras que visten.

—El servicio está muy disgustado con vosotros. Lo que habéis hecho es una traición que va a traer graves consecuencias, no podríamos imaginar algo así de dos antiguos agentes.

Mikel y Fred lo escuchan sin intención de intervenir.

—El servicio estaba participando en una operación muy importante por encargo del Gobierno, enormemente beneficiosa para la institución. Nos habéis producido un daño irreparable, es imperdonable —dice con la frialdad del verdugo antes de esgrimir la guillotina—. El Gobierno está escandalizado por lo sucedido y el director se sube por las paredes, quiere cortaros las pelotas.

—Esperemos que no tenga a mano un sable afilado —se le escapa a Fred, de inmediato se arrepiente y hace un gesto con las manos pidiendo disculpas.

—Desconocíamos la participación del servicio —dice Mikel—, las cosas se enredaron.

—Eso es lo que he dicho en vuestro favor —continúa Galán, ojos astutos—. El director, la secretaria general y el director de Inteligencia piensan que debíais haber alertado en cuanto sospechasteis de nuestra presencia.

—Asesinaron en Malta a mi sobrino, por eso entramos —matiza Fred molesto.

—¿Qué tiene que ver eso con la quema de 1.200 millones de euros?

—¿Y qué tiene que ver un servicio secreto con el robo de dinero?

—No os hagáis los tontos, sabéis perfectamente que no podemos trabajar con el presupuesto que nos da el Gobierno, con eso pagamos los sueldos y poco más. No es popular subirnos la dotación. A veces nos apropiamos de partidas no gastadas del Ministerio de Defensa y de otros ministerios, pero aun así es insuficiente para confidentes, rescates o qué sé yo.

—¿Quién te dice que hemos sido nosotros? —pregunta Fred con brusquedad.

—Sois los únicos interesados.

—¿Esa es la prueba que nos incrimina?

—Para nosotros es suficiente.

—Eran billetes de 5.000 pesetas que tenían que ser destruidos —sigue Fred encogiéndose de hombros.

—No me vengas con esas. No voy a debatir con dos experimentados agentes sobre la conveniencia de la operación. Sois los responsables de la desaparición del dinero y tenéis que afrontarlo.

—¿Quiénes somos los responsables? —pregunta Mikel.

—Básicamente tú. Ismael Vázquez te acusa de ser el culpable de la pérdida. Parece un cantante en gira de verano. Ha ido a todos los despachos del Gobierno y de la oposición, y desde allí nos piden que te hagamos pagar por ello. El segundo eres tú, Fred, se te ha visto en primera línea en Malta y en Francia. ¿Cómo se te ocurrió montar un equipo de exagentes a espaldas del servicio?

—¿La DGSE también se ha quejado? —pregunta Fred esta vez con mordacidad.

—También, hombre, también. Estos días nos hemos convertido en una oficina de reclamaciones. Los franceses además están empeñados en que te dejemos a solas con un par de ellos para que te interroguen sobre el paradero de una agente suya que ha desaparecido en mitad del follón que montasteis en Malta.

—¿Stella Breton? —pregunta simulando desconocimiento.

—Ya veo que no sabes nada o se te ha olvidado. —Galán lo frena con un gesto cuando va a replicarlo—. También está el caso de la policía Lorna Aranda, ¿queréis que hablemos de ella? Su comisario nos tiene fritos pidiéndonos explicaciones de por qué la metimos en una operación cuando tenía graves problemas psicológicos causados por su infiltración en ETA. No os disteis cuenta, claro.

—¿Crees que murió mientras entraba ilegalmente en un domicilio particular, como dijo la Pulizija? —pregunta Mikel.

—¿Qué es lo que debo creer y qué no? —Coge la pluma y le quita el capuchón—. A ver, formáis un equipo en el que metéis a Lorna Aranda —escribe el apellido—, a Verónica Abenia y Pablo Izquierdo...

—Los dos necesitaban ayuda tras estar en la cárcel —interrumpe Fred.

—¿No sería más cierto decir que los captasteis antes y los animasteis a enfrentarse al servicio?

—¿Por quién nos tomas?

—Por dos tíos listos que montáis un equipo con gente enemistada con el servicio. De hecho, me falta el sexto componente, nada más y nada menos que Alejandro Prieto, el antiguo guardia civil que considera que el servicio le debería estar agradecido eternamente por los servicios prestados.

Fred se levanta exagerando el esfuerzo que le cuesta y pregunta a

Marcos si le molesta que vaya al baño. Sale y Mikel se lanza en tromba:

—Albergaba dudas antes de entrar en el equipo de Fred, pero es lo mejor que he hecho en mucho tiempo. ¿Estamos un poco locos?, no te lo negaré. ¿Somos buena gente?, tú no lo podrás negar. Entramos por el asesinato del sobrino de Fred y tardamos en descubrir lo que los gobiernos y los servicios habíais montado. Créeme, Marcos, voy a hacer lo que esté en mis manos para librarlos a todos, porque actuaron siempre de buena fe cumpliendo mis órdenes. Es un equipo que deberíais fichar como agentes negros, son muy buenos. —Hace una pequeña pausa, duda si seguir hablando y lo suelta—: También tú podrías haberme insinuado algo cuando te pregunté sobre Aiko.

—Desconocía que Vázquez estaba en esa operación de droga, me enteré más tarde al pedir nuevos datos sobre la japonesa. En cualquier caso, Vázquez te ha señalado públicamente y eres el centro de todo.

—Dime otra cosa: ¿ordenaste a los operativos colocar micros en nuestra oficina?

Marcos lo va a desmentir y opta por quedarse callado. Prefiere mantener la sinceridad con su amigo.

—Vero se fue de la lengua —Mikel explica lo que calla su amigo—, nunca ha terminado de sentirse segura con nosotros.

—Habló con su oficial de caso y terminó sincerándose. No os traicionó...

—Apenas —matiza El Lobo con ironía.

—Contó que estaba colaborando con un grupo y fue fácil seguirla.

—No la echaremos del grupo si salimos enteros de esta. A diferencia del servicio, nosotros convivimos con la diversidad, los malos caracteres, los sueños truncados, los problemas psicológicos.

Fred vuelve. Galán tiene claro que su desaparición durante unos minutos estaba calculada para dejar solos a los dos amigos.

—Nos hemos puesto en contacto contigo —interviene en cuanto se sienta— porque sabemos de vuestra situación complicada y también de la nuestra. Nos enteramos de que estabas al frente de la operación del tráfico de divisas y consideramos que podías ser nuestro interlocutor.

—Sigue, te escucho.

—Cabe la posibilidad de que nos hayamos enterado de que los que quemaron el dinero, no nosotros —dice dejando patente que sabe que sus palabras están siendo grabadas—, pueden haber salvado la mitad y tenerlo a buen recaudo.

—Estudiamos esa posibilidad, pero nos pareció la menos probable. Pensamos que carecíais de medios para llevar a cabo un juego de magia y hacer desaparecer tantos féretros.

—Así es, nosotros nunca podríamos haberlo hecho, imposible, por eso te cuento que los que lo hicieron salvaron de la quema el equivalente a 600 millones de euros, pero ya sabes, en pesetas. Me han autorizado a ofrecerte un donativo de 200 para que a cambio el servicio, el Gobierno y todos sus amigos extranjeros se olviden de lo que ha pasado.

—¿Por qué me voy a creer que vuestros amigos —las dos últimas palabras las pronuncia con sorna— no han salvado los 1.200?

—Ellos creían que alguien analizaría los restos y descubriría la gran cantidad de billetes quemados.

—No puedo acordar nada con vosotros, pero si tengo que llevar un principio de pacto al director, sería por los 600 millones y por cualquier otra cantidad que en el futuro podamos encontrar en poder de vuestros amigos.

—¿Nuestros amigos con qué se quedan? —pregunta Fred punzante.

—Con la seguridad de que ninguno de los perjudicados va a tomar represalias contra ellos.

—¿Y de qué van a vivir a partir de ahora?

—El pacto incluirá que durante seis meses todo el grupo siga unido y hagáis una operación a las órdenes del servicio como agentes negros.

—No sé si todos querrán.

—Os pagaremos, no bien, pero os pagaremos. —Pone punto final y cambia de tema fijando su mirada en Mikel—. Hay otra cosa que me duele deciros, aunque ya la imaginaréis. Voy a intentar cerrar el pacto con los jefes, creo que aceptarán esa mezcla de devolver una parte del dinero y de que trabajéis bajo nuestro control hasta que todo esto se olvide. Aunque, amigo, todos estarán a salvo menos tú.

—No entiendo —interviene Fred.

—Sí entiendes —dice Galán mirándolo con aspereza y volviéndose de nuevo a Mikel—. Han muerto dos agentes del Mossad y no hay forma de convencerlos de que miren para otro lado. Cuentan que al tal

Adam lo mató Lorna, a la cual él disparó en defensa propia. Pero de la muerte del jefe del equipo, de Tabone, te responsabilizan a ti. No sé cómo han llegado a esa conclusión, quizá influenciados por Vázquez, que está obsesionado contigo y dice que eres el culpable de todo.

—Yo lo maté —grita Fred conmocionado.

—No digas chorradas —lo corrige Mikel—, me culpan por tener a alguien en quien expiar su venganza, pero, en este caso, tienen razón.

—Podéis protegerlo —dice Fred tomando por el brazo a Galán.

—Lo haría encantado, pero no me dejan. No podemos enfrentarnos al Mossad.

—Sois unos cobardes —dice Fred desafiante con el gesto descompuesto—. No defendéis a Mikel, uno de los vuestros, para que no se enfaden los judíos. Y tú, Cercas —señala a Galán—, que sepas que tengo una grabación en la que el servicio israelí reconoce que eres su contacto en la operación mierdera esa; si le ocurre algo a mi amigo, acabaré contigo.

Mikel le pasa el brazo por los hombros en un gesto cariñoso para intentar tranquilizarlo.

—Te entiendo, Marcos, no te preocupes. He escapado durante veintisiete años de ETA y podré sobrevivir al Mossad.

—Intenta negociar con ellos —dice Galán—, seguro que encuentras una vía para cerrar un acuerdo y se olviden de la vendetta.

—Nosotros les aplicamos el «Quien nos mata muere» y ellos están en su derecho.

Fred se levanta.

—Nos vamos, estudiaremos si mantenemos el acuerdo que te he planteado.

Mikel también se pone de pie.

—Aceptamos el acuerdo. Por favor, llama a Fred cuando tengas el visto bueno de los jefes.

—¿Me contaréis algún día cómo pudisteis robar el dinero de los féretros?

—Nunca lo sabrás —dice Fred—, porque nunca lo robamos.

Se dirige a la puerta y antes de llegar mira hacia varios rincones del techo y grita:

—¡Sois unos hijos de puta, cabrones!

62

Desaparecer rápido

28 de febrero, en un lugar desconocido

Cuando Mikel salió de la sede del servicio secreto, ya había decidido volver al mundo de las tinieblas por tiempo indefinido. Durante las dos semanas siguientes, todo su empeño fue dirigido a diseñar una nueva y sorprendente tapadera para su vida futura. Mientras lo conseguía, se centró en lo inmediato: ir borrando sus huellas tras cada paso que daba y alejarse de las personas que los rastreadores del Mossad pudieran identificar como amigos.

Llevaba una vida nómada. Hoy dormía aquí, mañana allí y al día siguiente ni siquiera dormía. El único que controlaba sus movimientos, más o menos, era Fred. Su eterno oficial de caso había montado una red de casas seguras en las que era bien acogido, sin preguntas, casi sin contacto físico, para esconderse uno o dos días. Disponía de una dirección, un juego de llaves, una indicación del cuarto a su servicio y un horario seguro para entrar y salir.

Lo aceptó como algo pasajero hasta terminar de diseñar su propio sistema de seguridad. Esa noche iba a dormir todavía de prestado y al día siguiente, 1 de marzo, se mudaría a uno de los tres pisos que había comprado en distintos rincones de España. A partir de ese momento rompería de forma radical con su presente. Disponía del suficiente dinero para ser autónomo durante mucho tiempo.

Había aceptado la propuesta de Fred de celebrar una última cena antes de la separación. Quedaron a las nueve en el reservado de un restaurante muy concurrido, a media hora de la casa segura donde dormiría.

Traspasa la puerta veinte minutos tarde. Se queda sorprendido cuando ve que además de Fred está Álex. Los abraza con alegría sin pensar en la despedida, no está dispuesto a emocionarse por algo sin solución. La estancia tiene una mesa para ocho o diez personas que ocupan los tres en una esquina. La cristalería, vajilla y cubertería son selectas, aunque ninguno de los tres les presta atención. Fred ha elegido los platos con anterioridad y el primero, los aperitivos, están ya repartidos. Se trata de que los camareros aparezcan lo menos posible.

—Todos querían despedirse de ti, pero era peligroso. Me he atrevido a invitar a Álex en su representación.

—Me alegro de que lo hayas traído.

—Te sienta muy bien la barba y el peluquín —le dice Álex—, el pelo es demasiado negro para mi gusto, alguna cana sería perfecta.

—A partir de mañana no me disfrazaré, jugaré con mi aspecto, lo cambiaré del todo. Llevo dos semanas sin afeitarme, estate tranquilo porque tengo un montón de canas. Y la pistola siempre encima; el que venga, que sea más rápido que yo, porque si no le reventaré la cabeza.

Fred coge un trozo de jamón ibérico, abre un tinto reserva de esos exquisitos que tanto le gustan a su amigo y los anima a comer langostinos: «Bien frescos, pescados esta mañana».

—El otro día Álex hizo todo tipo de filigranas para ver a Lorna y que nadie lo siguiera. Yo renuncié, no he detectado a los israelíes, pero imagino que me han colocado localizadores hasta en el ombligo. Para tu tranquilidad, Álex ha comprobado que no llevamos nada encima que pueda traerlos hasta aquí.

—Deberías ver a la vasca —dice Álex—, y digo vasca porque la tía ha asumido la muerte de Lorna con toda naturalidad. Si no la llamas Izaskun ni te contesta.

—¿Se ha relajado?

—Un montón. Hasta quería ir a su funeral, le tuve que contar que tú lo habías prohibido, eres el único al que respeta.

—¿Ha hablado con su comisario?

—Le dije que a Ventura le gustaría y no te vas a creer lo que me contestó. —Espera para crear expectación—: «Que hable con Lorna; ah, no, que Lorna está muerta».

Los tres ríen y Mikel se dirige a Fred:

—Necesita ir al psicólogo, empéñate. No sabemos cómo le ha afectado el numerito que le montó a Tabone antes de dispararle. —Nota su cara de desconocimiento y se dirige a Álex—: Cuéntale a Fred con detalle lo que pasó.

—Cuando llegamos a la casa, nos enfrentamos a Adam, disparó a Mikel y lo tuve que matar. Lorna asistió a la escena maniatada a una silla y en cuanto la liberamos nos dijo que Tabone no tardaría en regresar y había que sacarle información. No me imaginaba que Lorna tuviera la capacidad de improvisación que demostró a partir de ese momento. Cogió el revólver que el israelí guardaba en el mueble del vestíbulo, sacó las balas, metió las tres de fogueo que sabía que yo llevo siempre encima y lo volvió a colocar en su sitio. Después nos dijo que necesitaba simular que Adam estaba vivo y le había colocado un explosivo que podía activar con un mando a distancia. Miré a Mikel, me hizo gestos de adelante, y convertí sus deseos en realidad. Había leído que los terroristas yihadistas fabrican bombas caseras con productos fáciles de conseguir en un mercado, como la acetona, el agua oxigenada y el ácido sulfúrico, sustancia química que está en productos de limpieza como los desatascadores. Más complicado era adquirir un mando a distancia para accionar la bomba, pero teníamos un teléfono móvil. Nos hacía falta un relé de bajo voltaje y un capacitador o condensador que cerraran adecuadamente el circuito y activaran la bomba. Mikel y yo salimos pitando a buscarlos, eran productos fáciles de encontrar.

—Antes de que nos fuéramos —añade Mikel—, Lorna sumó a las compras colorantes rojo y verde, y un tarro de miel. Decía que en Halloween siempre se disfrazaba de vampiro y le caía la sangre por la cara y el cuerpo.

—¿Dio el pego?

—El del Mossad se encontró con una bombilla encendida en el pasillo y el salón a oscuras —responde Álex—. Lorna no le dejó prender la luz, no se veían bien y lo descentró, y a nosotros también, montándose una historia de amor entre perturbados que cuando la oía desde la calle pensaba que no iba a dar resultado, pero me equivoqué.

—¿Te convenció su historia, Mikel? —pregunta Fred.

—Aunque era demencial, estaba tan segura de que todo iba a salir bien y teníamos tan poco tiempo que no nos quedaba otra que confiar en ella. Hubiera dado igual que la bomba no explotara, Tabone no dudó de ella ni un momento, por eso salió todo tan bien.

—Una gran actriz.

—No fue una interpretación, se dejó llevar por su propio trastorno. Estaba comportándose como su personaje, el que creó durante la infiltración en ETA. Era auténtica. También la actuación de Álex fue especial, aunque al narrarla se haya quitado mérito.

—No hacen falta detalles —dice encogiéndose de hombros.

—Cuando entramos, el tal Adam nos pilló desprevenidos. —Mikel decide contarlo ante la falta de interés del guardia civil—. Si no llega a ser por su reacción tan rápida, me mata. Cuando su disparo no me da, Álex advierte que Lorna es un objetivo fácil porque está atada y no se puede mover. No sé lo que hizo, pero se interpuso entre el israelí y Lorna para que si disparaba le diera a él, y después se aprovechó de su desconcierto y frente a frente lo mató.

—Es lo mismo que Lorna habría hecho por mí.

—Lo dudo, Álex. En cualquier caso, no olvides nunca que le salvaste la vida arriesgando la tuya. No siempre podemos hacerlo —concluye pensando en el amigo al que traicionó para infiltrarse y luego lo asesinó ETA—, pero esta vez lo has conseguido.

Fred, antes de hablar, le ofrece el plato de jamón a Mikel, que da algún que otro sorbo al vino sin prestar atención a la comida.

—Vero nos ha pedido disculpas por traicionarnos, quería que lo supieras. Le he soltado el rollo de la importancia de la lealtad, pero no me he puesto muy pesado. Sin su ayuda no lo habríamos conseguido.

—Debimos prestarle más atención —dice Mikel—, aunque tampoco estoy convencido de que lo hubiéramos evitado. Su tara es que no cree que pueda seguir triunfando en su profesión sin el apoyo de La Casa.

—Decía Trotski que los revolucionarios nunca perdonan la cobardía y la traición.

—Vero, con su traición, nos provocó un daño y demostró su debilidad. En los servicios todos tenemos lacras, es inevitable, la diferencia entre unos y otros está en quién las disimula y quién se deja llevar por ellas. Lo que disuade a los traidores es la desconfianza del servicio en sus propios agentes, lo que los lleva a vigilarlos en todo momento, y el temor a perder el estatus y recibir un castigo.

—Acordamos perdonarla, me parece bien, pero lo suyo no es debilidad, es cobardía —matiza Fred con pesadumbre—. Nos vendió al servicio para mantener sus privilegios.

—A Vero le hizo mucho daño estar en la cárcel, jamás pensó verse allí. Aun así, fue peor notar el cambio de comportamiento en Pablo, el daño psicológico que sufrió, sus deseos de olvidarlo todo, su regreso a la droga, su necesidad de arriesgar la vida. Lo que Vero buscaba traicionándonos era que Pablo no se alejara de ella.

—Unos minutos antes de saber que habíamos descubierto los micrófonos en el chalet operativo, no pestañeó al mentirte sobre sus jefes en el servicio, de repente pasó de defenderlos a no soportarlos, un cambio de opinión típico en los traidores expertos. No tardó en meter la pata, pero no nos percatamos, cuando estábamos reunidos en aquel cuarto oscuro, pensar que la íbamos a pillar le produjo un pánico que la hizo desmayarse. Te digo, Mikel, que volverá a traicionarnos.

—Es posible. Aunque quizá esté sinceramente arrepentida.

El silencio dura escasos segundos, Álex parece ansioso por contar algo:

—Lo dejo, acepté participar en el grupo pensando que si no éramos totalmente ajenos al servicio, al menos sí en parte. No voy a volver a las órdenes de los que me despreciaron.

—No he podido convencerlo —le dice Fred a Mikel—. Está aquí por ti, y como te vas, nos deja.

—Ahora que tenemos medios, vivirás mejor dentro que fuera —dice Mikel sin mucho empeño por hacerle cambiar de opinión.

—No os había dado las gracias por el dinero, el adelanto me ha venido fenomenal. Y ahora contadme cómo conseguisteis hacerlo desaparecer.

—El juego de magia que decía Galán, cuéntaselo, Mikel.

—Fue una locura que saliera bien, en esta operación hemos tenido que improvisar más de la cuenta. —Se enciende un habano Montecristo, coge la copa de vino en la otra mano y se recuesta en la silla—. Teníamos una información previa: el amigo de Olivier nos había contado que SolJets era la compañía privada que realizaba el vuelo, nos facilitó la hora del despegue desde el centro de carga del aeropuerto de Barajas y cuándo aterrizaba el cargamento en Malta. Fue fácil conseguir la información del hangar desde donde meterían los féretros en el avión. Después hablamos con SolJets y les soltamos una pasta que ni te imaginas para contratarles de urgencia otro avión que saliera a la misma hora con otro destino que es mejor que desconozcas.

—¿Teníais dinero? —pregunta Álex.

—Mi primo nos financió a fondo perdido —dice Fred—, aunque se lo devolveremos todo. ¿Más dudas?

—Estoy ansioso por llegar a la parte en la que Mikel se mete en el féretro.

—Todo a su tiempo. Adelante, Mikel.

—Nos faltaba el dato más importante: ¿dónde escondían el dinero? El tesorero me había contado que lo guardaba en su casa de campo, la Guardia Civil no lo encontró, pero dispusieron de poco tiempo. O estaba allí o no teníamos nada que hacer.

—Y estaba allí —sigue Fred—. Cuando los vi sacarlo, alerté a Mikel para que diera los siguientes pasos en el engaño. Por si acaso, mandé a Pablo a seguir a la comitiva de camiones para confirmar que cumplían el plan previsto.

—¿Lo cumplieron?

—En lo que les atañe a ellos, a la perfección. Lo que no sabían es que por la mañana Mikel había llamado a la compañía de seguridad de la terminal de carga y alegando que era policía había conseguido los datos del vigilante que estaría por la tarde.

—Fui a visitarlo a su casa —continúa Mikel—, por suerte estaba solo. Tiene más de cincuenta años, una mujer que se mete en la cama cuando él se va a trabajar y se levanta cuando él se acuesta. Y dos chicos, niño y niña, sin demasiado porvenir, o eso me pareció. Iba tan acelerado que no había pensado cómo convencerlo. Hice lo de siempre, le conté casi toda la verdad. Era El Lobo, estaba en una operación clandestina inconfesable y necesitaba su ayuda. De tan simple, su papel podía parecer ridículo: si alguien lo regañaba, podía defender que era un error, pero si la situación se ponía fea podía contarles que había sido mi culpa. Le di mi número de móvil e hice que me llamara en ese momento para comprobar que lo había tomado bien.

—¿Cuánto le entregaste?

—500.000 euros.

—¡Madre del amor hermoso!

—No podía andarme con regateos. El primo de Fred le hizo una transferencia inmediata de 100.000 euros y le envié el justificante.

—Me pierdo —dice Álex mientras coge la botella de vino y la vacía en las tres copas—, ¿qué es lo que debía hacer?

—Ten paciencia. No te he contado todavía que encargamos a Vero otra parte trascendental. Debía comprar cincuenta féretros y cargarlos de papeles. Tuvo que recurrir a dos empresas fabricantes y de nuevo pagar una cifra desorbitada para que aceptaran la bronca de las funerarias a las que debían suministrárselos. Conseguir los tres camiones que debían hacer el transporte fue precipitado pero fácil. Otra cosa fue localizar a un equipo de expertos en carteles que tuvieran su negocio cerca del aeropuerto, para que diseñaran, imprimieran y colocaran en los lados del remolque el mismo nombre de la empresa de transporte al que pertenecían los otros. Llegaron los primeros al control de la terminal de carga, conmigo metido en un féretro, y el guardia de seguridad, según lo pactado, los mandó a la terminal uno, donde esperaba el avión del ministro Curmi. Cuando llegaron los camiones del tesorero, el agente les señaló la terminal cuatro, donde el que esperaba era nuestro aparato, de la misma compañía que el otro.

—Nadie se enteró de nada —remata Álex—, y todos creyeron que el incendio acabó con su dinero.

—Es muy improbable que lleven a cabo un análisis y descubran que se quemó papel en lugar de billetes —interviene Fred—. En el servicio ya saben que se lo birlamos, una parte o todo. Lo hemos movido y ya no lo encontrarán.

—Sacaréis el resto poco a poco para que no se mosqueen —añade Mikel.

—No hables como si el tema del dinero no fuera contigo —le replica Álex molesto.

—No podéis contar conmigo.

—Los del Mossad no te van a matar.

—Lo sé, no les pienso dejar. Prefiero que actuéis al margen de mí. Después de esta noche desapareceré, haré nuevos amigos y llevaré una vida distinta. No me queda otra.

—Podemos protegerte.

—La mejor protección es que nadie sepa dónde estoy, por eso ETA nunca ha podido matarme. Si me descubren, como cuando estuve viviendo en Barcelona, desaparezco y punto final.

—Te voy a contar una cosa que te va a sorprender —le dice Fred a Mikel—. Me he enterado de que han disuelto la unidad de tu amigo Peñarroya.

—Ya lo siento.

—No lo sientas. A su gente y a él les han concedido una medalla y les han dejado elegir destino tras un mes de vacaciones pagadas. Y al magistrado de la Audiencia Nacional lo han enviado a París a un destino de libre designación que nunca le habían querido dar antes.

Los dos sonríen y Mikel levanta las cejas.

—Me alegro por ellos, es lo menos que vale su silencio.

Álex se obligó a cenar esa noche, aunque, como a Mikel, solo le entraba el vino. Bebió más de la cuenta, necesitaba apaciguar el ánimo. Pasada la una de la madrugada se despidió y sintió que perdía a un amigo. Cuando llegó a la calle, mientras daba una vuelta para comprobar que nadie los estaba aguardando furtivamente, estuvo rezando por Mikel. Al rato lo vio salir del restaurante y tuvo el presentimiento de que algo no tardaría en pasar.

63
Matarlo allí mismo

1 de marzo, en un lugar desconocido

Mikel encuentra un hueco para aparcar en la calle, no se decide, le parece alejado de su destino, no tiene ganas de caminar, está cansado. Sigue conduciendo y la suerte lo acompaña: encuentra sitio cerca del portal. Ha comprobado que nadie lo ha seguido y está solo en la acera. Saca las llaves, es la segunda noche que duerme ahí. Sube andando al tercer piso, abre la puerta suavemente, la oscuridad no es total gracias a una luz que viene del fondo, el cuarto donde va a dormir. Intuye que los dueños están allí, aunque nunca los ha visto.

Se desnuda y se mete en la cama. El reloj marca casi las dos. Cierra los ojos, le fatiga el estado de alarma que lo acompaña desde hace dos semanas. Otros se quedarían dormidos al instante, él necesitaría una pastilla que en las últimas noches ha preferido evitar. La cabeza se le llena de pensamientos negativos y le cuesta conciliar el sueño. Al menos, no tiene el problema de su etapa en ETA: lo agobiaba hablar en sueños y delatarse. Veinte minutos después cae rendido.

A las 3.52 una voz resuena en su cabeza. La voz de una mujer mayor intenta despertarlo como si de lo rápido que lo haga dependa seguir con vida. La voz le grita, siente sus palabras violentas, se despierta encendido, temblando.

Mira a todas partes, no hay nadie. Intenta entender lo sucedido, si ha sido un sueño o un espíritu el que lo ha avisado desde el más allá del peligro inminente. Lo ha llamado Miguel, nadie fuera de su familia se dirige a él con su nombre en castellano, con el que sus padres, vascoparlantes, lo bautizaron.

Toma la decisión en menos de un minuto. Cree en la alerta del más allá, decide salir corriendo. El Mossad quiere matarlo, sin duda tienen un equipo persiguiéndolo. Se viste a toda prisa y abandona el piso. En el recibidor se cuelga la mochila y carga la pistola. Baja las escaleras a oscuras y se precipita a la calle. Se mete en el coche, enciende el motor, coloca el arma en el asiento del copiloto y huye.

No tarda en arrepentirse. ¿Por qué no esperar a ver si el aviso está justificado? ¿Por qué no aprovechar para contemplar la cara de los *killers* que quieren acabar con su vida? Se da la vuelta y encuentra una esquina desde la que tiene una visión diáfana del edificio.

Apenas espera unos minutos. Un todoterreno aparca muy cerca del portal. Se bajan tres hombres con muchas horas de gimnasio, equipados con el mismo material que llevarían a una guerra urbana. El detalle de las gafas de visión nocturna le parece una exageración y le transmite la sensación de profesionales dispuestos a todo. Oye, sin ver, la aproximación de otro vehículo en sentido contrario. Un hombre en la cincuentena, escoltado por una chica armada, se dirige al portal y en un par de minutos vence a la cerradura. Los tres hombres hacen una señal al conductor de su coche y suben. El cerrajero y la mujer vuelven sobre sus pasos.

Es el momento propicio para que Mikel desaparezca; sin embargo, se queda paralizado esperando acontecimientos. Alguien a quien no detecta ha dado un rodeo para sorprenderlo y le coloca una metralleta junto al cristal. Ve el arma apuntándole a escasos centímetros y un dedo con la uña pintada de rojo pegado al gatillo. En décimas de segundo comprende que si intenta coger su pistola es imposible que llegue antes de que las balas lo quiebren. Mueve las manos lentamente hasta colocarlas sobre el volante, es lo único inteligente que se le ocurre para ganar unos segundos de vida. Después gira la cabeza y se encuentra con una chica morena que lo mira fijamente. No hace ademán de decirle que salga del coche, se estará pensando si matarlo allí mismo. Empieza a subir el arma, no por voluntad propia, es una mano de hombre el que la aleja de su cara. Hay un tipo detrás de ella empuñando una pistola que apunta a la cabeza de la *killer*. Oye un toque en el cristal del otro lado, mira y se queda confundido: es Aiko. Abre la puerta para que entre. Un coche para delante de ellos, el hombre que le ha salvado la vida empuja a la mujer dentro, no se lo puede creer, es

Iwao. Le dedica una sonrisa y con la mano libre simula una pistola con la que le dispara antes de meterse en el vehículo.

—Vámonos de aquí, Mikel —dice la japonesa—. De momento sigue el coche de mi hijo.

Obedece sin rechistar, nota que el aire vuelve a circular por sus pulmones. No le salen las palabras y cuando habla no queda como un tipo muy avispado:

—¿Qué ha pasado?

—Un equipo de siete agentes del Mossad, de una unidad asesina del Kidon, pretendía liquidarte.

—Eso ya lo sé. ¿Cómo sabíais que iban a venir esta noche?

—Nosotros se lo dijimos.

—¿La Yakuza?

—Nosotros solos no. Tienes más amigos preocupados por ti de lo que imaginas.

—Fred es el único que sabía dónde dormía.

—Mentir es habitual en vuestro mundo.

—¿Quién me ha mentido?

—Todos, Mikel, todos.

—¿Tú qué haces aquí?

—Estoy pagando un favor que me hicieron, precisamente para evitar que por tu culpa nos metieran a mi hijo y a mí en la cárcel.

—Era mi trabajo.

—Y el mío es ayudar a salvarte la vida, aunque malditas las ganas.

—Pues gracias, pero no entiendo.

Aiko le pide que conduzca hacia Segovia, están a cuatro horas. Hay pocas cosas que le gusten más a Mikel que conducir de noche con las carreteras vacías. Sobrepasar la velocidad permitida le hace sentir una libertad poco habitual, y más en ese momento, que ha estado a unos centímetros de la muerte.

La japonesa le cuenta que cuando llegó a España conoció a un tipo que lo sabía todo de ella. Se ofreció a protegerla a cambio de información sobre sus actividades y las de sus socios, tanto en España como en otros países.

—Marcos Galán —dice Mikel.

—El mismo. Nuestra relación ha sido fructífera. Él me avisó de que estabas haciendo algún trabajo de investigación en nuestro grupo y que a la mínima sospecha desapareciera. Esa llamada intempestiva de Aday convocándonos a una reunión nocturna me puso en prevención y nos largamos.

—Chica lista.

—Y tú, ¿cómo decirlo? Para que me entiendas: un cabrón con patas.

—Me lo merezco.

—Hace dos semanas me pidió que le devolviera el favor. El Mossad iba a mandar un equipo para matarte y necesitaba mi ayuda. Estaban convencidos de que los israelitas pondrían todos sus medios para acabar contigo.

—¿Estaban?

—Marcos y Leblanc.

Mikel no dice nada; su viejo amigo, que no pudo evitarle los problemas de aislamiento y soledad tras la infiltración en ETA, ahora se había involucrado. Aiko sigue hablando:

—Diseñaron una estrategia que partía de la certeza de que el Mossad recurriría a su unidad 8200, con unas capacidades casi ilimitadas para intervenir conversaciones y comunicaciones. También sabían que utilizarían *killers* con doble nacionalidad, que no viajan con su pasaporte de Israel y son difíciles de localizar. En resumen, ayer por primera vez Leblanc mencionó tu paradero por el móvil. Suponían que dispondrían de un avión privado para trasladarse con urgencia y la vía más rápida para llegar era A Coruña, a media hora del pueblo en el que dormías, Pontedeume. Sabiendo el momento en el que llegaban, podíamos tenderles la trampa.

Mikel tiene ganas de formularle algunas preguntas, pero se contiene. Aiko continúa, le habla de que ese es el momento en el que ella entra en la operación y despliega a veinte de sus hombres en los alrededores de la casa, no para liarse a tiros, sino para todo lo contrario.

—Nadie debía salir herido. Cinco minutos después de irnos he recibido un mensaje tranquilizador que confirma que lo hemos hecho bien. Tenemos en nuestro poder a la chica que casi te mata, al experto en cerraduras y a los conductores de los dos vehículos.

—¿Tenemos en nuestro poder?

—Nos los hemos llevado, cada uno a un sitio distinto.

A Mikel se le escapa una carcajada, suelta adrenalina contenida.

—¿Habéis secuestrado a cuatro agentes del Mossad? ¿Y los tres que subieron a matarme?

—En estos momentos están cercados por la policía. No sabían en qué planta te escondías y han tenido que ir casa por casa buscándote. Alguien desde fuera avisó a los polis y ahora mismo en Pontedeume hay un grave problema de seguridad que en poco tiempo se convertirá en diplomático.

—Desde el Mossad llamarán al enlace que tienen en el servicio y cundirá el pánico. Tienen que sacar a los agentes que se han atrincherado allí y rescatar a los cuatro desaparecidos. Imagino que tú no aparecerás en ningún momento.

—Muy listo, Mikel.

—Cuando pronuncien mi nombre, llamarán a Fred y él ofrecerá soltarlos a cambio de mi indulto.

—Se ve que sabes de esto.

—Solo hay una cosa que no entiendo.

—¿Cuál?

—¿Cómo sabíais que yo no estaría profundamente dormido cuando ellos llegaran?

—Teníamos la certeza de que no estarías en el piso, pero no imaginábamos que, en lugar de salir corriendo, te quedarías a mirar como un bobo. Si no fuera por Iwao, estarías muerto.

—No has contestado a mi pregunta.

—Tengo relación con el más allá, ¿lo sabes o crees que es un invento?

—Lo sé.

—Tú me contaste tus experiencias extrasensoriales. Imaginé que tu madre o tu abuela intercederían para que no te mataran.

Mikel no la mira, alucina; sigue conduciendo.

—Por si tus relaciones con el más allá no funcionaban, escondí en la habitación un altavoz para despertarte con tiempo suficiente y que pudieras escapar.

Mikel se ríe sin freno, contagia a la japonesa y durante un segundo le coge la mano.

—¡Estás hecha una cabrona!

Algunas explicaciones y agradecimientos

La Fundación del Español Urgente explica que «la expresión línea roja sirve para señalar los límites de una acción o decisión, y con ella se expresa aquello que se considera inaceptable y que no se puede traspasar». Mis protagonistas, reales y ficticios, tienen sus propias opiniones, a veces tan controvertidas y variadas como las que hay en la sociedad actual, en donde el debate está abierto. Como observador de la vida pública, me inclino por ideas como «Ya no hay líneas rojas», defendida por mi apreciado Fermín Bocos al hablar de algún político. Pero estoy convencido de que en nuestra vida privada muchos tenemos interiorizadas líneas rojas: respetar, no juzgar, no agredir...

«Quien nos mata muere» era un lema que utilizaban los integrantes del servicio secreto español en los años sesenta, un mensaje nítido a todos aquellos que osaran acabar con la vida de alguno de ellos: antes o después alguien les aplicaría la ley del talión. Mi querido Fernando San Agustín, antiguo espía que ahora escribe grandes libros, me habló de ese lema defensivo y justiciero. A diferencia de muchos de sus compañeros que se quedaron colgados cuando abandonaron La Casa, Fernando se fue por iniciativa propia, montó sus propios negocios y siempre que pudo ayudó a otros ex que lo necesitaban. Cuando quiero delinear personajes del mundo de las sombras, tomo aspectos de su sorprendente personalidad y de algunas de esas actuaciones que a veces no quiere incluir en sus narraciones.[1]

Mi amigo Mikel Lejarza, El Lobo, es el infiltrado más famoso en la historia de nuestro país.[2] En el año 2002 ayudó a la Guardia Civil a desenmascarar a un grupo de narcotraficantes, y mientras lo hacía descubrió que un político formaba parte de una operación en la que almacenaban palés llenos de dinero para sacarlos fuera de España. Identificaron la finca donde estaban escondidos, pero una orden superior les impidió encontrarlos. «Desde arriba» echaron cubos y cubos de arena para ocultar la operación y con prebendas borraron la memoria a los investigadores y al juez.

Trasladé a Malta uno de los centros de acción, metí a los franceses en la conspiración, el Conglomerado, que diría el comandante Duval, y para beneficiarse del contenido de esos palés llenos de billetes, que convertí en féretros, coloqué a gobiernos y servicios secretos de esos países y de España. No existen pruebas de quiénes estaban implicados, solo sospechas. Había una organización mafiosa muy poderosa con ramificaciones en el poder. A mi imaginación pertenece la presencia de los israelíes, justificada por el hecho de que en la historia real el destino del dinero también era un banco de Israel que, como en la narración, jugaría el papel fundamental de convertir los billetes de pesetas y francos en euros.

A partir de un hecho auténtico, he levantado un grupo operativo con agentes de acreditada valía, aunque sin la estabilidad emocional que se les debería presuponer. Quería contar una historia sobre espías que no son héroes sobrenaturales como los que con frecuencia representa el cine, más bien son personas normales con sueños normales que hacen su trabajo lo mejor que pueden. Un día se ven inmersos en operaciones con un riesgo desmedido y dan lo mejor que llevan dentro. Su personalidad queda afectada como si de un hueso roto se tratara: nunca volverá a ser la misma. La gente de alrededor puede no darse cuenta, él mismo puede ser ajeno al cambio, pero no volverá a ser la misma persona y siempre se moverá con esa pesada mochila.

En el equipo de inadaptados que pelea junto a El Lobo aparece Francisco Lerena, el auténtico nombre del guardia civil que el servicio infiltró en la extrema derecha militar a principios de los años ochenta para acabar con los movimientos golpistas. Paco hizo un trabajo brillante del que escribió un libro imprescindible.[3] El personaje de Álex está basado en él, como yo lo veo, como yo lo he percibido, como yo lo siento. Siempre lo he apreciado de una manera especial, es un grande en el mundo del espionaje.

Lorna/Izaskun está inspirada en la valiente policía que se infiltró, a finales del siglo XX, en un comando de ETA con el alias Aranzazu Berradre. Cuando hace años me enteré de que dos etarras del comando Donosti se pelearon por ella, me di cuenta de que tenía que ser uno de mis personajes. Investigué sobre la infiltrada y luego dejé que volara mi imaginación. Su lío mental, sus actitudes rebeldes y demás comportamientos son invención mía. Tengo un especial aprecio por las mujeres que realizan este tipo de labores, un papel que siempre debato con mi apreciado amigo Iñaki Sanjuán, inspector jefe de la Policía Nacional, destinado en los servicios de Información, que tanto sabe de infiltraciones por sí mismo y por otros.[4]

En la vida real, Vero nació hombre, pero para esta ficción se convirtió en mujer. La historia que quería contar era la de una informática madura que sufría por su relación con el servicio de inteligencia y su inspiración procede de un hombre, Matías Bevilacqua, que trabajó para el espionaje y acabó en la cárcel por su implicación en una red de venta de datos.

En este viaje que ahora acaba han sido muchas las personas que han sufrido mi persecución durante la etapa de investigación, a algunas las puedo citar. Mi hijo Jaime de Santos Gil, una de las suertes de mi vida, gran viajero y emprendedor, conoce Malta mejor que nadie y me guio por sus playas, restaurantes, casas y rincones encantadores. Carlos Seisdedos, uno de los mejores expertos en ciberseguridad, tuvo la paciencia de ayudarme a diseñar un sistema para penetrar en la compañía telefónica maltesa. Luis Enrique Corredera, viejo amigo, conversador brillante, me auxilió para conseguir dar credibilidad al apagón de luz en el almacén de Malta para que Mikel saliera del féretro y de las instalaciones sin que nadie lo viera. Javier Rueda, mi médico particular, me guio por los senderos del cuerpo humano para que los efectos de las balas y de las torturas se ajustaran a la realidad. Arturo Rueda, ingeniero, no de letras como su hermano, aceptó con una sonrisa calcularme el dinero que podían meter los conspiradores dentro de un féretro. Vicente Fernández, mi detective de cabecera, compañero de algunas aventuras secretas, me guio por los senderos de los equipos de grabación y de cómo ocultarlos en los vehículos. Aunque se me ha olvidado el nombre de la persona que me ayudó a diseñar la bomba casera, Vicente me asistió en la parte de su conexión al teléfono móvil para la detonación. En cualquier caso, los aciertos son responsabilidad de todos ellos. Si hay algún error, es exclusivamente mío.

Y Alicia Gil, mi mujer, acometió la tarea de ser la primera en leer el original y aportar ideas interesantes. Pero, especialmente, me ayuda estando ahí, siendo mi compañera.

1. Fernando San Agustín, *La trastienda de los servicios de inteligencia,* Roca Editorial, 2023.
2. Esta es la quinta historia que escribo sobre Mikel Lejarza. Las dos primeras fueron las novelas *El regreso de El Lobo* y *El dosier del rey,* Roca Editorial, 2014 y 2016. En las menciones al pasado de Mikel Lejarza se habla de Estados Unidos y Dubái, por lo que vivió en el primero de estos libros.
3. Francisco Lerena, *Así intentamos matar al Rey,* Espejo de Tinta, 2005.
4. Iñaki Sanjuán, *Operación Protector,* Rosamerón, 2022.